2021

中国房地产市场回顾与展望

China Real Estate Market Review and Outlook 2021

中国科学院大学中国产业研究中心
中国科学院预测科学研究中心　编

科学出版社

北　京

内 容 简 介

　　本书根据国家统计局、Wind 数据库、中国经济信息网等多个权威数据库公布的最新统计数据，从房地产开发投资、房地产供需及房地产价格等多个方面回顾了 2020 年我国房地产市场的运行情况，解析了 2020 年各级政府颁布的房地产调控政策，着重对北京、上海等一线城市，部分二线城市与三、四线城市的房地产市场运行情况进行了分析总结，综述了 2020 年房地产金融形势的变化，并从房地产市场的供给、需求、价格、政策等方面对 2021 年我国房地产市场的发展趋势做出了预测。本书还针对当前我国房地产业发展的一些重要问题提出相应的政策建议。

　　本书可供政府相关部门在制定和调整政策时参考，也可供房地产企业开发投资决策、居民购房决策时参考，对房地产相关研究机构和学者开展学术研究也有一定的参考价值。

图书在版编目（CIP）数据

2021中国房地产市场回顾与展望 / 中国科学院大学中国产业研究中心，中国科学院预测科学研究中心编. —北京：科学出版社，2021.6

　　ISBN 978-7-03-069065-4

　　Ⅰ. ①2… Ⅱ. ①中… ②中… Ⅲ. ①房地产市场–研究报告–中国–2021 Ⅳ. ①F299.233.5

　　中国版本图书馆 CIP 数据核字（2021）第 105095 号

责任编辑：魏如萍 / 责任校对：王晓茜
责任印制：张　伟 / 封面设计：无极书装

科 学 出 版 社 出版
北京东黄城根北街 16 号
邮政编码：100717
http://www.sciencep.com

北京盛通商印快线网络科技有限公司印刷
科学出版社发行　各地新华书店经销

*

2021 年 6 月第 一 版　开本：787×1092　1/16
2021 年 6 月第一次印刷　印张：10 1/4
字数：242 000
定价：98.00 元
（如有印装质量问题，我社负责调换）

编委会成员

董纪昌　中国科学院大学经济与管理学院教授
刘　颖　中国科学院大学经济与管理学院副教授
李秀婷　中国科学院大学经济与管理学院副教授
贺　舟　中国科学院大学经济与管理学院副教授
董　志　中国科学院大学经济与管理学院讲师
李盛国　中国科学院大学经济与管理学院博士生
刘晓亭　中国科学院大学经济与管理学院博士生
孟维娜　中国科学院大学经济与管理学院博士生
刘倚溪　中国科学院大学经济与管理学院博士生
井一涵　中国科学院大学经济与管理学院博士生
高　歌　中国科学院大学经济与管理学院博士生
马点点　中国科学院大学经济与管理学院博士生
魏照昊　中国科学院大学经济与管理学院博士生
张力康　中国科学院大学经济与管理学院博士生
陈立轩　中国科学院大学经济与管理学院硕士生
罗　然　中国科学院大学经济与管理学院硕士生
吕芊慧　中国科学院大学经济与管理学院硕士生
陈　然　中国科学院大学经济与管理学院硕士生
杨　晓　中国科学院大学经济与管理学院硕士生
张楚晗　中国科学院大学经济与管理学院硕士生
刘启航　中国科学院大学经济与管理学院硕士生
骆　娜　中国科学院大学经济与管理学院硕士生
宋　琪　中国科学院大学经济与管理学院硕士生

序

　　房地产业的健康发展关系社会经济、金融安全，牵系民生福利。研究房地产业、房地产市场的发展具有重要意义。

　　中国科学院预测科学研究中心和中国科学院大学中国产业研究中心一直致力于宏观经济及房地产业等重要行业分析、预测等方面的研究工作，运用科学的理论和方法对宏观经济运行的关键指标进行预测，找出宏观经济发展的潜在风险，并据此构建预警体系，提出针对性的政策建议，从而为政府制定宏观经济政策提供依据。该书是在中国科学院预测科学研究中心的支持下，由中国科学院大学中国产业研究中心对我国房地产行业、房地产市场进行考察研究后形成的一个阶段性成果。

　　该书根据国家统计局、万德（Wind）数据库、中国经济信息网等多个权威数据库公布的最新统计数据，从房地产开发投资、房地产供需、房地产价格等多个方面回顾了2020年我国房地产市场的运行状况，解析了2020年各级政府颁布的房地产调控政策，着重对北京、上海、广州、深圳等一线城市和部分热点城市房地产市场的运行情况进行了分析总结，综述了2020年房地产金融形势变化，并从房地产市场的供给、需求、价格、政策等方面对2021年我国房地产市场的发展趋势做出了预测。此外，还针对我国房地产业发展的一些重要问题提出了相应的政策建议。

　　该书可供政府相关部门在制定和调整政策时参考，也可为房地产企业开发投资决策、居民购房决策提供参考，同时对房地产相关研究机构和学者开展学术研究也有一定的参考价值。

　　希望研究中心能继续坚持这项研究工作，为推动我国房地产行业健康持续发展做出贡献。

汪寿阳

中国科学院预测科学研究中心

2020 年 12 月

前　言

2020 年房地产市场在"房住不炒、因城施策"的主基调下，迅速地从新冠肺炎疫情的冲击中恢复，发展态势保持平稳。房地产开发投资额增速迅速恢复，土地购置面积小幅缩减，商品房新开工面积逐渐恢复，竣工面积有所回落，待售面积积压，销售面积增速保持相对稳定，销售均价小幅下降。当前我国房地产仍是国民经济发展的重要产业，在坚持房地产市场短期调控方向的同时，如何建立房地产平稳健康发展长效机制，成为各界共同关注的问题。

本书根据国家统计局、Wind 数据库、中国经济信息网等多个权威数据库公布的最新统计数据，从房地产开发投资、房地产供需、房地产价格等多个方面回顾了 2020 年我国房地产市场的运行状况，解析了 2020 年各级政府颁布的房地产调控政策，着重对北京、上海、广州、深圳等一线城市和部分热点城市房地产市场的运行情况进行了分析总结，综述了 2020 年房地产金融形势变化，预测了 2021 年房地产市场供给、需求、价格等重要指标的变化，并对相关热点问题进行了深入分析。

本书由董纪昌、刘颖、李秀婷、贺舟、董志、李盛国、刘晓亭、孟维娜、刘倚溪、井一涵、高歌、马点点、魏照昊、张力康、陈立轩、罗然、吕芊慧、陈然、杨晓、张楚晗、刘启航、骆娜、宋琪撰写，并作为国家自然科学基金面上项目"基于互联网大数据的房地产公众预期研究（71573244）"、国家自然科学基金重点项目"大数据环境下金融风险传导与防范研究（71532013）"的阶段性成果。

本书得到了中国科学院大学中国产业研究中心、中国科学院预测科学研究中心的支持，特别是中国科学院预测科学研究中心主任汪寿阳教授的悉心指导和帮助。科学出版社的马跃编辑等也为本书的出版付出了辛勤的劳动。在此，我们向所有为本书提供过帮助与支持的领导、单位及同事表示最诚挚的感谢！

由于学识、水平和能力所限，本书中可能存在一些有待商榷和值得探讨的地方，欢迎各界朋友与我们交流、探讨、批评与指正。

董纪昌、李秀婷

中国科学院大学经济与管理学院

2020 年 12 月

目　　录

第一章 2020 年房地产市场运行情况

2020 年房地产市场在"房住不炒、因城施策"的主基调下,迅速地从新型冠状病毒肺炎疫情(以下简称新冠肺炎疫情)的冲击中恢复,发展态势保持平稳。具体来说,房地产开发投资同比增速迅速恢复;土地购置面积规模小幅缩减,同比跌幅有所收窄;商品房新开工面积同比增速迅速恢复,竣工面积同比增速降幅收窄缓慢;房地产贷款增幅持续平稳回落;商品房待售面积积压,同比增速保持平稳下降;商品房销售面积同比增速保持相对稳定;商品房销售均价同比增速小幅下降;区域分化愈发明显,一线城市新建住宅价格累计涨幅保持平稳,二线及三、四线城市新建住宅价格累计涨幅均收窄。

第一节 房地产开发投资情况

一、房地产开发投资总额

2020 年 1~12 月房地产累计开发投资额同比增速和住宅累计开发投资额同比增速总体呈上升趋势,且波动幅度较大。受新冠肺炎疫情影响,2020 年上半年房地产业受到严重冲击,房地产累计开发投资额同比增速在 1~5 月都呈现负值,但由于国家疫情防控工作及时有效,疫情得到有效控制,房地产累计开发投资额同比增速虽然一直处于负值但逐月回暖。2020 年下半年经济复苏,6 月以后房地产累计开发投资额同比增速和住宅累计开发投资额同比增速转为正值并呈现上升趋势,且住宅累计开发投资额同比增速快于房地产累计开发投资额同比增速。2020 年 12 月全国房地产累计开发投资额达到 141 442.95 亿元,比 2019 年同期增长 7.0%,其中住宅累计开发投资额为 104 445.73 亿元,比 2019 年同期增长 7.6%,如图 1.1 所示。

如表 1.1 所示,2020 年 1~12 月,房地产开发投资额东部地区最高,其次是西部、中部和东北地区,其中东部地区房地产开发投资额 74 564.00 亿元,中部地区房地产开发投资额 28 802.00 亿元,西部地区房地产开发投资额 32 654.00 亿元,东北地区房地产开发投资额 5 422.56 亿元。2020 年在疫情冲击下,湖北省疫情最为严重,其所在的中部地区房地产开发投资同比增速下降幅度最大,且恢复期较长,直到 2020 年 9 月才转为正值;东部地区由于经济发展水平较高,受冲击程度最小,6 月房地产开发投资同比增速转为正增长;西部地区疫情较轻,恢复较快,房地产开发投资同比增速呈上升趋势且幅

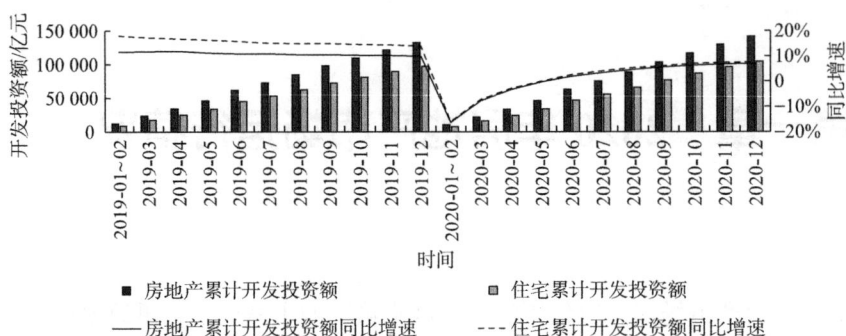

图 1.1　2019~2020 年房地产累计开发投资额及同比增速
资料来源：Wind 数据库

度较大，4 月房地产开发投资同比增长 3.7%，是四大区域中房地产开发投资同比增速最先转为正值的区域。可以看出，受疫情影响，2020 年以来中部地区房地产开发投资大幅下降且恢复期较长；东部地区存在经济地理环境优势，房地产开发投资下降幅度相对较小，且恢复较快；西部地区和东北地区由于疫情较轻，相比东部和中部恢复较快。

表 1.1　2020 年 1~12 月各区域房地产开发投资情况

时间	房地产累计开发投资额/亿元				房地产累计开发投资额同比增速			
	东部	中部	西部	东北	东部	中部	西部	东北
2020-01~02	6 308.39	1 731.05	1 952.94	123.04	-12.5%	-25.9%	-18.6%	-16.1%
2020-03	12 714.10	3 917.19	4 861.21	470.10	-6.1%	-18.7%	-0.8%	-14.0%
2020-04	18 443.58	6 417.62	7 341.62	900.02	-3.1%	-10.6%	3.7%	-1.6%
2020-05	25 189.91	9 050.90	10 174.56	1 504.22	-0.1%	-6.8%	5.6%	0.5%
2020-06	33 940.21	12 272.29	14 241.84	2 325.87	2.3%	-4.8%	7.6%	1.0%
2020-07	40 621.43	14 772.09	17 015.16	2 915.93	4.0%	-3.1%	8.3%	2.5%
2020-08	47 329.42	17 605.18	19 965.85	3 553.69	5.5%	-1.1%	7.9%	4.0%
2020-09	55 023.23	20 669.95	23 517.69	4 273.34	6.5%	0.9%	8.1%	4.4%
2020-10	61 714.41	23 372.16	26 635.58	4 833.60	7.1%	2.4%	8.3%	5.6%
2020-11	68 488.24	26 012.26	29 746.44	5 245.43	7.4%	3.6%	8.3%	6.2%
2020-12	74 564.00	28 802.00	32 654.00	5 422.56	7.6%	4.4%	8.2%	6.2%

资料来源：Wind 数据库
注：东部地区包括北京、天津、河北、上海、江苏、浙江、福建、山东、广东、海南 10 个省（直辖市）；中部地区包括山西、安徽、江西、河南、湖北、湖南 6 个省；西部地区包括内蒙古、广西、重庆、四川、贵州、云南、西藏、陕西、甘肃、青海、宁夏、新疆 12 个省（自治区、直辖市）；东北地区包括辽宁、吉林、黑龙江 3 个省

如表 1.2 所示，由于受到疫情冲击，2020 年 1~2 月商品房开发用于住宅、办公楼和商业营业用房的投资都呈现负增长，住宅、办公楼和商业营业用房开发投资同比增速分别为-16.0%、-17.8%和-25.6%，住宅商品房受到的冲击最小，办公楼商品房次之，商业营业用房商品房受到的冲击最大。由于国家疫情防控工作开展迅速且到位，社会信心增加，各类商品房开发投资同比增速整体呈现上升趋势。其中住宅商品房回暖速度最快，6 月已恢复正增长，办公楼商品房直到 9 月才恢复正增长，商业营业用房商品房一方面由于受到疫情冲击严重，另一方面由于目前仍处于疫情防控期，商业营业受到抑制，恢复期较长，目前相比于 2019 年同期增速仍处于负值。

表 1.2 2020 年 1~12 月各类型商品房开发投资情况

时间	累计开发投资额/亿元			累计开发投资额同比增速		
	住宅	办公楼	商业营业用房	住宅	办公楼	商业营业用房
2020-01~02	7 318.29	549.96	978.99	-16.0%	-17.8%	-25.6%
2020-03	16 014.90	1 035.96	2 106.08	-7.2%	-10.8%	-14.8%
2020-04	24 237.86	1 529.78	3 144.93	-2.8%	-4.8%	-10.4%
2020-05	33 764.97	2 079.60	4 327.75	0.0	-1.2%	-6.9%
2020-06	46 350.42	2 727.49	5 850.29	2.6%	-3.1%	-5.4%
2020-07	55 682.29	3 261.83	6 990.50	4.1%	-2.1%	-4.5%
2020-08	65 454.07	3 821.21	8 209.17	5.3%	-1.0%	-2.9%
2020-09	76 561.94	4 469.89	9 548.33	6.1%	0.5%	-2.5%
2020-10	86 298.38	5 160.25	10 682.78	7.0%	3.5%	-2.8%
2020-11	95 836.93	5 787.93	11 886.29	7.4%	4.2%	-1.9%
2020-12	104 445.73	6 494.10	13 076.06	7.6%	5.4%	-1.1%

资料来源：Wind 数据库

二、房地产开发商资金结构

2020 年 1~12 月，房地产开发投资资金共 193 114.85 亿元，其中国内贷款 26 675.94 亿元，占总资金的 13.81%，累计同比增速 5.7%；利用外资 192.00 亿元，占总资金的 0.10%，累计同比增速 9.3%；自筹资金 63 376.65 亿元，占总资金的 32.82%，累计同比增速 9.0%；包括单位自有资金、定金及预收款等在内的其他资金 102 870.26 亿元，占总资金的 53.27%，累计同比增速 8.2%。房地产开发企业不同来源的资金占比具体情况如图 1.2 所示。同 2019 年同期资金来源相比较，在占比方面，国内贷款有所下降，自筹资金有所上升。

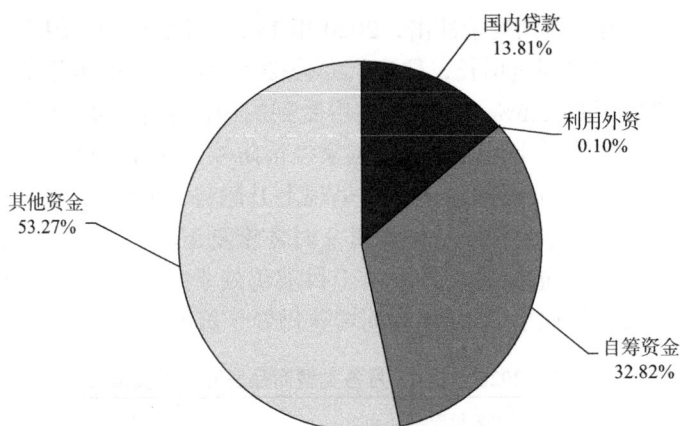

图 1.2　2020 年 1~12 月房地产开发资金来源
资料来源：Wind 数据库

如表 1.3 和表 1.4 所示，房地产开发投资的各项资金来源中，从量上来看，总投资的增长主要是因为其他资金和自筹资金的增长；从增速来看，外资投资相比其余资金来源同比增速波动幅度最大。受疫情影响，居民购房消费受到抑制，一季度房地产企业融资环境恶化，各项资金来源累计同比增速都呈负值，二季度后随着疫情得到控制，以及疫情期间催生了线上看房等房地产促销平台，融资环境开始回暖，总投资增速 7 月转为正值，到 8 月房地产企业开发资金主要来源累计同比增速都呈正增长。新冠肺炎疫情给全球经济造成巨大冲击，2020 年下半年国外疫情仍较为严重，加之中美经贸摩擦升级、多边经贸合作趋向停滞，房地产企业开发资金利用外资方面同比增速 9~11 月转为负增长，12 月恢复正增长，2020 年全年利用外资同比增速较上年同期大幅下降。在疫情下，国家放松对房地产的调控政策，房地产融资环境相对较好，房地产企业开发投资资金累计同比增速呈上升趋势。

表 1.3　2020 年各月房地产开发企业资金主要来源情况　　　单位：亿元

时间	总投资	国内贷款	利用外资	自筹资金	其他资金
2020-01~02	20 209.94	4 547.28	11.91	6 160.79	9 489.96
2020-03	33 565.79	6 715.97	19.15	10 755.46	16 075.21
2020-04	47 003.73	8 730.06	23.14	14 875.10	23 375.43
2020-05	62 653.87	10 703.27	34.22	20 105.70	31 810.68
2020-06	83 344.37	13 792.16	46.06	26 943.19	42 562.96
2020-07	100 625.00	16 130.43	79.70	32 042.11	52 372.76
2020-08	117 091.86	18 015.70	101.02	37 319.58	61 655.56
2020-09	136 376.47	20 484.26	93.71	44 485.11	71 313.39
2020-10	153 069.67	22 378.18	111.39	50 044.84	80 535.26
2020-11	171 099.41	24 255.79	153.67	56 666.44	90 023.51
2020-12	193 114.85	26 675.94	192.00	63 376.65	102 870.26

资料来源：Wind 数据库

表 1.4 2020 年各月房地产开发企业资金主要来源累计同比增速

时间	总投资	国内贷款	利用外资	自筹资金	其他资金
2020-01~02	−17.5%	−8.6%	−77.2%	−15.4%	−22.2%
2020-03	−13.8%	−5.9%	−42.5%	−8.8%	−19.6%
2020-04	−10.4%	−2.5%	−31.6%	−5.2%	−15.9%
2020-05	−6.1%	−0.5%	15.3%	−0.8%	−10.7%
2020-06	−1.9%	3.5%	8.0%	0.8%	−5.1%
2020-07	0.8%	4.9%	29.9%	3.3%	−1.8%
2020-08	3.0%	4.0%	24.5%	3.6%	2.3%
2020-09	4.4%	4.0%	−9.5%	5.9%	3.7%
2020-10	5.5%	5.1%	−15.2%	6.5%	5.0%
2020-11	6.6%	5.4%	−4.7%	7.9%	6.1%
2020-12	8.1%	5.7%	9.3%	9.0%	8.2%

资料来源：Wind 数据库

第二节 房地产供需情况

一、土地市场供给

2020 年 1~12 月，全国房地产开发企业累计土地购置面积达 25 536.28 万平方米，同比增长−1.1%，较 2019 年提高 10.3 个百分点。如图 1.3 所示，2020 年整年的累计土地购置面积同比增速均为负值，且 2 月降幅达到 29.3%，但跌幅在逐月收窄，12 月降幅缩小至 1.1%。总体来看，受新冠肺炎疫情影响，2020 年土地购置面积规模略小于 2019 年，但由于宏观经济调控及时，降幅得到控制，成交热度逐渐恢复。

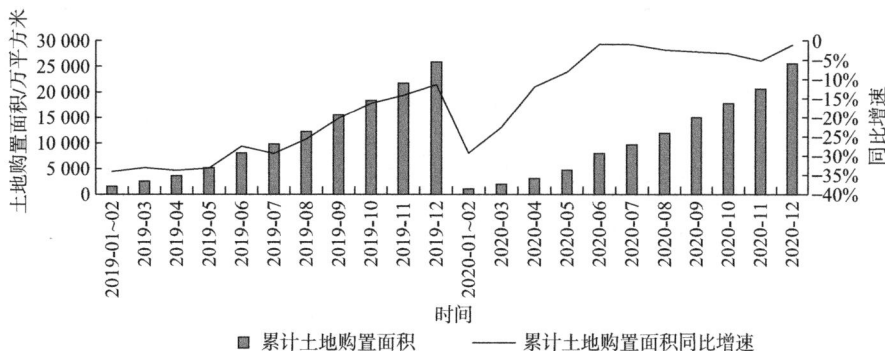

图 1.3 2019~2020 年累计土地购置面积及同比增速

资料来源：Wind 数据库

二、房地产开发建设情况

由于受新冠肺炎疫情冲击，2020年2月我国商品房新开工面积规模要显著小于2019年同期，商品房累计新开工面积为10 369.62万平方米，仅为2019年同期的55.1%，同比增速跌至-44.9%，其中住宅累计新开工面积同比增速为-44.4%，但随着新冠肺炎疫情逐步得到控制，降幅在不断收窄，累计新开工面积同比增速回暖，1~12月商品房累计新开工面积为 224 433.13万平方米，同比增速-1.2%；其中住宅累计新开工面积为164 328.53万平方米，同比增速-1.9%，如图1.4所示。

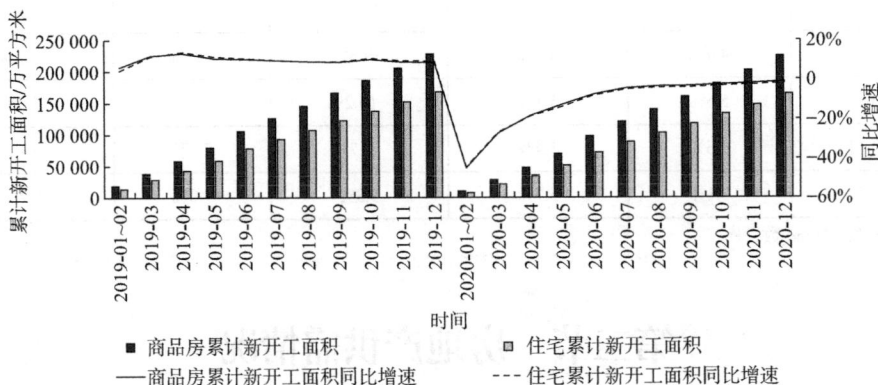

图 1.4　2019~2020年商品房累计新开工面积及同比增速

资料来源：Wind数据库

如图1.5所示，同样受到新冠肺炎疫情影响，2020年2月我国商品房累计竣工面积为9 635.54万平方米，为2019年同期的77.1%，商品房累计竣工面积同比增速断崖式下跌至-22.9%，较2019年同期下降11.0个百分点。尽管如此，降幅也随着疫情的改善而缩小，但其收窄速度较慢，仍持续为负增长，1~12月商品房累计竣工面积为91 218.23万平方米，同比增速-4.9%，仍有较大恢复空间。

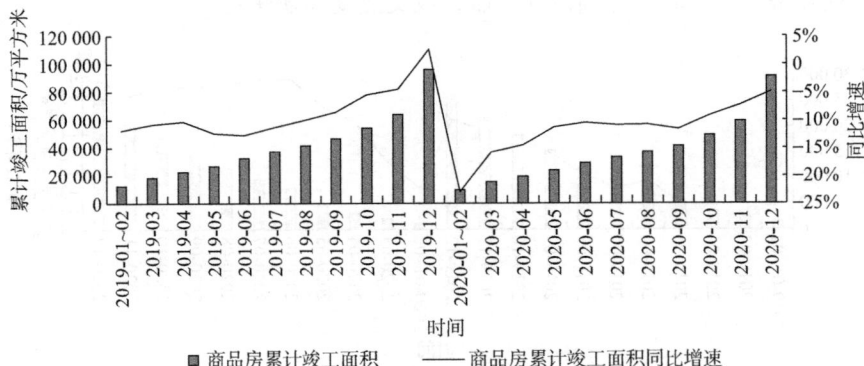

图 1.5　2019~2020年商品房累计竣工面积及同比增速

资料来源：Wind数据库

三、房地产开发贷款情况

如图 1.6、图 1.7 所示，2020 年三季度末，房地产开发贷款余额 12.16 万亿元，同比增长 8.2%，增速较上半年降低 0.3 个百分点。其中，住房开发贷款余额 9.30 万亿元，同比增长 11.4%，增速较上半年降低 0.6 个百分点。截至 2020 年三季度末，个人住房贷款余额 33.70 万亿元，同比增长 15.6%，增速较上半年下降 0.1 个百分点、较 2019 年同期低 1.2 个百分点。

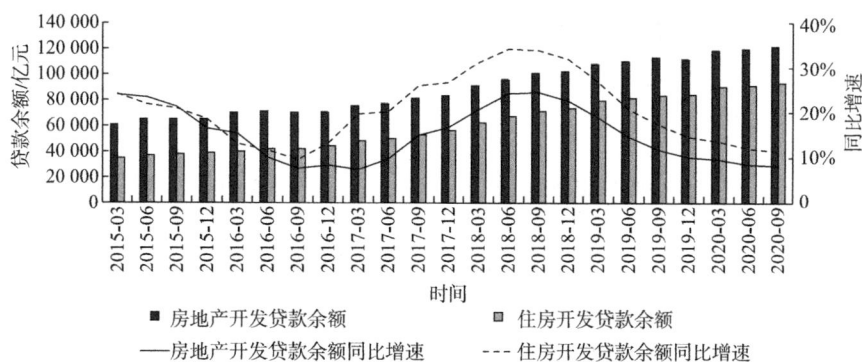

图 1.6 2015~2020 年房地产开发贷款余额及同比增速

资料来源：Wind 数据库

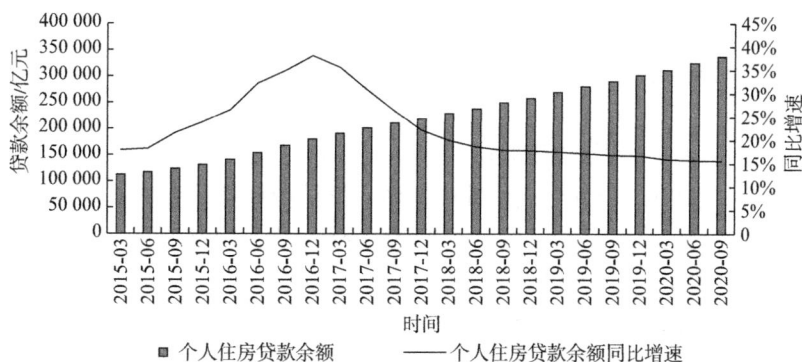

图 1.7 2015~2020 年个人住房贷款余额及同比增速

资料来源：Wind 数据库

从房地产供给角度来看，2020 年房地产企业资金来源渠道不断收紧，房地产贷款余额增速持续回落，尤其是房地产开发贷款余额增速回落较为明显。从房地产需求角度来看，在央行 2020 年初的两次降息后，市场流动性较为充裕，商业银行放贷意愿较强，个人住房贷款余额保持稳定上升趋势，但由于新冠肺炎疫情等综合因素的影响，其增速保持平稳下降的趋势。

四、商品房库存情况

如图 1.8 所示，2020 年 1~12 月商品房待售面积及住宅待售面积一直呈平稳下降趋势，累计同比增速为正值但也呈现平稳下降的趋势，但 12 月有回升的迹象。

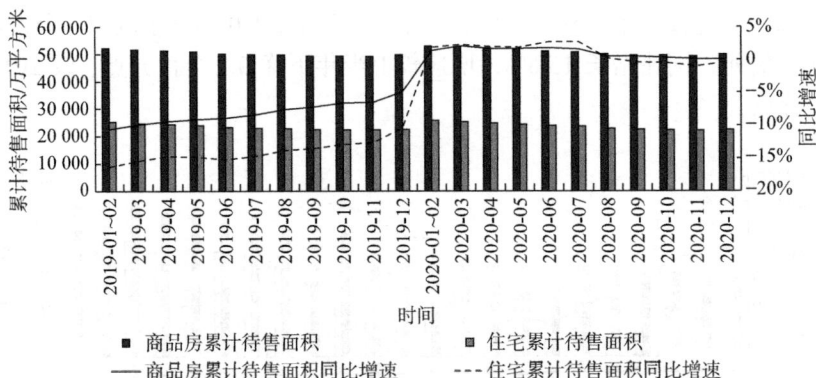

图 1.8　2019~2020 年商品房累计待售面积及同比增速
资料来源：Wind 数据库

受新冠肺炎疫情影响，商品房库存面积积压，出清周期不断加长。根据中国指数研究院公布的数据，截至 2020 年 10 月末，一线城市出清周期为 17.07 个月；二线代表城市出清周期为 24.49 个月；三、四线代表城市出清周期为 19.18 个月。重点城市商品出清周期较 2019 年增加，二线城市出清周期持续延长。

五、商品房销售情况

2020 年 1~12 月，商品房累计销售面积为 176 086.22 万平方米，累计同比增速为 2.6%，较 1~11 月增加 1.3 个百分点，其中，住宅累计销售面积为 154 878.47 万平方米，累计同比增速为 3.2%，较 1~11 月上升 1.3 个百分点，如图 1.9 所示。2020 年 1~12 月，商品房累计销售额为 173 612.66 亿元，累计同比增速为 8.7%，较 1~11 月上升 1.5 个百分点，其中，住宅累计销售额 154 566.96 亿元，累计同比增速为 10.8%，较 1~11 月提高 1.3 个百分点，如图 1.10 所示。新冠肺炎疫情对房地产市场销售影响严重，2020 年 2 月的房地产销售面积累计同比增速为 -39.9%，销售额累计同比增速跌至 -35.9%。但由于疫情的快速防控和市场的积极调节，销售面积和销售额的增速降幅迅速收窄，销售面积增速于 10 月回到 0.0，销售额增速于 8 月达到 1.6%，增速转为正向，整个销售市场逐步回暖。

分区域来看，如表 1.5、表 1.6 所示，截至 2020 年 12 月，我国东、中、西部和东北地区商品房累计销售面积分别为 71 311.42 万、49 078.06 万、48 628.01 万、7 068.74 万平方米，累计同比增速分别为 7.1%、-1.9%、2.6% 和 -5.8%。当年 12 月东、中、西部和东北地区商品房累计销售额为 95 689.67 亿元、35 854.18 亿元、36 256.78 亿元、5 812.03 亿元，累计同比增速分别为 14.1%、1.0%、5.1%、-1.5%。

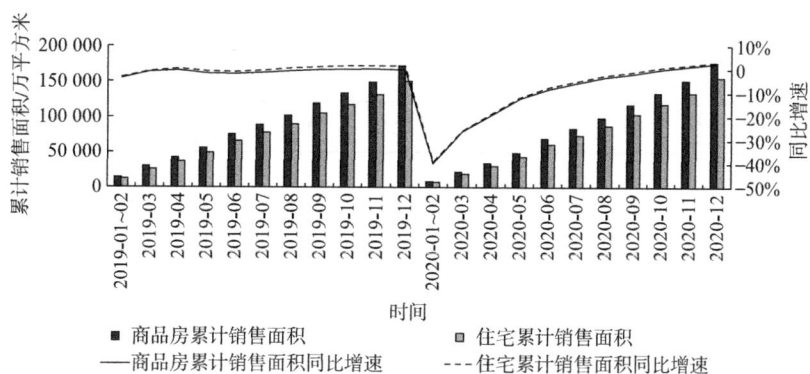

图 1.9　2019~2020 年商品房累计销售面积及同比增速

资料来源：Wind 数据库

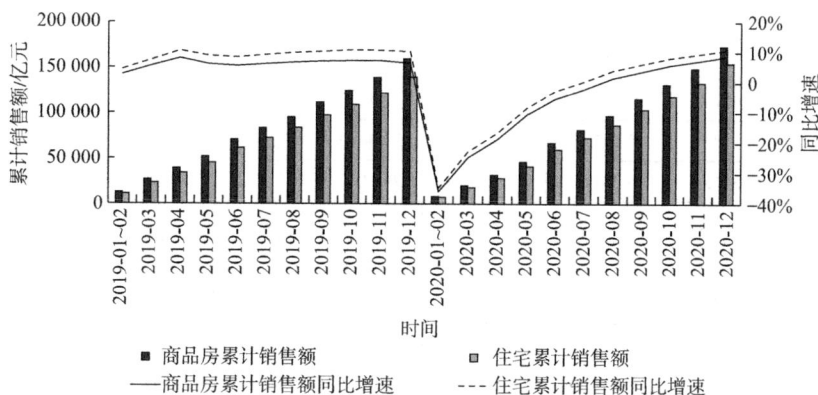

图 1.10　2019~2020 年商品房累计销售额及同比增速

资料来源：Wind 数据库

表 1.5　2020 年 1~12 月全国各区域商品房销售面积情况

时间	商品房累计销售面积/万平方米				商品房累计销售面积同比增速			
	东部	中部	西部	东北	东部	中部	西部	东北
2020-01~02	3 537.37	2 139.11	2 564.75	233.72	−34.9%	−45.2%	−41.3%	−41.0%
2020-03	8 802.93	5 705.66	6 824.45	645.28	−24.3%	−32.8%	−21.9%	−32.8%
2020-04	13 761.84	8 981.82	10 084.69	1 144.23	−17.5%	−24.1%	−16.2%	−25.3%
2020-05	19 915.67	12 743.04	14 320.73	1 723.54	−9.9%	−17.3%	−9.3%	−22.4%
2020-06	28 510.82	18 450.22	19 908.40	2 534.24	−5.4%	−14.1%	−5.6%	−17.3%
2020-07	34 523.62	22 315.43	23 589.43	3 202.88	−2.2%	−11.1%	−4.2%	−14.5%
2020-08	40 614.24	26 329.73	27 525.39	4 016.59	0.8%	−8.5%	−2.7%	−10.2%
2020-09	48 074.60	31 458.99	32 687.46	4 851.62	2.2%	−7.0%	−1.0%	−8.9%
2020-10	54 531.58	36 052.68	37 155.14	5 554.40	4.0%	−5.0%	1.0%	−8.8%

续表

时间	商品房累计销售面积/万平方米				商品房累计销售面积同比增速			
	东部	中部	西部	东北	东部	中部	西部	东北
2020-11	61 467.92	41 021.25	42 026.08	6 319.20	5.3%	−3.3%	1.9%	−7.5%
2020-12	71 311.42	49 078.06	48 628.01	7 068.74	7.1%	−1.9%	2.6%	−5.8%

资料来源：Wind 数据库

表 1.6　2020 年 1~12 月全国各区域商品房销售额情况

时间	商品房累计销售额/亿元				商品房累计销售额同比增速			
	东部	中部	西部	东北	东部	中部	西部	东北
2020-01~02	4 792.18	1 425.03	1 778.08	208.19	−30.0%	−46.4%	−40.6%	−32.1%
2020-03	11 299.93	3 769.12	4 745.81	550.00	−20.9%	−36.1%	−22.1%	−28.4%
2020-04	17 628.54	6 114.22	7 155.35	964.97	−16.1%	−26.6%	−16.3%	−21.5%
2020-05	25 661.42	8 862.56	10 300.81	1 444.69	−7.7%	−18.5%	−9.0%	−19.5%
2020-06	37 118.99	13 147.17	14 484.31	2 144.09	−1.6%	−14.4%	−4.6%	−12.5%
2020-07	45 316.04	16 061.54	17 324.24	2 720.21	2.0%	−10.6%	−2.5%	−9.5%
2020-08	54 065.24	19 071.87	20 424.30	3 381.14	6.6%	−7.8%	0.3%	−5.8%
2020-09	64 424.40	22 890.35	24 286.08	4 046.47	8.9%	−5.7%	2.1%	−5.0%
2020-10	73 165.00	26 325.00	27 565.00	4 610.63	11.1%	−2.9%	3.6%	−4.8%
2020-11	82 567.94	29 898.02	31 266.71	5 236.07	12.6%	−1.4%	4.4%	−3.2%
2020-12	95 689.67	35 854.18	36 256.78	5 812.03	14.1%	1.0%	5.1%	−1.5%

资料来源：Wind 数据库

　　整体来看，东部地区遥遥领先于其他地区。2020 年 1~12 月，商品房销售面积方面，各地受到新冠肺炎疫情冲击，增速均跌至谷底，但我国东部和西部地区的恢复速度要快于中部和东北地区，东部地区的销售面积于 8 月就已经实现正向增长，而东北地区12 月的销售面积增速仍保持在 −5.8%；商品房销售额方面，同样东部和西部地区的销售额增速恢复要快于其他两个地区，7 月东部地区的销售额已经实现 2.0% 的增长，而东北地区的销售额增速还要低于中部地区，12 月仍保持 1.5% 的负增长。

第三节　房地产价格波动

一、商品房价格出现大幅波动

　　如图 1.11 所示，2020 年 1~12 月全国商品房销售均价 9 859.56 元/米²，较 2019 年同期增长 5.9%，增速下降 0.7 个百分点。2020 年 1~2 月，全国商品房销售均价达到9 679.67 元/米²；2020 年 1~3 月，全国商品房销售均价下跌至 9 265.88 元/米²；2020

年 1~12 月涨至 9 859.56 元/米²。

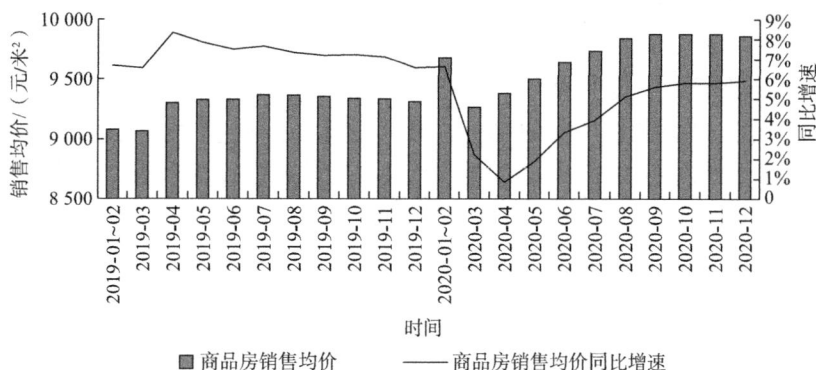

图 1.11　2019~2020 年全国商品房销售均价及同比增速

资料来源：Wind 数据库

二、百城住宅价格累计涨幅较上年同期均有所收窄

从百城住宅价格指数①来看，2020 年 12 月全国 100 个城市（新建）住宅平均价格 15 795.00 元/米²，同比上涨 3.5%，环比上涨 0.3%，之前 13 个月环比涨幅在-0.3%~0.6%的范围内波动，整体价格较为平稳，如图 1.12 所示。2019 年 1~11 月百城住宅价格同比指数处于下降趋势，2019 年 11 月至 2020 年 1 月的同比指数出现小幅度上涨，2020 年 2~5 月同比指数出现小幅度下降，2020 年 6~10 月同比指数整体呈上涨趋势。2019 年百城住宅价格环比指数处于上升趋势，2019 年 12 月至 2020 年 2 月环比指数开始大幅下降。

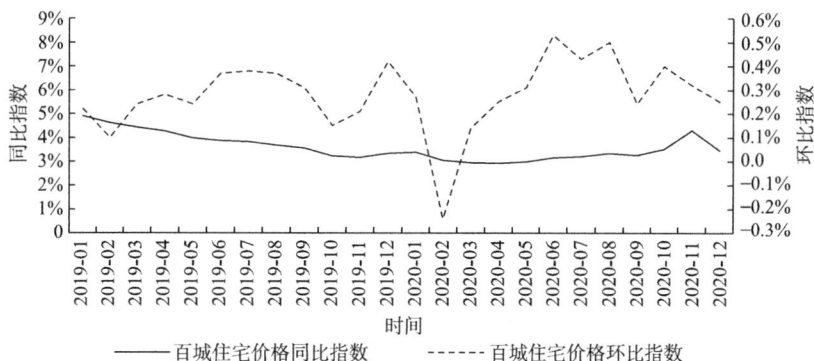

图 1.12　2019~2020 年百城住宅价格同比与环比指数

资料来源：Wind 数据库

---

① 反映全国 100 个重点城市在水平及其不同时点的变化情况，其中价格水平以 100 个城市在售新房样本楼盘报价均值表示。

三、一线城市新建住宅价格累计涨幅保持平稳，二、三、四线城市新建住宅价格累计涨幅均收窄

从各级城市来看，如表 1.7 所示，2020 年 12 月一线城市住宅平均价格 42 739.50 元/米²、二线城市住宅平均价格 14 608.59 元/米²、三线城市住宅平均价格 9 917.89 元/米²。如图 1.13 所示，2020 年 1~12 月一线城市新建住宅价格累计涨幅较 2019 年同期略有扩大，二、三线城市新建住宅价格累计涨幅均收窄。具体来看，一线城市 2020 年 1~12 月新建住宅价格同比上涨 2.6%，较 2019 年同期提高 1.9 个百分点；二线城市 2020 年 1~12 月新建住宅价格同比上涨 3.2%，较 2019 年同期收窄 1.1 个百分点；三线城市 2020 年 1~12 月新建住宅价格同比上涨 4.6%，较 2019 年同期略有扩大。

表 1.7　2020 年各月百城住宅平均价格（一线、二线、三线城市）单位：元/米²

时间	一线城市	二线城市	三线城市
2020-01	41 699.75	14 199.09	9 497.01
2020-02	41 704.75	14 144.73	9 474.27
2020-03	41 741.25	14 164.86	9 486.38
2020-04	41 825.75	14 189.55	9 510.28
2020-05	41 950.00	14 219.82	9 527.18
2020-06	42 145.25	14 285.82	9 756.69
2020-07	42 284.50	14 360.09	9 793.07
2020-08	42 507.50	14 432.59	9 824.96
2020-09	42 469.00	14 178.77	9 852.76
2020-10	42 610.75	14 519.73	9 986.66
2020-11	42 681.25	14 563.41	9 895.74
2020-12	42 739.50	14 608.59	9 917.89

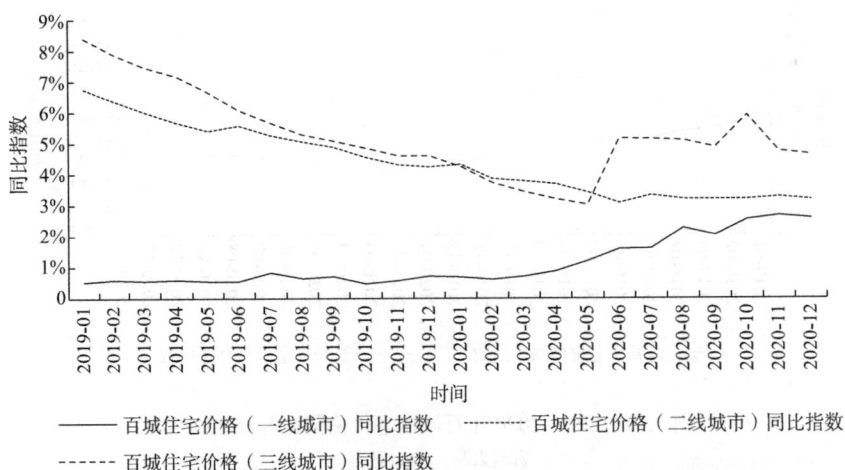

图 1.13　2019~2020 年百城住宅价格同比指数（一线、二线、三线城市）
资料来源：Wind 数据库

第四节　2020年房地产市场运行特征分析

一、疫情影响下房地产市场短暂回调后快速恢复，整体保持平稳发展

2020年一季度受新冠肺炎疫情影响，房地产市场规模显著调整，房地产开发投资额、商品房销售面积、商品房销售额的同比增速均出现断崖式下跌。为应对疫情的影响，缓解经济下行压力，中央采取放松财政和货币政策的调控措施。同时，各地为稳定房地产市场发展，频繁出台房地产相关扶持政策。2020年二季度起房地产市场规模逐步恢复。整体来看，2020年房地产开发投资增速相比2019年有所回落、商品房销售面积增速相比2019年保持相对稳定、商品房销售均价增速相比2019年小幅下降。

二、多地房地产政策环境先松后紧但"房住不炒、因城施策"主基调不变

2020年初新冠肺炎疫情的暴发对经济发展带来巨大冲击，一季度全国GDP同比下降6.8%。为缓解经济下行压力，稳定房地产市场发展，多地在"房住不炒"基调指导下从市场供给和需求端出台扶持政策。其中，以供给端为主，需求端为辅。在供给端，上海、广州、杭州、天津、济南、合肥等地延期或分期缴纳土地出让金；成都、无锡等地加大对房地产企业的信贷支持；深圳明确指出要加大土地供应力度。在需求端，南宁、东莞等地放宽公积金贷款条件或提高公积金贷款额度；北京、上海、深圳、成都、厦门等地加大住房公积金支持力度；广州、苏州等地降低人才落户门槛。2020年7月，中央强调"房住不炒"，坚持不将房地产作为短期刺激经济的手段，要求各地从实际出发，采取差异化调控措施，及时科学精准调控，确保房地产市场平稳健康发展。多地从限购、限贷和限售等方面升级房地产调控政策。整体来看，2020年，中央房地产调控总基调保持不变，地方因城施策更加灵活，上半年受疫情影响，各地房地产扶持政策稳定房地产市场发展，下半年多地调控政策加码稳定房地产市场预期。

三、房地产市场成交规模保持稳定，房地产价格稳中有升、区域分化明显

2020年全国商品房累计销售面积为176 086.22万平方米，同比增速为2.6%；住宅累计销售面积为154 878.47万平方米，同比增速为3.2%。房地产市场成交规模保持稳定。一线城市需求旺盛，供应明显改善；二线城市市场整体成交规模有所调整，但延续分化态势，杭州、成都等地房地产市场热度较高，武汉、重庆等地房地产市场规模仍处于恢复状态；部分三线城市房地产市场成交规模同比增幅较为突出，如东莞和扬州。从

房地产价格来看，2020 年全国商品房销售平均价格为 9 859.56 元/米²，同比增速为 5.9%，商品房销售平均价格稳中有升。2020 年百城新建住宅价格及二手住宅价格累计涨幅较 2019 年均有所扩大，整体价格稳中有升。其中，一线城市新建住宅价格累计涨幅较 2019 年提高 1.9 个百分点，二线城市新建住宅价格累计涨幅较 2019 年收窄 1.1 个百分点，三线城市新建住宅价格累计涨幅较 2019 年保持稳定，略有提高。

第二章　房地产市场相关政策与评述

2020 年，"疫考"下的中国经济凸显韧性与活力，而房地产作为经济发展的"稳定器"和"压舱石"，表现亦超预期。在下行压力犹存的背景下，房地产政策将继续坚持"房住不炒"的总基调，以"稳地价、稳房价、稳预期"为目标，加快房地产长效管理机制的形成，促进住房消费健康发展；金融监管持续从严，市场调控趋于常态化，房地产市场风险整体可控；贷款市场报价利率（loan prime rate，LPR）逐步完善，金融资源配置效率、货币政策传导效率逐步提高；深化利率市场化改革，提高金融资源配置效率、货币政策传导效率，降低实体经济融资成本；推进住房制度改革，加大租赁住房供给，住房供给结构不断优化；科学推进土地要素市场化配置，建立健全城乡统一的建设用地市场，不断完善土地管理体制；推动金融、房地产同实体经济均衡发展，实现上下游、产供销有效衔接；地方政府应继续遵循"因城施策、分类指导"原则，不断优化房地产调控措施，从严房地产市场监管，逐步推进公租房、共有产权房建设，进一步加强人才引进力度、完善住房保障措施和统筹区域发展规划，促进房地产市场平稳健康发展。

第一节　2019 年 11 月至 2021 年 1 月主要房地产政策一览

2019 年底，房地产市场继续延续第三季度的发展态势，在"稳地价、稳房价、稳预期"政策基调下，国房景气指数（全国房地产开发业综合景气指数的简称，是反映房地产行业变化趋势和变动程度的综合量化指标）总体平稳，呈现出小幅的上涨趋势。2020 年 1~11 月的国房景气指数虽然稳中有升，一直处于 95%~105%，11 月该数值为 101.16%，长期表现为适度景气水平，但受新冠肺炎疫情影响，其整体低于 2019 年同期水平。其原因主要有以下几个方面。

首先，宏观经济和金融财政政策方面。2020 年，外部风险挑战逐渐增多，内部经济下行压力持续加大，稳健的货币政策更加注重灵活适度，央行通过多次准确的公开市场操作和定向降准等措施，优化流动性结构，支持实体经济发展。

其次，房地产市场政策方面。2020 年 10 月 29 日，党的十九届五中全会审议通过了"十四五"规划，重申"房住不炒"的总要求，指出应继续坚持租购并举、因城施策，促进房地产市场平稳健康发展，并强调推动金融、房地产同实体经济均衡发展，实现上下游、产供销有效衔接。具体而言，主要集中在以下几点。第一，在房地产市场调控方面，继续坚持"房住不炒"定位，坚持租购并举，遵循因城施策，满足人民正常的住房需求，促进住房消费健康发展。第二，在房地产市场监管方面，中国银行保险监督管理委员会（以下简称银保监会）坚决落实"房住不炒"的要求，加大对住房租赁、信贷资金等方面的监管力度，有效防范化解外部冲击风险，进一步弥补监管短板，持续遏制房地产金融化、泡沫化。第三，在土地制度改革方面，统筹并合理安排用地布局和用途，优化生产、生活、生态空间格局，盘活存量建设用地，推进土地要素市场化配置，进一步完善土地管理体制。第四，在金融财政政策方面，保持金融市场流动性合理充裕，维护货币市场利率平稳运行，有效防范系统性风险、维护金融体系稳健运行、推动行业高质量发展。第五，在税收政策方面，完善我国税收法律制度，提升税收管理能力和水平，深化"放管服"改革，优化营商环境，方便企业和群众办事。此外，加快户籍制度改革，不断加强各区域人才引进力度，推动城市群和区域经济的协调发展。具体政策汇总如下。

一、房地产调控政策

（1）2019年11月4日，国务院台湾事务办公室、国家发展和改革委员会（以下简称国家发改委）印发《关于进一步促进两岸经济文化交流合作的若干措施》，规定持台湾居民居住证的台湾同胞在购房资格方面与大陆居民享受同等待遇。

解读：该规定给予台湾居民在大陆的购房资格，体现了政府促进两岸经济文化交流合作的决心。

（2）2019年11月6日，中共中央政治局常委、国务院副总理、粤港澳大湾区建设领导小组组长韩正在北京钓鱼台国宾馆主持召开粤港澳大湾区建设领导小组会议，会议公布了16项普及惠民及便利香港专业界别到大湾区发展的政策措施，其中重要的一条就是：便利香港居民在大湾区内地城市购买房屋。香港居民在粤港澳大湾区内地城市购房，将豁免所需的在本地居住、学习或工作年限证明，以及缴纳个人所得税及社保条件，使香港居民享有与当地居民同等的待遇。

解读：这项措施可便利香港居民在内地学习、就业，以及退休后在内地生活，这意味着，横亘在香港和大湾区内地城市的户籍限制完全打开，香港居民从此有了更多的生活居住与就业选择。这对于部分原本就与港台在经济交流和人员交流方面关系密切的区域的楼市是一大利好消息，如深圳、东莞、惠州以及广州南沙等。但它也不会改变目前国内楼市的大周期，因为"房住不炒"是对各地房地产调控的最高指示，香港居民也不例外；相对于内地的大市场，香港居民的购买力始终有限，本政策的初衷不是为了提振楼市，而是为了使港台居民更好地融入内地的发展。

（3）2019年12月10~12日，中央经济工作会议强调："要加大城市困难群众住房保障工作，加强城市更新和存量住房改造提升，做好城镇老旧小区改造，大力发展租赁住房。要坚持房子是用来住的、不是用来炒的定位，全面落实因城施策，稳地价、稳房价、稳预期的长效管理调控机制，促进房地产市场平稳健康发展。"

解读：作为定调2020年经济工作的关键会议，此次会议不仅提及了经济大势，而且再度定调房地产，坚持"房住不炒"定位，把"稳"当作房地产市场发展的主基调，并突出住房的居住属性与民生属性，重视保障房和租赁住房的发展，同时考虑地区发展的差异性。

（4）2020年3月5日，住房和城乡建设部（以下简称住建部）办公厅发布《住房和城乡建设部办公厅关于加强新冠肺炎疫情防控期间房屋市政工程开复工质量安全工作的通知》，提出"各地要督促建设单位切实保障工程项目合理工期安排，严禁盲目抢工期、赶进度等行为。要充分考虑疫情对工期造成的影响，科学确定工期及每个阶段所需的合理时间，严格执行合理工期"。

解读：当前，各地房屋市政工程逐渐进入全面恢复施工阶段，新冠肺炎疫情防控和工程开复工质量安全压力交织叠加。为科学防控疫情，有效保障人民健康安全，住建部要求各地调整工期要以充分论证为基础，根据疫情防控和安全防范需要，加大文明施工措施费用保障力度，确保防疫、安全的投入和措施落实到位。

（5）2020年3月11日，住建部发布《2019年棚户区改造工作拟激励城市名单公示》，确定2019年棚户区改造工作拟激励支持的城市名单如下：江苏省徐州市、湖北省武汉市、浙江省绍兴市、安徽省合肥市、内蒙古自治区巴彦淖尔市、湖南省常德市、山东省济南市、河南省平顶山市、河北省石家庄市、江西省宜春市。

解读：棚改不仅是重大民生工程，也是发展工程。这项工作对改善住房困难群众的居住条件、补上发展短板、扩大有效需求等发挥了重要作用；为促进棚户区改造工作进一步实施，有效解决棚户区改造中的困难和问题，确定了拟激励支持的城市名单。

（6）2020年5月22日，两会政府工作报告强调，要"深入推进新型城镇化。发挥中心城市和城市群综合带动作用，培育产业、增加就业。坚持房子是用来住的、不是用来炒的定位，因城施策，促进房地产市场平稳健康发展。完善便民、无障碍设施，让城市更宜业宜居"。

解读：两会对我国房地产市场的发展提出要求，但与往年相比，2020年对于房地产行业的表述只有寥寥数言。关于房地产行业，"房住不炒"是基本原则和底线，而在房地产市场真正完全走上健康稳定发展道路之前，"因城施策"是未来很长一段时间内房地产调控政策的主要方式。受疫情影响，当前可能会适度放开一些调控政策，但不会让房地产行业挤压实体业的发展空间。

（7）2020年7月24日，国务院副总理韩正主持召开房地产工作座谈会，强调"要坚持从全局出发，进一步提高认识、统一思想，牢牢坚持房子是用来住的、不是用来炒的定位，坚持不将房地产作为短期刺激经济的手段，坚持稳地价、稳房价、稳预期，因城施策、一城一策，从各地实际出发，采取差异化调控措施，及时科学精准调控，确保房地产市场平稳健康发展"。

解读：这一政策延续了房地产市场"房住不炒"的总基调，并强调了分城施策的具体要求和地方政府的主体责任，一方面体现了房地产在我国国民经济中的战略地位，另一方面也充分体现出政府对人民住房问题的关注和重视，房地产市场的健康发展需要各级政府共同发力，共同维护。

（8）2020年8月20日，住建部与中国人民银行召开重点房地产企业座谈会，会议指出"为进一步落实房地产长效机制，实施好房地产金融审慎管理制度，增强房地产企业融资的市场化、规则化和透明度"，"形成了重点房地产企业资金监测和融资管理规则"。

解读：该会议对落实房地产长效机制展开进一步研究，一方面，市场化、规则化、透明化的融资规则，有利于房地产企业形成稳定的金融政策预期，合理安排经营活动和融资行为，增强自身抗风险能力；另一方面，实施好房地产金融审慎管理制度也有利于推动房地产行业长期稳健运行，防范化解房地产金融风险，促进房地产市场持续平稳健康发展。

（9）2020年8月26日，住建部在北京召开部分城市房地产工作会商会，会议分析了当前房地产市场的发展形势，研究落实城市主体责任，并对如何稳妥实施房地产长效机制工作展开研究。会议强调要"切实落实城市主体责任，提高工作的主动性，及时采取针对性措施，确保实现稳地价、稳房价、稳预期目标"；要"整顿规范市场秩序，做好舆论和预期引导"；"落实省级监控和指导责任"，"确保城市主体责任落到实处"。

解读：按照"因城施策"的基本原则，毫不动摇地坚持"房子是用来住的、不是用来炒的"定位，落实房地产长效管理机制，不将房地产作为短期刺激经济的手段是未来很长时间的发展目标。2020年两会重提"因城施策"，其含义在于希望各地基于楼市实际情况来决定具体实施政策，更加强调城市政策的灵活性。而当地政府对当地情况了如指掌，落实地方政府的主体责任，做到因城施策，平衡供求关系，才能促进房地产市场平稳健康发展。

（10）2020年11月3日，新华社正式发布《中共中央关于制定国民经济和社会发展第十四个五年规划和二〇三五年远景目标的建议》，"十四五"规划指出，"坚持房子是用来住的、不是用来炒的定位，租购并举、因城施策，促进房地产市场平稳健康发展。有效增加保障性住房供给，完善土地出让收入分配机制，探索支持利用集体建设用地按照规划建设租赁住房，完善长租房政策，扩大保障性租赁住房供给"；"推动金融、房地产同实体经济均衡发展，实现上下游、产供销有效衔接，促进农业、制造业、服务业、能源资源等产业门类关系协调"。

解读："十四五"规划中有关房地产的内容与此前一样，核心内容仍是坚持"房住不炒""租购并举""因城施策"，促进住房消费健康发展，总基调并未发生明显变动。但不同的是，此次规划中提到要有效增加保障性住房供给和完善土地出让收入分配机制。这里的有效增加保障性住房供给，应该是要真正普及普通中、低收入群体，而不是只针对特殊群体。"促进住房消费健康发展"可以看作针对房地产市场格局的新常态所重新做出的战略部署，既可以释放住房市场的合理需求，延伸住房消费领域，又可以发挥消费对经济增长的"稳定器""压舱石"作用，是一种全新的平衡与把握。另外，文件里还正视了房地产，要推动金融、房地产同实体经济均衡发展。房地产的发展和实体经济的发展是不违背的，与"房住不炒"也并不矛盾。只要将投资需求、投机炒作加杠杆的行为控制住，那么房地产和实体经济等都是内循环中的重要表现。

（11）2020年12月16日~12月18日，中央经济工作会议对2020年的经济工作进行回顾和总结，对2021年的经济工作进行了部署与展望。会议强调，"要解决好大城市住房突出问题"；"坚持房子是用来住的、不是用来炒的定位，因地制宜、多策并举"；"要高度重视保障性租赁住房建设"；"土地供应要向租赁住房建设倾斜"；"要降低租赁住房税费负担，整顿租赁市场秩序"。

解读：我国虽然在疫情防控方面取得了良好成绩，国内经济也逐渐恢复，但未来仍面临较大的不确定性，房地产应作为 2021 年的一项重点工作任务。宏观政策要继续保持连续性、稳定性和可持续性，坚持支持力度不放松。此外，还需要加快构建以国内大循环为主体、国内国际双循环相互促进的新发展格局。

（12）2020 年 12 月 21 日，全国住房和城乡建设工作会议对 2020 年和"十三五"期间的住房和城乡建设工作进行总结，并就当前局势进行分析，对 2021 年的工作提出总体要求和重点任务。

解读：回首过去，全国住房和城乡建设的各项工作均取得了一定进展，较好地完成了中央的任务。未来的工作将从实施城市更新、房地产长效机制法案、大力发展租赁住房和加大城市治理力度等方面展开，进一步促进房地产市场平稳健康发展。

二、房地产市场监管

（1）2019 年 11 月 5 日，住建部等 6 部门通报整治住房租赁中介机构乱象第一批违法违规典型案例，紧紧围绕房屋租赁交易的关键环节，严格查处违法违规行为，曝光违法违规案件，坚决取缔一批"黑中介"。同时，要标本兼治，把"立竿见影"和"长远发展"结合起来，系统地运用和坚持专项整治中形成的良好经验和做法。

解读：随着存量房时代的到来，房地产中介在我国房地产市场中发挥了重要的作用。然而，目前房地产中介众多，乱象丛生，部分违法违规行为成为干扰房地产市场秩序，损害交易双方利益的推手。国家对房地产租赁中介的严查和严整，有助于净化房地产租赁市场环境，维护广大群众的切实合法权益，促进房地产市场平稳健康发展。

（2）2019 年 12 月 15 日，住建部等 6 部门出台《关于整顿规范住房租赁市场秩序的意见》，要求住房租赁企业应"加强贷后管理，严格审查贷款用途，防止住房租赁企业形成资金池、加杠杆"。应继续加强对采取"高进低出"（支付房屋权利人的租金高于收取承租人的租金）、"长收短付"（收取承租人租金周期长于给付房屋权利人租金周期）经营模式的住房租赁企业的监管。

解读：我国当前住房租赁市场的不规范行为已对宏观经济、租赁市场、人民生活造成了不同程度的影响，为净化市场环境、规范市场秩序，住建部等 6 部门"出重拳"在对其进行整顿的同时，进一步加大对住房租赁市场的监管力度，为防范化解风险奠定坚实的基础。

（3）2020 年 2 月 25 日，银保监会媒体通气会上银保监会首席风险官兼新闻发言人肖远企表示，"房地产金融政策没有调整和改变，但是会对房地产市场融资情况进一步监测，动态掌握；房地产金融政策原本也是遵循'一城一策'的原则，各地方可根据其疫情和自己地区的情况进行安排，只要不违反相关政策就可以"。

解读：随着疫情对中国经济社会发展造成冲击，部分中小金融机构风险引发关注。事实证明，监管部门过去治理影子银行的成效，为如今促进经济发展，支持抗疫和生产恢复，化解风险并维护金融体系稳定，创造了很好的空间，腾出了余地。当前整个银行业、保险业运行非常稳健，尽管个别机构风险较高，但这些个例非常少，且不会影响行业整体稳定。

（4）2020年4月22日，国务院新闻办公室举办新闻发布会，强调"贷款一定要按照申请贷款时的用途真实使用资金，不能挪用。如果是通过房产抵押申请的贷款，包括经营和按揭贷款都必须要真实遵循申请时的资金用途"，"银行一定要监控资金流向，确保资金运用在申请贷款时的标的上，对于违规把贷款流入到房地产市场的行为要坚决予以纠正"。

解读：面对个别机构和个人弄虚作假，将用于购房、炒股的贷款包装后骗取财政贴息的情况，金融监管部门开出了相应的"药方"，严查信贷资金违规流入楼市，保证市场的健康发展。其中，个人经营性贷款、个人消费贷款成为重点排查、监测的对象。

（5）2020年5月26日，银保监会持续遏制房地产金融泡沫化，将继续严格按照"六稳"和"六保"要求，统筹做好疫情防控、服务经济社会发展、防范化解金融风险各项工作，坚决打赢防范化解重大风险攻坚战。同时，坚决落实"房住不炒"要求，持续遏制房地产金融化、泡沫化。

解读：房地产金融泡沫将银行的房地产贷款置于高风险之中，从而埋下超预期反弹的隐患。在疫情背景下，银保监会的首要任务就是坚决落实"房住不炒"要求，严防信贷资金违规流入房地产市场。此外，还需要稳妥处置高风险机构、继续拆解影子银行、加强资产质量监管、坚决落实"房住不炒"要求、有效防范化解外部冲击风险、进一步弥补监管短板，金融监管不能放松。

（6）2020年6月24日，银保监会发布《关于开展银行业保险业市场乱象整治"回头看"工作的通知》，通知明确，"对连续三年市场乱象整治工作进行'回头看'"。要"督促银行保险机构把普惠金融政策红利切实传导到民营小微企业"，"依法严厉打击通过融资政策便利获得的贷款违规进行资金套利行为。持续深入开展宏观政策执行、股权与公司治理、业务经营、影子银行和交叉金融业务等领域违法违规问题排查等"。

解读：近年来，全国银行业、保险业市场乱象整治工作取得了明显成效，但一些银行保险机构公司治理仍不健全，重大案件和风险事件时有发生。因此，组织开展银行业、保险业市场乱象整治工作"回头看"很有必要。针对"房住不炒"政策，提出表内外资金直接或变相用于土地出让金或土地储备融资；未严格审查房地产开发企业资质，违规向"四证"不全的房地产开发项目提供融资；个人综合消费贷款、经营性贷款、信用卡透支等资金挪用于购房；流动性贷款、并购贷款、经营性物业贷款等资金被挪用于房地产开发；代销违反房地产融资政策及规定的信托产品等资管产品等市场乱象是整治"回头看"工作要点。

（7）2020年7月14日，银保监会印发《关于近年影子银行和交叉金融业务监管检查发现主要问题的通报》，通报问题主要集中在"资管新规""理财新规"执行不到位、业务风险隔离不审慎、非标投资业务管控不力等方面。银保监会强调"要通过规范整改影子银行和交叉金融业务突出问题，进一步疏通融资渠道，引导资金更高质量服务实体经济，为疫情防控、复工复产和实体经济发展提供精准金融服务"。

解读：近年来，银保监会持续加大对影子银行和交叉金融业务的监管力度，去杠杆、去通道、去链条效果明显，风险持续收敛。此次通报旨在进一步巩固深化影子银行和交叉金融业务整治成果，坚决纠正资金空转、脱实向虚等行为，建立健全管理机制，积极稳妥推进有关业务规范转型。

（8）2020年9月7日，住建部发布《关于〈住房租赁条例（征求意见稿）〉公开征求意见的通知》，为进一步规范住房租赁活动，维护住房租赁当事人合法权益，构建稳定的住房租赁关系，促进住房租赁市场健康发展，政府正式向社会征求意见。该条例对出租和承租行为、租赁企业、经纪活动、扶持政策、服务监督等项内容进行了明确规定。

解读：近期，住房租赁市场始终处在舆论的风口浪尖上，如长租企业"爆雷"跑路、群租房屡禁不止等新闻频频出现。面对这一现状，过去只针对房东和租户的法规已难以覆盖对整个市场的指导和监管，亟须出台新的法规。政府出重拳规范住房租赁市场，推动租赁市场监管的制度化发展，促进住房租赁市场健康平稳发展。

（9）2020年9月25日，国家发改委发布《关于促进特色小镇规范健康发展意见的通知》，该通知指出促进特色小镇规范健康发展，要求"实行清单管理"，"择优予以倾斜支持"，要加强对主导产业薄弱的指导，对"以'特色小镇'之名单纯进行大规模房地产开发的，要坚决淘汰除名"。

解读：由于一些体制机制的限制，不利于一些小镇参与到市场化竞争中，因此挖掘一些有潜力、有特色的小镇，通过一些产业的发展不仅可以带动经济的发展，也可以吸纳小镇周边一部分农村劳动力就业。培育特色小镇的最初主要目的是促进有条件的镇更好地发展。面对当前部分房企"挂羊头卖狗肉"的做法，统筹开展特色小镇监测督导、典型示范和规范纠偏等工作，切实促进特色小镇规范健康发展。

（10）2020年10月31日，银保监会下发《关于开展新一轮房地产信托业务专项排查的通知》，"要求继续严控房地产信托规模，按照'实质重于形式'原则强化房地产信托穿透监管，严禁通过各类形式变相突破监管要求，严禁为资金违规流入房地产市场提供通道，切实加强房地产信托风险防控工作"。

解读：当前，房地产信托监管政策延续高压态势。此次业务排查是常规性排查，主要是配合这一轮地产调控的措施，追踪公司地产信托相关业务指标。银保监会通过出台多项政策和窗口指导，严格控制房地产信托业务规模，房地产信托风险防控工作取得明显成效。

（11）2020年12月31日，央行、银保监会发布《关于建立银行业金融机构房地产贷款集中度管理制度的通知》，该通知明确了房地产贷款集中管理制度的机构覆盖范围、管理要求及调整机制；建立健全房地产贷款集中管理制度，推动金融、房地产同实体经济均衡发展。

解读：为进一步增强银行业金融机构抵御房地产市场波动的能力，防范金融体系可能会因房地产贷款的过度集中而带来潜在的系统性金融风险，央行与银保监会延续了此前建立长效机制的房地产政策思路，预计涉房贷款投放平稳过渡。

（12）2021年1月15日，银保监会、央行发布《关于规范商业银行通过互联网开展个人存款业务有关事项的通知》，该通知重点从规范业务经营、强化风险管理、加强消费者保护和严格监督管理四个方面对各金融机构提出新的要求。

解读：该政策的出台，充分体现出国家在加强对商业银行通过互联网开展个人存款业务的监督管理、维护市场秩序、防范金融风险以及保护消费者合法权益等方面所做出的努力，这对于商业银行合规稳健经营、防范金融风险具有重要意义。

三、土地制度改革

（1）2019年11月26日，中共中央、国务院印发《中共中央 国务院关于保持土地承包关系稳定并长久不变的意见》，强调要稳妥推进"长久不变"实施，稳定土地承包关系，第二轮土地承包到期后再延长三十年，使农村土地承包关系从第一轮承包开始保持稳定长达七十五年；继续提倡"增人不增地、减人不减地"，建立健全土地承包权依法自愿有偿转让机制；要切实做好"长久不变"基础工作，做好承包地确权登记颁证工作，完善落实农村土地所有权、承包权、经营权"三权"分置政策体系，健全农村土地承包相关法律政策。

解读：自实行家庭承包经营以来，党中央、国务院一直坚持稳定农村土地承包关系的方针政策，先后两次延长承包期限，不断健全相关制度体系，依法维护农民承包土地的权益。在中国特色社会主义进入新时代的关键时期，中央提出保持土地承包关系稳定并长久不变，是对农村土地政策的继承和发展，意义重大、影响深远。这对之后农村土地征收、流转、集体建设用地入市、宅基地改革等相关政策的制定画上了底线。

（2）2019年12月18日，自然资源部发布《自然资源部关于开展全域土地综合整治试点工作的通知》，要求"以科学合理规划为前提，以乡镇为基本实施单元（整治区域可以是乡镇全部或部分村庄），整体推进农用地整理、建设用地整理和乡村生态保护修复，优化生产、生活、生态空间格局，促进耕地保护和土地集约节约利用，改善农村人居环境，助推乡村全面振兴"。

解读：土地资源不仅与农民的生活息息相关，也和生态环境密切关联，更有着无法割舍的历史文脉，而违背农民意愿搞大拆大建、破坏生态环境、砍树挖山填湖、占用耕地搞人造景观、破坏乡村风貌等行为所产生的影响十分恶劣。该通知的发布，体现了国家对于土地资源、生态环境、人民生活和历史文化的高度重视，也表现了国家对于整治这种不良现象的决心和信心。

（3）2020年3月1日，国务院发布《国务院关于授权和委托用地审批权的决定》，在北京、天津、上海、江苏、浙江、安徽、广东和重庆进行为期1年的首批试点，具体实施方案由试点省份人民政府制订并报自然资源部备案。

解读：在严格保护耕地、节约集约用地的前提下，国务院进一步深化"放管服"改革，改革土地管理制度，赋予省级人民政府更大的用地自主权。省级政府则需要严格审查涉及占用永久基本农田、生态保护红线、自然保护区的用地，切实保护耕地，节约集约用地,盘活存量土地,维护被征地农民的合法权益,确保相关用地审批权"放得下、接得住、管得好"。

(4)2020年3月30日,《自然资源部关于〈中华人民共和国土地管理法实施条例(修订草案)〉(征求意见稿)公开征求意见的公告》指出,"国土空间规划应当统筹并合理安排集体经营性建设用地布局和用途,引导优先使用存量集体经营性建设用地,严格控制新增集体经营性建设用地规模。鼓励乡村重点产业和项目使用集体经营性建设用地"。

解读:为进一步合理化、规范化保护依法登记的土地所有权和土地使用权,自然资源部公开征求土地管理法实施条例,旨在广泛了解各方需求,听取各方意见的基础上,不断完善土地管理法实施条例,使国土空间规划更加合理,切实保障人民群众的切身利益,满足人民群众的合理需求。

(5)2020年4月9日,中共中央国务院发布《关于构建更加完善的要素市场化配置体制机制的意见》,强调要推进土地要素市场化配置,建立健全城乡统一的建设用地市场;深化产业用地市场化配置改革,完善土地管理体制,鼓励盘活存量建设用地;深化户籍制度改革,加大人才引进力度,畅通劳动力和人才社会性流动渠道,引导劳动力要素合理畅通有序流动。

解读:经过40多年的改革开放,目前我国商品和服务已经从政府定价转变为市场定价。但要素市场发育还不充分,影响了市场发挥资源配置的决定性作用。该文件的出台,对形成生产要素从低质低效领域向优质高效领域流动的机制,提高要素质量和配置效率,引导各类要素协同向先进生产力集聚,加快完善社会主义市场经济体制具有重大意义。

(6)2020年5月19日,自然资源部印发《自然资源部关于加快宅基地和集体建设用地使用权确权登记工作的通知》,强调"各地要认真落实有关宅基地和集体建设用地确权登记系列文件要求,充分发挥乡村基层组织作用,推动解决宅基地'一户多宅'、缺少权属来源材料、超占面积、权利主体认定等问题,按照房地一体要求,统一确权登记、统一颁发证书,努力提高登记率";"各地要通过不动产登记系统,办理房地一体的宅基地和集体建设用地使用权登记"。

解读:宅基地和集体建设用地使用权确权登记工作,是党中央部署的一项重要任务。以往各地均采取了一系列切实措施,大力推进农村宅基地和集体建设用地确权登记发证工作,取得了积极进展,但也遇到了一些问题。为进一步加快农村宅基地和集体建设用地确权登记发证工作,有效支撑农村土地制度改革,落实宅基地和集体建设用地使用权确权登记的工作迫在眉睫。

(7)2020年9月23日,中共中央办公厅、国务院办公厅印发了《关于调整完善土地出让收入使用范围优先支持乡村振兴的意见》。该意见指出,将"提高土地出让收入用于农业农村比例","到'十四五'期末,以省(自治区、直辖市)为单位核算,土地出让收益用于农业农村比例达到50%以上"。

解读:土地出让收入是地方政府性基金预算收入的重要组成部分。长期以来,土地增值收益取之于农、主要用于城,有力推动了工业化、城镇化快速发展,但直接用于农业农村的比例偏低，对农业农村发展的支持作用发挥不够。按照"取之于农、主要用之于农"的要求，调整土地出让收益城乡分配格局，稳步提高土地出让收入用于农业农村的比例，集中支持乡村振兴重点任务，加快补上"三农"发展短板，为实施乡村振兴战略提供有力支撑。

（8）2020年10月11日，中共中央办公厅、国务院办公厅印发《深圳建设中国特色社会主义先行示范区综合改革试点实施方案（2020—2025年）》，该方案内容涵盖27条改革措施，涉及完善要素市场化配置体制机制、完善科技创新环境制度等内容。

解读：深圳作为我国改革开放的窗口，敢闯敢试、敢为人先、埋头苦干，创造了发展史上的奇迹，成为全国改革开放的一面旗帜。该方案的实施，是我国在新时代及新环境下探索改革新路线的重大政策举措。对深圳而言，一方面，承担了国家改革试点责任；另一方面，新的政策红利为深圳带来了新的发展机会，注入了发展的新动力。

（9）2020年11月2日，习近平总书记对推进农村土地制度改革、做好农村承包地管理工作作出重要指示，强调要"坚持农村土地农民集体所有制不动摇，坚持家庭承包经营基础性地位不动摇。要运用农村承包地确权登记颁证成果，扎实推进第二轮土地承包到期后再延长30年工作，保持农村土地承包关系稳定并长久不变"[1]。

解读：习近平总书记的重要指示，确定了对土地承包经营权的物权保护，让农民吃上长效"定心丸"，巩固和完善了农村基本经营制度。新时代推进农村土地制度改革，不仅要根据实践发展要求，促进农村土地资源优化配置，积极培育新型农业经营主体，还要切实维护好亿万农民的合法权益，为促进农业农村现代化和乡村全面振兴提供有力支撑。

四、金融财政政策

（1）2019年11月18日，财政部提前下达全国28个省（自治区、直辖市）专项扶贫基金1 136亿元，继续重点加大对"三区三州"等深度贫困地区的支持力度，助力脱贫攻坚工作。

解读：为了保证2020年脱贫攻坚战的完美收官，中央政府通过专项扶贫基金等方式加大对贫困地区的财政支持。财政部提前下达专项扶贫基金体现了政府对扶贫攻坚工作的高度重视，以及对工作顺利完成的坚定信心。截至2019年11月，剩余的都是贫中之贫、坚中之坚的重贫区，政府加大对关键区域的重点支持，从而促进我国全面小康社会目标的实现。

（2）2020年1月3日，银保监会印发《中国银保监会关于推动银行业和保险业高质量发展的指导意见》，强调要"加强重点领域风险防控"，"严格执行房地产金融监管要求"，"发挥银行保险机构在优化融资结构中的重要作用"，"继续做好地方政府隐性债务风险化解，依法明确存量债务偿债责任，规范支持地方政府债券发行和

---

[1] 习近平对推进农村土地制度改革、做好农村承包地管理工作作出重要指示[EB/OL]. http://www.gov.cn/xinwen/2020-11/02/content_5556705.htm，2020-11-02.

配套融资，严禁违法违规提供新增融资"。

解读：该指导意见的出台，充分体现出我国银行保险机构对于防范系统性风险、有效维护金融体系稳健运行、推动行业高质量发展的重视。一方面，抑制居民杠杆率过快增长，推动房地产市场健康稳定发展；另一方面，鼓励各类合格投资机构参与市场化法治化债转股，稳妥化解集团客户信用风险，推动企业部门结构性去杠杆。

（3）2020年2月1日，央行、财政部、银保监会、中国证券监督管理委员会（以下简称证监会）、国家外汇管理局（以下简称外汇局）发布《关于进一步强化金融支持防控新型冠状病毒感染肺炎疫情的通知》，要求"保持金融市场流动性合理充裕，维护货币市场利率平稳运行"，"为受疫情影响较大的地区、行业和企业提供差异化优惠的金融服务"，"完善受疫情影响的社会民生领域的金融服务"，"加强制造业、小微企业、民营企业等重点领域信贷支持"。

解读：该通知体现了政府对各行各业在金融领域的有力支持，以及打赢疫情阻击战的必胜决心。该政策在引导金融机构加大信贷投放支持实体经济，促进货币信贷合理增长的同时，一方面放宽对受疫情影响较大的行业，特别是中小微企业的相关贷款、还款政策；另一方面，对受疫情影响严重的社会民众，在信贷方面给予政策倾斜，灵活调整住房按揭、信用卡等个人信贷还款安排。

（4）2020年3月1日，银保监会、人民银行、国家发改委、工业和信息化部、财政部联合发布《关于对中小微企业贷款实施临时性延期还本付息的通知》，对受疫情影响、遇到困难的中小微企业，给予一定期限的临时性延期还本付息安排，并为湖北地区配备专项信贷规模，实施内部资金转移定价优惠。

解读：该通知的发布，反映了政府对新冠肺炎疫情防控的坚定性和应对工作决策部署的灵活性。为进一步纾解中小微企业困难，推动企业有序复工复产，提高金融服务的针对性、有效性，有关部门做了深入研究，确定按照市场化、法治化原则，对符合条件、流动性遇到暂时困难的中小微企业贷款，给予临时性延期还本付息安排。

（5）2020年5月14日，中国人民银行、银保监会、证监会、外汇局发布《关于金融支持粤港澳大湾区建设的意见》，从促进粤港澳大湾区跨境贸易和投融资便利化、扩大金融业对外开放、促进金融市场和金融基础设施互联互通、提升粤港澳大湾区金融服务创新水平、切实防范跨境金融风险等五个方面提出26条具体措施。

解读：该意见的推出，有助于粤港澳大湾区在金融合作、金融开放、金融创新领域进一步提升协同性，加强金融对大湾区建设的支持作用，进一步深化粤港澳大湾区在国家经济发展和对外开放中的引领作用。

（6）2020年7月7日，中国人民银行联合银保监会在北京召开金融支持稳企业保就业工作座谈会。会议强调，"各金融机构要把支持稳企业保就业作为当前和今后一段时期工作的重中之重。要把握好信贷投放节奏，与市场主体实际需求保持一致，确保信贷资金平稳投向实体经济"。

解读：金融系统把应对疫情冲击作为头等大事，积极采取多项政策措施，加大总量货币信贷支持，完善金融监管政策，引导贷款利率下行，优化信贷投向结构，为疫情防控和经济社会发展提供了有力支持。但是受疫情冲击，市场主体恢复生产、稳定经济增长可能比原来预计的时间要久，需要进一步加大政策支持来稳企业、保就业、稳定经济增长。

（7）2020年8月3日，国家发改委办公厅发布《关于做好基础设施领域不动产投资信托基金（REITs）试点项目申报工作的通知》，该通知强调将优先支持国家重大战略区域范围内、国家级新区和经济技术开发区、基础设施补短板的基础设施项目。

解读：该通知是对投融资机制的重大创新，能够更好地落实中央关于防风险、去杠杆、稳投资、补短板决策部署，促进基础设施高质量发展。一方面，开展基础设施REITs试点，盘活存量资产、广泛募集各类资金，用于培育新的优质资产并在条件成熟时再进行盘活，从而形成投资内部的良性循环；另一方面，依托这些项目发行基础设施REITs，形成标准化产品并强制90%以上收益用于分红，大幅降低了投资门槛，有利于促进广大人民群众共享改革发展成果。

（8）2020年9月10日，国家主席习近平主持召开中央财经委第八次会议，会议提出：①"必须把建设现代流通体系作为一项重要战略任务来抓"；②"深化供给侧结构性改革，充分发挥市场在资源配置中的决定性作用，更好发挥政府作用"；③"统筹推进现代流通体系硬件和软件建设，发展流通新技术新业态新模式"。①

解读：本次会议主要是从国民经济循环的角度强调"循环"，着力打通生产、分配、交换（流通）、消费各个环节，使得供需相互适应、生产和市场相互适应。"深化供给侧结构性改革，充分发挥市场在资源配置中的决定性作用"，主要是想通过改革把统一开放、竞争有序的市场体系加快完善起来，把准入方面的限制进一步打开，使市场真正做到公平、有秩序、充分竞争。此外，会议还强调了流通领域基础设施建设，建设好高水平的综合交通运输体系、便捷的商业网点等基础设施，现代流通的效率就会显著提高。

（9）2020年10月19日，央行营业管理部发布《北京地区房地产行业反洗钱和反恐怖融资工作暂行办法》公开征求意见稿，提出房地产开发企业、中介要对客户身份及信息识别核实、划分风险等级、对可疑交易上报等要求。

解读：该文件的发布，旨在指导北京地区房地产开发企业、房地产中介机构提升反洗钱和反恐怖融资工作水平，预防洗钱和恐怖融资活动，遏制洗钱犯罪和相关犯罪。通过征求意见稿，拟不断完善反洗钱国际标准、加强反洗钱监管、防控虚拟资产和"稳定币"风险。

（10）2020年11月13日，银保监会发布《中国银保监会关于保险资金财务性股权投资有关事项的通知》，该通知旨在规范保险资金直接投资未上市企业股权的行为，加大保险资金对各类企业的股权融资支持力度，指出保险资金所投资的标的企业，不得直接从事房地产开发建设，包括开发或者销售商业住宅。

解读：资管新规以后，受限于银行、信托等金融机构进行风险整顿实施强监管的多项举措，直接融资市场上的"源头活水"出现了断崖式的下跌。监管和市场不约而同将

---

① 习近平主持召开中央财经委员会第八次会议[EB/OL]. http://www.gov.cn/xinwen/2020-09/09/content_5542047.htm，2020-09-09.

目光投向了"保险资金"。为净化市场环境，银保监会再出重拳，禁止保险资金所投资的标的企业直接从事房地产开发建设。

（11）2021年1月4日，央行、国家发改委、商务部、国资委、银保监会和外汇局6部门联合发布《关于进一步优化跨境人民币政策支持稳外贸稳外资的通知》，该通知主要包括围绕实体经济需求推动更高水平贸易投资人民币结算便利化、简化跨境人民币结算流程、优化跨境人民币投融资管理、便利个人经常项下人民币跨境收付、便利境外机构人民币银行结算账户使用等5项内容。

解读：该政策是对商业银行业务的有利指导，对持续优化人民币跨境使用政策、切实发挥跨境人民币业务服务实体经济、促进贸易投资便利化具有积极的促进作用。

五、税收政策

（1）2019年11月28日，财政部印发《中华人民共和国增值税法（征求意见稿）》，在纳税人和扣缴义务人、应税交易、税率和征收率、应纳税额和税收优惠、纳税时间和纳税地点、征收管理等方面进行了详细的规定。其中，将销售不动产租赁服务、不动产，转让土地使用权的适用税率调整为9%。

解读：增值税法的修订是为了完善我国税收法律制度，提升税收管理能力和水平。该增值税法的出台为我国增值税的计算、征收和管理等工作提供了法律依据和规范指引，一定程度上缓解了重复计税、偷税漏税等问题，是我国税收体制改革的重要法律基础。其中，下调销售不动产租赁服务、不动产，转让土地使用权的适用税率至9%，有利于激发不动产销售、租赁和土地转让活动，降低住房空置率，提高住房交易活力。

（2）2019年12月5日，国家税务总局发布《关于支持和服务长江三角洲区域一体化发展措施的通知》，该通知指出，"长三角区域纳税人在区域内发生跨省（市）房产税、城镇土地使用税纳税义务时，可登录房产、土地所在地电子税务局进行税源信息报告，办理房产税、城镇土地使用税申报和税款缴纳事宜"。

解读：长三角地区是我国经济发展最活跃、开放程度最高、创新能力最强的区域之一，在全国经济中具有举足轻重的地位。长三角一体化发展具有极大的区域带动和示范作用，能够带动整个长江经济带和华东地区发展。该通知充分体现了国税局为便于长三角区域纳税人进行跨省房产土地税源管理业务办理，而做出的政策倾斜。

（3）2020年2月17日，财政部、国家税务总局发布《财政部 税务总局关于支持新型冠状病毒感染的肺炎疫情防控有关税收政策的公告》《国家税务总局关于进一步延长2020年2月份纳税申报期限有关事项的通知》，对受疫情影响较大的困难行业企业2020年度发生的亏损，最长结转年限由5年延长至8年，并延长按月申报纳税人的纳税申报期限。

解读：面对突如其来的新冠肺炎疫情，政府不畏艰险，始终把人民群众的生命放在第一位，在做好疫情防控工作的同时，进一步放宽受疫情影响较大的困难行业企业、纳税申报人的纳税期限，做到万众一心，帮助群众一同渡过难关。

（4）2020年5月7日，财政部、税务总局发布《财政部 税务总局关于支持个体工商户复工复业增值税政策的公告》，公告延长小规模纳税人减免增值税政策执行期限，税收优惠政策实施期限延长到 2020 年 12 月 31 日。

解读：由于疫情反复不定，为进一步支持广大个体工商户和小微企业全面复工复业，财政部、国家税务总局再次适当放宽税收政策，延长了税收政策的执行期限。

（5）2020 年 6 月 2 日，自然资源部、国家税务总局、中国银保监会联合出台《自然资源部 国家税务总局 中国银保监会关于协同推进"互联网+不动产登记"方便企业和群众办事的意见》，该意见提出，"电子不动产登记证书证明与纸质不动产登记证书证明具有同等法律效力，各地要积极推广应用"；2020 年底前，"全国所有市县一般登记业务办理时间力争全部压缩至 5 个工作日以内。当事人签订买卖合同后即可申请办理不动产登记"；"对预售商品房全面开展预告登记，积极推进存量房预告登记"，"防止'一房二卖'"。

解读：为进一步深化"放管服"改革，不断优化营商环境，方便企业和群众办事，国家三部门就协同推进"互联网+不动产登记"等有关事项提出相关意见，要求各地加强组织领导，压实市县主体责任，落实经费保障，有条不紊地推进工作扎实落实。

六、其他政策

（1）2019 年 11 月 21 日，国务院印发《国家积极应对人口老龄化中长期规划》，鼓励成年子女与老年父母就近居住或共同生活，制定和完善适老性住宅的建筑标准和规范。

解读：人口老龄化是社会发展的重要趋势，是人类文明进步的体现，也是今后较长时间段我国的基本国情。积极应对人口老龄化是贯彻以人民为中心的发展思想的内在要求，也是实现经济高质量发展的必要保障。鼓励成年子女与老年父母就近居住或共同生活，有利于保持代际和谐与社会活力，是维护国家人口安全和社会和谐稳定的重要举措。制定和完善适老性住宅的建筑标准和规范，有利于转变建筑业发展方式，适应经济社会的发展变化。

（2）2019 年 12 月 1 日，国务院发布《长江三角洲区域一体化发展规划纲要》，以上海、南京等 27 个城市为中心区，辐射带动长三角地区高质量发展，未来计划使长三角一体化发展达到较高水平，"现代化经济体系基本建成，城乡区域差距明显缩小，公共服务水平趋于均衡，基础设施互联互通全面实现，人民基本生活保障水平大体相当，一体化发展体制机制更加完善，整体达到全国领先水平，成为最具影响力和带动力的强劲活跃增长极"。

解读：始于 1982 年的长三角一体化，已经走过近 40 年的历程。从最初的上海、南京、宁波、苏州和杭州 5 市扩容到如今的 27 市，形成长三角城市群。"建设成具有国际竞争力的世界级城市群"是长三角一体化的初心，也是决策层对其的定位。该规划纲要的出台，有利于更好地推进长三角一体化发展，提升长三角在世界经济格局中的能级和水平，引领我国参与全球合作和竞争。

（3）2019 年 12 月 25 日，中共中央国务院出台《关于促进劳动力和人才社会性流动体制机制改革的意见》，"坚持把稳定和扩大就业作为经济社会发展的优先目标，将就业优先政策置于宏观政策层面"，"建立健全城乡融合发展体制机制和政策体系，推进新型城镇化建设和乡村振兴战略实施，引导城乡各类要素双向流动、平等交换、合理配置"。

解读：该意见的出台，充分说明国务院坚持把稳就业摆在更加突出的位置，不断强化底线思维，以户籍制度和公共服务牵引区域流动，促进人力资源合理流动，继续将人才优势逐步转化为高质量发展的核心动力，并加强政策协调配合，创造更充分的流动机会。

（4）2020年1月17日，国务院办公厅出台《国务院办公厅关于支持国家级新区深化改革创新加快推动高质量发展的指导意见》，强调要"尊重规律，合理把握开发节奏。保持历史耐心和战略定力，高质量高标准推动新区规划建设"。与此同时，要"深入推进智慧城市建设，提升城市精细化管理水平。优化主城区与新区功能布局，推动新区有序承接主城区部分功能"。

解读：该指导意见主题鲜明、定位准确，强调人与自然的和谐共生，在尊重城市发展客观规律的基础上，进一步落实职住平衡要求，引导居民形成合理的住房消费观念，继续支持居民的合理自住需求，促进绿色低碳发展。

（5）2020年2月5日，中共中央、国务院印发《中共中央 国务院关于抓好"三农"领域重点工作确保如期实现全面小康的意见》，主要内容：一是完善农村基本经营制度，鼓励发展多种形式适度规模经营，健全面向小农户的农业社会化服务体系；二是制定农村集体经营性建设用地入市配套制度；三是严格农村宅基地管理，加强对乡镇审批宅基地监管，防止土地占用失控；四是以探索宅基地所有权、资格权、使用权"三权"分置为重点，进一步深化农村宅基地制度改革试点；五是全面推开农村集体产权制度改革试点；六是探索拓宽农村集体经济发展路径，强化集体资产管理。

解读：2020年不仅是全面建成小康社会目标的实现之年，也是全面打赢脱贫攻坚战收官之年。党中央认为，按时完成上述两大目标任务，必须攻克脱贫攻坚的最后堡垒，补齐全面小康"三农"领域突出的短板很有必要。

（6）2020年3月17日，国家发改委发布《北京市通州区与河北省三河、大厂、香河三县市协同发展规划》，该规划指出要高效利用城乡建设用地，不断"完善住房保障制度"，"严控房地产无序开发"，"创新人口人才管理政策"，并"以北京城市副中心建设为统领，着力打造国际一流和谐宜居之都示范区、新型城镇化示范区、京津冀区域协同发展示范区"。

解读：该规划的出台，表明了国家发改委坚持"一盘棋"谋划、"一张蓝图干到底"的精神，在统筹生产、生活、生态三大空间的基础上，从城乡建设用地、住房保障制度、人口人才政策多角度入手，拟构建新型城乡格局，融入区域开放大局，充分发挥城市副中心示范引领作用，辐射带动北三县协同发展，打造新时代推进高质量发展的典范。

（7）2020年4月9日，《国家发展改革委关于印发〈2020年新型城镇化建设和城乡融合发展重点任务〉的通知》，强调要"坚持新发展理念，加快实施以促进人的城镇化为核心、提高质量为导向的新型城镇化战略，提高农业转移人口市民化质量"，"促进大中小城市和小城镇协调发展，提升城市治理水平，推进城乡融合发展"，"为全面建成小康社会提供有力支撑"。

解读：2020 年是全面建成小康社会和"十三五"规划收官之年，也是为"十四五"发展打好基础的关键之年。该通知从提高农业转移人口市民化质量、优化城镇化空间格局、提升城市综合承载能力、加快推进城乡融合发展等方面提出了 28 项重点任务，为我国新型城镇化建设和城乡融合发展指明了前进的方向。

（8）2020 年 5 月 17 日，《中共中央 国务院关于新时代推进西部大开发形成新格局的指导意见》要求，"强化举措抓重点、补短板、强弱项，形成大保护、大开放、高质量发展的新格局，推动经济发展质量变革、效率变革、动力变革，促进西部地区经济发展与人口、资源、环境相协调，实现更高质量、更有效率、更加公平、更可持续发展"。

解读：强化举措推进西部大开发形成新格局，是党中央、国务院从全局出发，顺应中国特色社会主义进入新时代、区域协调发展进入新阶段的新要求。当前，西部地区发展不平衡不充分问题依然突出，继续做好新时代西部大开发工作，对于增强防范化解各类风险能力，促进区域协调发展，决胜全面建成小康社会，开启全面建设社会主义现代化国家新征程，具有重要现实意义和深远历史意义。

（9）2020 年 6 月 1 日，中共中央、国务院印发《海南自由贸易港建设总体方案》，该方案强调，"在海南建设自由贸易港，是推进高水平开放，建立开放型经济新体制的根本要求；是深化市场化改革，打造法治化、国际化、便利化营商环境的迫切需要；是贯彻新发展理念，推动高质量发展，建设现代化经济体系的战略选择；是支持经济全球化，构建人类命运共同体的实际行动"。

解读：该方案是对统筹推进"五位一体"总体布局，协调推进"四个全面"战略布局的深刻诠释。当前，国内许多方面的发展都需要通过更高水平的开放形态来继续推进，而海南自贸港的建设正好填补了这一空缺。正如该方案中指出的：在海南建设自由贸易港，是推进高水平开放，建立开放型经济新体制的根本要求；是深化市场化改革，打造法治化、国际化、便利化营商环境的迫切需要；是贯彻新发展理念、推动高质量发展，建设现代化经济体系的战略选择；是支持经济全球化，构建人类命运共同体的实际行动。

（10）2020 年 7 月 28 日，国家发改委网站发布《国家发展改革委办公厅关于加快落实新型城镇化建设补短板强弱项工作有序推进县城智慧化改造的通知》，该通知提到，将"加快落实新型城镇化建设补短板强弱项工作"，"有序引导各地区因地制宜推进县城智慧化改造，保障建设成效、防范潜在风险，有效发挥项目数字化、智慧化赋能效应，支撑县域经济社会高质量发展"。

解读：当前，我国县城基础设施、公共服务、社会治理、产业发展、数字生态等方面均存在短板和薄弱环节，利用大数据、人工智能、5G 等数字技术，在具备一定基础的地区推进县城智慧化改造建设，着力补短板、强弱项、重实效。该通知的发布，为有效提高政府公共服务水平，不断增强人民群众获得感、幸福感、安全感提供了发展思路。

（11）2020年9月21日，《国务院关于印发北京、湖南、安徽自由贸易试验区总体方案及浙江自由贸易试验区扩展区域方案的通知》结合各自贸区的特点和定位，因地制宜地提出了各具特色的改革试点任务，为自贸区的未来发展提供了理论指导和参考依据。

解读：进行改革试点一直是我国全面推开改革的重要工作，为能够提供可复制、可推广的经验奠定基础。自贸区作为采取自由港政策的关税隔离区，强化底线思维和风险意识，加强自贸试验区风险防控体系建设是很有必要的。该通知的出台，对于各地方强化主体责任，建立完善自贸试验区制度创新容错机制，统筹推进新冠肺炎疫情防控和自贸试验区高质量发展工作有着重要意义。

（12）2020年10月16日，中共中央政治局召开会议，审议《成渝地区双城经济圈建设规划纲要》。会议强调，要"全面落实党中央决策部署，突出重庆、成都两个中心城市的协同带动，注重体现区域优势和特色，使成渝地区成为具有全国影响力的重要经济中心、科技创新中心、改革开放新高地、高品质生活宜居地，打造带动全国高质量发展的重要增长极和新的动力源"。

解读：当前我国发展的国内国际环境继续发生深刻复杂的变化，推动成渝地区双城经济圈建设，不仅有利于形成优势互补、高质量发展的区域经济布局，拓展市场空间、优化和稳定产业链供应链，还是构建以国内大循环为主体、国内国际双循环相互促进的新发展格局的一项重大举措。

（13）2020年11月15日，习近平总书记主持召开全面推动长江经济带发展座谈会并发表重要讲话，会议指出，要"坚定不移贯彻新发展理念，推动长江经济带高质量发展，谱写生态优先绿色发展新篇章，打造区域协调发展新样板，构筑高水平对外开放新高地，塑造创新驱动发展新优势，绘就山水人城和谐相融新画卷，使长江经济带成为我国生态优先绿色发展主战场、畅通国内国际双循环主动脉、引领经济高质量发展主力军"[①]。

解读：长江经济带的人口规模和经济总量占据全国"半壁江山"。一方面，应在践行新发展理念、构建新发展格局、推动高质量发展中发挥重要作用；另一方面，处理好中心城市和区域发展的关系，推进以县城为重要载体的城镇化建设，促进城乡融合发展。此外，还要加强全方位对外开放，深度融入"一带一路"建设，推进国内国际双循环相互促进。

（14）2021年1月18日，国家统计局对2020年我国国民经济运行情况进行介绍。面对疫情冲击，我国各地区各部门坚持稳中求进工作总基调，统筹疫情防控和经济社会发展工作，经济运行稳定恢复，就业民生保障有力，经济社会发展主要目标任务完成情况好于预期。

解读：2020年我国国民经济运行稳定恢复，稳就业、保民生成效显著，但面对多变的疫情和复杂的外部环境，未来仍需要科学精准地实施宏观政策，努力保持经济运行在合理区间，确保"十四五"开好局、起好步。

---

① 习近平主持召开全面推动长江经济带发展座谈会并发表重要讲话[EB/OL]. http://www.gov.cn/xinwen/2020-11/15/content_5561711.htm, 2020-11-15.

第二节　2020年1月至2020年11月地方特殊政策总结

中央政府出台各项政策调控房地产市场平稳健康发展，地方政府相继采取各项细则对各地房地产市场进行调控，地方政府政策多侧重以下几个方面：土地政策、市场监管政策、保障性住房及棚户区改造政策、人才引进相关政策、限购限贷及公积金政策、新型城镇化政策等，具体调控政策如下。

一、北京房地产政策一览

北京市的调控政策更加重视长效机制的建立，兼顾满足居民的基本住房需求，限制投资投机行为。在区域规划层面，更加重视与周边区域的协同协调。对于租赁性住房给予了更多的政策倾斜和扶持。具体见表2.1。

表 2.1　北京房地产政策一览

政策	主要内容
《北京政府工作报告》	2020 年 1 月 12 日，强调保持房地产市场平稳健康发展。坚持"房住不炒"，进一步完善长效管理调控机制。计划完成商品住宅土地入库 600 公顷，建设筹集各类政策性住房 4.5 万套。在重点产业园区周边、轨道交通沿线，加快集体土地租赁住房建设，努力满足在京就业创业人才、城市运行保障人员等租赁需求。进一步规范非居住建筑改建租赁住房，稳定住房租赁市场秩序。优化共有产权住房分配政策。继续做好棚户区改造工作。大力推进老旧小区综合整治，实现新开工 80 个项目
《关于妥善应对新冠肺炎疫情实施住房公积金阶段性支持政策的通知》	2020 年 2 月 27 日，明确受新冠肺炎疫情影响的企业，可按规定申请在 2020 年 6 月 30 日前缓缴住房公积金，缓缴期间缴存时间连续计算，不影响职工正常提取和申请住房公积金贷款。2020 年 3 月 17 日，《北京市通州区与河北省三河、大厂、香河三县协同发展规划》严控房地产无序开发；坚决摒弃以房地产开发为主的发展方式，制定更加严格的房地产项目准入条件和年度开发总量约束机制；创新人口人才管理政策；通州区严格执行北京市人口积分落户制度；河北省实施北三县户籍制度单列管理；推进实施"人才资源共享工程"
《关于进一步做好常态化疫情防控期间房地产开发项目售楼场所管理的通知》	2020 年 5 月 19 日，规定房地产开发企业要进一步落实主体责任，按照市、区疫情防控工作部署，建立售楼场所疫情防控工作机构，制订职责明确、运转有效、预案完备的常态化疫情防控工作方案，确保售楼场所疫情防控不留死角
《关于面向海淀区具有保障房资格的低保低收入等特殊困难家庭开展公共租赁住房专项配租工作的公告》	2020 年 5 月 6 日，明确北京市配租家庭为 2020 年 4 月 30 日（含）前已按照"三级审核、两级公示"程序通过市级备案取得海淀区保障性住房备案资格（以 GLH 或 GX 形式开头的备案号）且尚未配租的城镇低保家庭（含分散供养的特困家庭）、低收入家庭、患大病或做过大手术家庭、重度残疾家庭和计划生育特殊困难家庭
北京市对积分落户政策进行修订	2020 年 5 月 13 日，开始公开征求意见。政策总体保持稳定，政策导向不变，指标体系不变，继续保持"4+2+7"的积分落户指标体系框架稳定，坚持赋分原则不变
《北京住房公积金管理委员会办公室关于 2020 住房公积金年度住房公积金缴存有关问题的通知》	2020 年 7 月 8 日，北京住房公积金管理委员会办公室发布该通知，明确指出，2020 年住房公积金继续执行 5%~12% 的缴存比例政策。2020 年住房公积金年度北京地区公积金缴存基数上下限不作调整，住房公积金月缴存基数上限为 27 786 元，月缴存额上限为 6 668 元，职工和单位月缴存额上限 3 334 元，月缴存下限仍为 2 200 元
《北京市人民政府关于落实户有所居加强农村宅基地及房屋建设管理的指导意见》	2020 年 8 月 11 日，明确村民一户只能拥有一处宅基地，严禁城镇居民到农村购宅基地和宅基地上房屋，严禁社会资本利用宅基地建设别墅大院和私人会馆，严禁借租赁、盘活利用之名违法违规圈占、买卖或变相买卖宅基地

政策	主要内容
《中国（北京）自由贸易试验区总体方案》	2020 年 9 月 21 日，明确设立目标北京自贸区：（一）推动投资贸易自由化便利化；（二）深化金融领域开放创新；（三）推动创新驱动发展；（四）创新数字经济发展环境；（五）高质量发展优势产业；（六）探索京津冀协同发展新路径；（七）加快转变政府职能
《北京地区房地产行业反洗钱和反恐怖融资工作暂行办法》	2020 年 10 月 19 日，公开征求意见稿提出房地产开发企业、中介要对客户身份及信息识别核实、划分风险等级、对可疑交易上报等要求
《北京住房公积金缴存管理办法（修订征求意见稿）》	2020 年 11 月 25 日，新管理办法拟明确规定，租房提取不再要求房租超出家庭工资收入5%；取消公积金提取"单位办理"的限制，可以由职工个人办理，也可由单位或被委托人代为办理；提取额到账时间由 3 日调整为 1 个工作日；取消公积金提取次数的限制等

二、上海房地产政策一览

2020 年，在坚持中央因城施策的总方针、坚持"房住不炒"的总基调的情况下，上海市地方政府结合当地实际情况推出了对应的监管政策，总体上监管政策"重拳频出"，监管日趋全面，尤其是在受到新冠肺炎疫情冲击的大背景下，主动克服困难，积极调整政策，减轻企业面临的资金压力，推出了一系列的政策，相关政策汇总如下（表 2.2）。

表 2.2　上海房地产政策一览

政策	主要内容
《上海政府工作报告》	2020 年 1 月 29 日，强调坚持"房子是用来住的、不是用来炒的"定位，着力稳地价、稳房价、稳预期，促进房地产市场平稳健康发展；坚持留改拆并举，统筹推进历史风貌保护、城市更新、旧区改造与大居建设、住房保障，完成 55 万平方米、2.8 万户中心城区成片二级旧里以下房屋改造，继续花大力气推进旧住房综合改造和里弄房屋修缮保护，新增供应各类保障房 6 万套。新建和转化租赁房源 10 万套，新增代理经租房源 8 万套
《关于全力应对疫情支持服务企业发展的若干土地利用政策》	2020 年 2 月 12 日，支出受疫情影响，未能按土地出让合同约定缴付土地价款和交付土地的，不作为违约行为，不计滞纳金和违约金，受让人可以向出让人申请延期缴付或分期缴付。土地出让合同关于开竣工、投达产的履约时间要求根据疫情自动顺延
《上海市浦东新区国土空间总体规划（2017-2035）》	2020 年 3 月 3 日，上海市规划和自然资源局公布了规划浦东新区的功能定位为中国改革开放的示范区，上海建设"五个中心"和国际文化大都市的核心承载区，全球科技创新的策源地，世界级旅游度假目的地，彰显卓越全球城市吸引力、创造力、竞争力的标杆区域；落实规划建设用地"负增长"，坚持最严格的节约用地制度和最严格的耕地保护制度，到 2035 年，规划建设用地规模不超过 805 平方千米，耕地保有量不低于 22.4 万亩（1亩≈666.67 平方米）；要严守人口规模，到 2035 年，常住人口调控目标不超过 558 万人，其中城镇常住人口 539 万人左右
《上海市扩大有效投资稳定经济发展的若干政策措施》	2020 年 4 月 11 日，明确加快土地出让收入安排和使用。对急需用款的旧改项目先行预拨100 亿元资金。加快启动市、区联手土地储备项目和新一轮市、区联合旧区改造项目；加强建设项目用地保障。提前向各区下达 50%建设用地减量化指标，强化各区减量化指标对重大项目落地的保障。贯彻落实新实施的《中华人民共和国土地管理法》要求，制定上海征地补偿操作规程，确保征地工作依法依规
长三角一体化发展重大合作事项签约仪式	2020 年 6 月 6 日，上海、江苏、浙江、安徽一市三省在浙江湖州签约重大合作事项 19项，涉及产业合作、科技创新、生态环保、交通互联等多个领域，为长三角高质量一体化发展蓄力
《长三角住房公积金一体化战略合作框架协议》	2020 年 8 月 20 日，上海、江苏、浙江、安徽共同签该协议。将率先从 9 个方面开展合作，推动一体化发展，包括长三角跨地区购房信息协查、长三角地区异地贷款证明信息互认、购房提取异常地区警示公告、12329 服务热线知识库共享、以铁路职工为对象试点异地贷款冲还贷业务、在长三角生态绿色一体化发展示范区内试点统一购房提取业务政策、按照国家标准分步推进业务同质规范化、合作开展资金融通使用等课题研究以及开展人员学习交流培训等

政策	主要内容
《2020年非上海生源应届普通高校毕业生进沪就业申请本市户籍评分办法》	2020年9月23日，上海市高校招生和就业工作联席会议发布《2020年非上海生源应届普通高校毕业生进沪就业申请本市户籍评分办法》，该办法指出将之前"以北京大学、清华大学为试点，探索建立对本科阶段为国内高水平大学的应届毕业生，符合基本申报条件可直接落户"的政策，范围扩大至在沪"世界一流大学建设高校"，即上海交通大学、复旦大学、同济大学、华东师范大学四所高校的应届本科毕业生符合基本申报条件即可直接落户；博士、"双一流"硕士符合基本申报条件即可落户

三、重庆房地产政策一览

重庆市的政策更加重视防范化解房地产及相关领域风险，更加重视川渝区域间的协同协调，优势互补，相关政策汇总如下（表2.3）。

表2.3　重庆房地产政策一览

政策	主要内容
《重庆政府工作报告》	2020年1月11日，强调防范化解房地产领域风险，落实稳地价、稳房价、稳预期长效管控机制，逐步建立租购并举的住房制度，促进房地产市场平稳健康发展；推动成渝地区双城经济圈建设，努力在西部形成高质量发展的重要增长极。紧扣目标定位，尊重客观规律，发挥比较优势，推进成渝地区统筹发展，促进产业、人口及各类生产要素合理流动和高效集聚，使成渝地区成为具有全国影响力的重要经济中心、科技创新中心、改革开放新高地、高品质生活宜居地
《重庆市户口迁移登记实施办法》	2020年4月9日，明确在主城都市区，符合下列情形且在本市参加社会保险年限达到对应务工经商年限的，本人及其共同居住生活的配偶、未成年子女、年老父母（男性年满60周岁、女性年满55周岁），可在相应地区申请登记常住户口：①主城区：在本市务工3年以上，或投资创业1年以上；②主城区外的其他地区：在本市务工2年以上，或者投资创业
与四川联合印发《关于推动成渝地区双城经济圈建设的若干重大改革举措》	2020年8月24日，表示全面对接深化四川重庆合作推动成渝地区双城经济圈建设工作方案等部署的重要改革任务，聚焦制约成渝地区双城经济圈高质量建设发展的深层次矛盾和体制性障碍
《关于实施住房租赁资金监管加强住房租赁企业合规经营的通知》	2020年11月13日，该通知指出，在营住房租赁企业在渝机构总部应在一个月内与住房租赁资金监管银行签订资金监管协议，开立监管账户，用于归集在渝所有分支机构需监管资金；住房租赁企业应梳理存量房源及存量租金收支情况，向房源所在地住房城乡建设部门书面报告。新开业住房租赁企业申请企业备案及开业信息申报前需签订资金监管协议，开立监管账户，企业备案及开业信息申报时，同步提交监管协议及账户信息

四、山东房地产政策一览

山东的政策更加注重人才引进，在省内更加重视城市间的协同发展，相关政策汇总如下（表2.4）。

表2.4　山东房地产政策一览

政策	主要内容
《全省住房城乡建设工作会》	2020年1月9日，山东全面取消城区常住人口300万以下的城市落户限制，放宽城区常住人口300万至500万的大城市落户条件，全面实施居住证制度，建立健全城乡融合发展体制机制和政策体系，指导济青片区（3市10区）开展国家城乡融合发展试验区建设

政策	主要内容
《关于加快胶东经济圈一体化发展的指导意见》	2020 年 1 月 14 日，明确聚力打造青岛国际性综合交通枢纽，烟台和潍坊全国性交通枢纽，威海和日照区域性交通枢纽。形成高速铁路"半岛环"和高等级公路"一张网"，打造胶东"一小时经济圈"。加快社会保障接轨衔接，推行住房公积金转移接续与异地贷款；加快消除城乡、市域间户籍壁垒，支持青岛市全面放开放宽落户条件，取消重点群体落户限制。支持批而未供土地调整和闲置低效用地盘活再利用，推动有偿调剂使用城乡建设用地增减挂钩节余指标
《关于加强经济运行调度分析加快重点项目建设和投资进度有关工作的通知》	2020 年 2 月 4 日，指出要进一步抓好重点项目建设，围绕2020 年省重大项目、新旧动能转换优选项目、"双招双引"项目等省级重点项目，落实清单式管理、责任化推进要求，全年完成投资 4 000 亿元以上。各市、县（市区）要尽快确定本级重点项目，发挥好重大项目的支撑带动作用。同时，发挥好政府投资引导带动作用，加快债券资金拨付使用
《关于统筹推进住建领域疫情防控和经济社会发展工作的实施意见》	2020 年 3 月 6 日，明确各地要坚持"房子是用来住的、不是用来炒的"这一定位，落实城市主体责任制，稳地价稳房价稳预期，完善"住房市场和住房保障"两个体系，着力构建多主体供给、多渠道保障、租购并举的住房制度，加强房地产市场风险防控，保持市场稳定。2020 年 6 月 30 日前，已领取施工许可证的房地产开发项目，因疫情影响施工建设的，在完成基础工程前提下，适度降低申请商品房预售许可的建设进度条件。已领取商品房预售许可证的项目，视情增加 1~2 个商品房预售监管资金拨付节点，并适度降低各拨付节点监管资金留存比例
《关于做好 2020 年高校毕业生就业工作的通知》	2020 年 5 月 9 日，该通知指出，将加大力度吸引毕业生来鲁留鲁，全省全面放开对高校在校生、毕业生的落户限制，全省 16 市均可先落户后就业。同时创新人才招录招聘方式，优化空中宣讲、远程面试、网上签约等新模式，为留学回国毕业生开通就业服务"绿色通道"
《山东省人民政府关于调整烟台市部分行政区划的通知》	2020 年 6 月 22 日，山东省人民政府公布撤销蓬莱市、长岛县，设立烟台市蓬莱区，以原蓬莱市、长岛县的行政区域为蓬莱区的行政区域

五、成都房地产政策一览

成都市的房地产政策主要集中在保障性住房和新区规划上，在新冠肺炎疫情背景下也主动作为，调整政策，相关政策汇总如下（表 2.5）。

表 2.5 成都房地产政策一览

政策	主要内容
《关于进一步完善住房保障体系加快实现住有所居的实施意见》	2020 年 1 月 15 日，保障性安居工程资金纳入财政预算管理，严格按照不低于当年度土地出让净收益 10%的比例用于保障性安居工程。鼓励社会资本、金融机构积极参与保障性住房、人才公寓、产业功能区配套住房、棚改安置房、租赁住房建设及运营管理，依法落实税费减免等优惠政策；人才公寓采取先租后售、共有产权、优惠出售等方式面向高端人才租售或面向重点企业定向提供；鼓励市属国有企业将中心城区闲置和低效利用的厂房、商业办公用房等，经批准改建为租赁住房
《关于住房限购审核中有关疫情期间社会保险缴纳时间认定的通知》	2020 年 2 月 13 日，参保单位职工个人在 2020 年 3 月底前购房时，因受疫情影响，提供的连续缴纳社保证明里未能正常显示2020 年 1 月、2 月、3 月社保缴纳金额的，视为连续缴纳，其购房资格不受影响
《关于应对新冠肺炎疫情影响促进文化旅游业健康发展的若干措施》	2020 年 3 月 5 日，指导文化旅游企业把职工安全健康放在第一位，奋发自强有序复工复产。对安全有序复工复产的企业防疫体系建设投入给予30%、最高不超过 10 万元的补助
《成都东部新区总体方案》	2020 年 5 月 6 日，该方案由两部分组成，一部分包括简阳市所辖的 13 个镇（街道）所属行政区域面积729 平方千米，现有常住人口54.2 万人，2019年地区生产总值165亿元；另一部分包括天府新区简阳片区 191 平方千米，委托成都东部新区集中统一管理

政策	主要内容
《成都市商品房买卖合同网签备案办法》	2020 年 6 月 3 日，明确资料齐全符合条件的商品房买卖合同网签备案及变更、注销，市、区（市）县住房城乡建设部门将原先 3 个工作日的办理时限缩短至 1 个工作日
《关于保持我市房地产市场平稳健康发展的通知》	2020 年 9 月 14 日强调，增加住宅用地供应，宅地占经营性用地的比重不低于 60%，供需紧张区域不低于 70%；提高公证摇号中棚改、无房居民家庭优先的比例，棚改优先最低比例由 10% 提高到 20%，无房居民家庭由棚改优先后剩余房源的 50% 提高到 60%；个人住房转让增值税征免年限由 2 年调整到 5 年
《关于完善商品住房公证摇号排序选房有关规定的补充通知》	2020 年 11 月 24 日表示，优先保障无房家庭和棚改住户购房需求。登记购房人数在当期准售房源数 3 倍及以上的，全部房源仅向已报名登记的无房居民家庭及棚改货币化安置住户销售，其中无房居民家庭房源不低于房源数的 70%，剩余房源用于棚改货币化安置住户选购。登记购房人数在当期准售房源数 1.2 倍以内的商品住房项目，由开发企业自行组织有序销售。而登记购房人数在当期准售房源数 1.2 倍至 3 倍之间的，按原有规定公证摇号排序选房，棚改货币化安置住户及无房居民家庭选购后剩余房源用于普通购房家庭选购

六、佛山房地产政策一览

2020 年以来，佛山市注重推进公寓建设，共有产权房建设，人才引进，推出了一系列相关政策，现汇总如下（表2.6）。

表 2.6　佛山房地产政策一览

政策	主要内容
《关于进一步加强服务型公寓规划建设管理规范商务办公类项目管理和销售行为的通知》	2020 年 1 月 3 日，明确服务型公寓建筑标准层层高不超过 3.6 米，其建筑立面参照公共建筑进行设计，阳台不得外挑并应当封闭；商务办公类建筑每一分隔单元的套内面积不得小于 200 平方米（首层除外）。建筑平面布局不得采用住宅户型设计，不得设置厨房等居住空间，卫生间等必须集中设置，不得预留、违规增设可用于住宅用途的排水、排污、排烟机燃气等管道
《关于推进共有产权住房政策探索试点工作的实施意见（修改稿）》	2020 年 2 月 13 日，明确符合条件的佛山市户籍居民及新市民可申请配售共有产权住房。其中新市民即本人在佛山市常年生活或工作，持有佛山市居住证，在佛山连续购买社保 5 年及以上，家庭成员及本人在佛山没有自有住房的非佛山户籍家庭或个人，以及在粤工作和生活且家庭成员在佛山没有自有住房的港澳居民家庭或个人
《佛山市人力资源和社会保障局发布关于新冠肺炎疫情期间优化优粤佛山卡 T 卡申领工作的通知》	2020 年 3 月 18 日，明确具有中专学历或大专学历或国家职业资格四级（中级工）证书或国家职业资格五级（初级工）证书的人才可申领优粤佛山卡 T 卡，其他人才按照《佛山市人民政府关于印发优粤佛山卡服务管理暂行办法的通知》申领优粤佛山卡 A 卡、B 卡、C 卡。2020 年 4 月 15 日，《佛山市住房公积金管理中心关于调整我市住房公积金抵押贷款政策的通知》明确，缴存职工个人可申请两次住房公积金贷款；首次贷款还清前，不得再次申请。不得向已有两次住房公积金贷款使用记录的职工发放贷款
《关于 2020 年度佛山市租房和无房提取住房公积金标准的通知》	2020 年 5 月 28 日，佛山的租房和无房提取住房公积金标准延续上一年度的标准。租房提取公积金，住房建筑面积最高不超过 144 平方米（或套内面积 120 平方米），每平方米租金标准最高不超过 35 元/月。超出上述标准部分，由个人承担。无房提取公积金，每年可提取额度最高为 6 930 元，每一年度可提取一次
《三龙湾高端创新集聚区启动区控制性详细规划（NH-A-03-01、02、06、SD-D-03-01 编制单元）》	2020 年 10 月 27 日，佛山市自然资源局发布批前公示，公示时间为 2020 年 10 月 27 日至 11 月 26 日。规划文件将平南、平胜等板块划入三龙湾启动区范畴，片区将通过三旧改造，释放大片商住用地。其中，纯宅地约有 10 宗、住宅兼容商业用地约有 10 宗，至少新增 4 宗中小学教育用地

七、深圳房地产政策一览

2020 年以来，尤其是国内的新冠肺炎疫情得到了基本的控制之后，深圳的房价在大量投机性资金的涌入情况下快速上涨，引起了相关部门的高度重视，上级单位也开始进行督导。在此背景下，深圳市快速出台了一系列相关政策，稳房价、稳预期，增加土地供应量，现将政策汇总如下（表 2.7）。

表 2.7　深圳房地产政策一览

政策	主要内容
《深圳政府工作报告》	2020 年 1 月 8 日，指出 2020 年要加大住房用地供应，增加住房供给，确保房地产市场平稳健康发展。持续开展大规模公共住房建设行动，建设筹集公共住房不少于 8 万套，确保完成"十三五"期间建设筹集 40 万套的目标。1 月 17 日深圳全市住建系统组织召开 2020 年工作部署会，强调要坚持房地产调控不动摇，保持房地产市场平稳健康发展；2020 年，将建设筹集公共住房 8 万套、供应 4 万套，全力完成"十三五"期间公共住房建设筹集任务，促进房屋租赁市场规范发展
《深圳市人才住房和公共租赁住房筹集管理办法（试行）》	2020 年 3 月 1 日，深圳市住房和建设局发布该办法，明确指出房屋结构安全、消防安全和地质安全条件的房源可以筹集作为人才住房和公共租赁住房，并向符合条件的对象进行供应：（一）住宅或商务公寓；（二）商业用房按规定改建成的租赁住房；（三）城中村房源；（四）经依法处理后的没收类违法建筑；（五）其他社会存量用房
《关于严禁恶意炒作哄抬房价 维护房地产市场平稳的通知》	2020 年 4 月 9 日，规定各中介机构及从业人员切勿背离中央关于"坚持房子是用来住的、不是用来炒的"定位，恪守国家法律法规和职业道德，按照中央、省、市相关法律与政策为房屋买卖双方提供专业意见及合理建议；凡房地产中介机构及从业人员参与恶意炒作、哄抬房价的，主管部门将联合相关执法部门依法严格查处，严肃追究其法律责任，各中介机构及从业人员切勿以身试法
《深圳市住房发展 2020 年度实施计划》	该计划中明确说明 2020 年上半年已经实现年度目标 50% 的居住用地出让，力争实现年内供应、年内开工，加快达到预售入市条件，以有效及时增加商品住房的供应，确保房地产市场平稳健康发展
《深圳市人民政府关于规划和自然资源行政职权调整的决定》	2020 年 5 月 13 日，明确以下职权由区政府及其职能部门行使：（一）临时用地和临时建筑的审批（含临时用地规划许可证办理、临时用地合同签订、土地复垦管理和临时建设工程规划许可证办理等）；（二）探矿权人与采矿权人之间勘查作业区范围和矿区范围争议的裁决
明确加大住房供应量	2020 年 6 月 11 日，深圳市光明区发布消息，将加大住房供应量严格落实"房住不炒"政策要求，持续加大商品房供应，预计 2020 年及 2021 年两个年度光明每年将供应新建商品住房不少于 80 万平方米，新建商品住房价格将会在较长时间内保持平稳
《粤港澳大湾区建设深圳指引》	2020 年 6 月 16 日，加速推进前海深港现代服务业合作区、深港科技创新合作区、光明科学城、深港口岸经济带、西丽湖国际科教城、沙头角深港国际旅游消费合作区等重点平台建设
《关于进一步促进我市房地产市场平稳健康发展的通知》	2020 年 7 月 15 日，该通知要点包括调整商品住房限购年限，深户购房需落户满 3 年并提供连续 36 个月及以上的社保或个税证明，夫妻离异三年以内，拥有住房套数按照离异前家庭套数计算；完善差别化住房信贷措施，已有一套住房的，购买非普通住宅，首付八成起；个人住房转让增值税免征年限由 2 年调整到 5 年
《关于建立婚姻信息查询机制完善住房贷款管理的通知》	2020 年 9 月 10 日，该通知指出，深圳市将进一步完善房地产信息平台功能，通过数据共享机制为商业银行提供购房人婚姻登记（含结婚、离异）信息的查询便利。商业银行办理个人住房贷款业务，应通过房地产信息平台，查询借款人婚姻状况和购房家庭（包括借款人、配偶及未成年子女）成员名下在本市拥有的住房套数，作为贷款审核依据，有效落实差别化住房信贷政策要求
习近平总书记在深圳经济特区建立 40 周年庆祝大会上发表讲话	2020 年 10 月 14 日，习近平总书记出席深圳特区成立四十周年庆典，回顾了深圳特区设立四十周年来的辉煌改革历程和发展成果，总结了十条宝贵的发展经验，并提出了六项明确要求。六项要求包括坚定不移贯彻新发展理念；与时俱进全面深化改革；锐意开拓全面扩大开放；创新思路推动城市治理体系和治理能力现代化；真抓实践行以人民为中心的发展思想；积极作为深入推进粤港澳大湾区建设

第三节　2019年11月至2021年1月房地产相关政策总结

一、全年"房住不炒"的策略贯穿始终，多次降准降息流动性得到释放

中央对于房地产的调控基调依旧保持不变，加强对金融的监管。2020年中央对于房地产市场的调控力度不放松，在疫情处于最为严重的第一季度，"房子是用来住的、不是用来炒的"定位依旧保持不变，房地产相关中央部委多次召开会议强调，要保持楼市调控政策的连续性及稳定性。2020年7月以来，热点城市房价、地价的不稳定性预期增加，中央召开多次会议强调，将房地产作为短期刺激经济的手段不可取，要稳地价、稳房价、稳预期，结合各地实际情况，采取因城施策的手段，科学及时精准地进行调控，以保证房地产市场得以平稳健康发展。中央继续保持房地产金融政策的连续性、一致性和稳定性，加快建立健全房地产金融的长效管理制度，坚决遏制房地产金融化、泡沫化的发生，房地产金融的监管力度不减，实施"三道红线"的试点，严格限制将保险资金、小额贷款公司贷款、商业银行互联网贷款等用于房地产的相关领域，强化监管个人消费贷、信用贷，2020年下半年房地产金融的监管整体呈现出不断紧缩的态势。

2020年初，新冠肺炎疫情集中暴发，对我国经济发展产生较大冲击，全国GDP第一季度同比下降了6.8%，为改革开放以来季度的最大降幅。在经济下行压力以及全面落实"六稳""六保"任务的双重制约下，中央加大了对逆周期的调节力度，强调积极的财政政策要更加积极有为，稳健的货币政策要更加灵活适度，确保流动性的合理充裕，在多次降准降息后，整体货币环境表现较为宽松。下半年，中央进一步加强宏观政策的落地见效，要更加积极有为、注重实效的实施财政政策，要更加灵活适度、精准导向的实施货币政策，加大对实体经济发展的支持力度。

央行三次降准、多次降息使得流动性得到释放，提供了相对宽松的货币环境。2020年2月和4月中央下调了1年期和5年期以上LPR，5月以来利率水平基本保持稳定。央行也通过多次公开市场操作使得流动性得到释放，两次下调年内7天逆回购利率及14天逆回购利率，开展1年期中期借贷便利操作1 000亿元，中标利率为2.95%，下调20个基点。利率的下调使得企业融资成本下降，同时个人端房贷利率也有所下调。

二、因城施策更加灵活，各地先松后紧制定调控政策

基于"房住不炒"的定调，地方政府更加灵活地执行因城施策。2020年上半年，受到新冠肺炎疫情集中暴发的影响，房地产市场供给端和需求端均受到冲击，房企销售回款受到限制，再加上偿债高峰期的影响，进一步加大了房企的资金压力；同时，房企的开工及复工的时间延迟，施工节奏被迫放缓，导致住房竣工交付压力增加。为了应对

疫情防控对房地产市场的影响，各地政府更加灵活地进行因城施策，多地陆续出台房地产相关政策对供给和需求两端进行扶持。

2020年下半年政策环境趋紧，多地开始升级楼市的调控政策。7月以来，中央多次强调要从各地实际出发，调控措施的实施应采取差异化，以此来解决部分城市地价、房价上涨较快等问题，同时强调发现问题要及时采取有针对性的政策措施，使得问题得到快速反应和处置。

三、加速建立房地产市场长效机制，进一步落实土地、住房等相关政策

持续推进土地管理制度改革。2020年3月，国务院印发《国务院关于授权和委托用地审批权的决定》，该决定明确，"将国务院可以授权的永久基本农田以外的农用地转为建设用地审批事项授权各省、自治区、直辖市人民政府批准"。该决定还提出，"试点将永久基本农田转为建设用地和国务院批准土地征收审批事项委托部分省、自治区、直辖市人民政府批准"。10月，中共中央办公厅、国务院办公厅印发《深圳建设中国特色社会主义先行示范区综合改革试点实施方案（2020-2025年）》，明确指出"支持在土地管理制度上深化探索。将国务院可以授权的永久基本农田以外的农用地转为建设用地审批事项委托深圳市政府批准"，"探索利用存量建设用地进行开发建设的市场化机制"，"试点实行土地二级市场预告登记转让制度"。

加快建立多主体供给、多渠道保障、租购并举的住房制度。2020年2月，财政部部长刘昆在《求是》发文中表示"坚持房住不炒的定位，落实房地产长效管理机制，深入开展中央财政支持住房租赁市场发展试点、城镇老旧小区改造等工作，推动完善基本住房保障体系"。9月，住建部发布关于《住房租赁条例（征求意见稿）》，以此推动住房租赁立法质量得到提高，使得住房租赁活动进一步规范，住房租赁当事人合法权益得到维护，稳定的住房租赁关系得以构建，同时鼓励通过新增专门建设租赁住房的用地、在新建商品住房项目中配建租赁住房、将已有的整幢房屋用于出租、将非住宅用房改建为租赁住房等方式，多渠道增加租赁住房的供给，以此来促进住房租赁市场的健康发展。从各城市来看，2020年，北京、深圳、重庆、西安等二十余城均出台了租赁相关政策，市场监管进一步加强，不断促进租赁市场的健康有序发展。

逐步建立房地产金融长效机制。2020年8月，出台相关规则，对重点房地产企业的资金进行监测以及融资进行管理，这个规则不仅是房地产市场长效机制建设的重要内容，而且是房地产金融审慎管理制度的重要组成部分。此外，基础设施REITs试点，2020年4月，证监会、发改委发布《关于推进基础设施领域不动产投资信托基金（REITs）试点相关工作的通知》，聚焦重点区域。优先支持京津冀、长江经济带、雄安新区、粤港澳大湾区、海南、长江三角洲等重点区域，支持国家级新区、有条件的国家级经济技术开发区开展试点。聚焦重点行业，优先支持基础设施补短板行业，包括仓储物流、收费公路等交通设施，水电气热等市政工程，城镇污水垃圾处理、固废危废处理等污染治理项目。鼓励信息网络等新型基础设施，以及国家战略性新兴产业集群、高科技产业园区、特色产业园区等开展试点，而与房地产相关的商业、办公楼等方面的

REITs 试点尚需时间。

四、深入推进新型城镇化,加快落实区域协调的发展战略

2020年4月,发改委发布《2020年新型城镇化建设和城乡融合发展重点任务》,通知的重点为促进城市化的深入。一是降低农民转化为市民的难度,提高农业转移人口市民化质量,督促城区常住人口 300 万以下的城市全面取消落户限制,推动城区常住人口 300 万以上城市基本取消重点人群落户限制,促进农业转移人口等非户籍人口在城市便捷落户,大力提升农业转移人口就业能力,加大"人地钱挂钩"配套政策的激励力度;二是坚持城镇化的方向,促进小城市的发展;三是要促进城市本身的优化,提高效率,减小大城市病,构建大中小城市和小城镇协调发展的城镇化空间格局;四是要城乡一体化,城市化不能导致农村的空心化和废弃化,要优化城镇化空间格局,加快发展重点城市群,大力推进都市圈同城化建设,推进以县城为重要载体的新型城镇化建设。5月,全国两会政府工作报告中明确提出要深入推进新型城镇化发展,发挥中心城市和城市群的综合带动作用。同时强调要加快落实区域发展战略,提到了西部大开发、京津冀协同发展、粤港澳大湾区建设、长三角一体化发展、成渝地区双城经济圈建设等。8月,《新时代交通强国铁路先行规划纲要》出台,区域协调发展战略支撑能力得到进一步强化。

老旧小区改造进入新的发展阶段。作为稳投资、扩内需的重要手段,老旧小区改造是新型城镇化建设的重要组成部分之一,2020 年政府积极推进。4月,中央政治局会议指出,要积极扩大有效投资,实施老旧小区改造。5 月,两会政府工作报告中进一步提出,2020 年新开工改造城镇老旧小区 3.9 万个,相比上年得到明显增加。基于中央层面政策的指引,各地方政府也陆续出台了相应的计划,老旧小区改造工作进入新阶段。7月,《国务院办公厅关于全面推进城镇老旧小区改造工作的指导意见》发布,指出"到'十四五'期末,结合各地实际,力争基本完成 2000 年底前建成的需改造城镇老旧小区改造任务",而各地涉及需要改造的城镇老旧小区数量达到了 22 万个,老旧小区改造规模较大。

2020 年,中央继续坚持调控定力,房地产调控总基调保持不变,货币环境宽松,不断强化房地产金融监管,在防范系统性金融风险的同时,为实体经济注入更多有效的资金。地方政府因城施策更加灵活,上半年受到疫情的影响,各地房地产扶持政策不断出台,下半年市场不稳定情绪不断增加,多地出台相应调控政策来稳定预期。继续加速建立房地产长效机制,奠定更加坚实的长期健康稳定发展的市场基础。短期内房地产调控政策依旧以稳为主,部分城市的相关政策可能做出微调。

第四节　2021年房地产市场相关政策展望

2020 年是"十三五"规划的收官之年,中央继续坚持"房住不炒"的总基调,力

争稳地价、稳房价、稳预期，地方政府"因城施策"，房地产市场调控更为有效，调控力度"先松后紧"。2020 年 1 月，新冠肺炎疫情在武汉全面暴发并快速扩散到全国各地，我国经济面临较大下行压力，中央通过货币政策、财政政策等加大逆周期调节力度，部分地方政府也出台系列房地产扶持政策，上半年我国房地产不稳定性预期加强。下半年，房地产市场调控整体趋严，中央强调不将房地产作为短期刺激经济的手段，"三道红线"试点实施，房地产市场监管趋严。部分城市房地产市场调控政策升级，市场预期开始回归理性。2021 年是我国"十四五"规划的开局之年，预期房地产市场调控继续以"稳"为主，市场监管更为严格，市场结构更为合理，预计 2021 年房地产市场调控政策主要有以下几方面特点。

一、房地产市场调控继续坚持"房住不炒"总基调，"稳"字当头

"十四五"规划提出"加快构建以国内大循环为主体、国内国际双循环相互促进的新发展格局，推进国家治理体系和治理能力现代化，实现经济行稳致远"。在新冠肺炎疫情加大全球经济不确定性预期、国内国际双循环体系构建、稳健货币政策更为精准等背景下，预期 2021 年房地产市场调控更为强调"稳"字，中央将继续坚持房地产市场"房住不炒"的总基调，不将房地产市场作为短期刺激经济发展手段。在"推动金融、房地产同实体经济均衡发展"的政策背景下，中央与地方政府更加注重房地产与实体经济的关系，促进房地产更好地服务于实体经济发展。

二、房地产市场监管力度继续强化，"三道红线"试点范围继续扩大

2021 年，我国将继续实施稳健的货币政策以支持实体经济发展，M2 增速有望保持在高位区间，因此，为防止房地产市场过度金融化，房地产监管将继续强化。中央将继续加强重点城市房地产市场监管，防止房地产市场过度增长；继续推进房地产企业"去杠杆"，加强房地产企业资金流向监管，扩大"三道红线"的约束力和影响范围，严防风险在房地产行业集聚。2021 年，政府会加强对住房租赁市场的规范和监管，完善"租金贷"等房地产金融产品的风险监管体系和处置办法，促进住房消费健康发展；地方政府对土地财政的依赖度不断下降，资金渠道更为多元化。

三、因城施策，继续推进房地产长效机制建设

在"房住不炒"的总基调下，2021 年我国将继续推进房地产长效机制建设。不同城市将结合自身发展条件和资源，支持合理住房需求，促进房地产与金融的均衡发展：热点城市继续坚持"限购、限贷、限售"等政策，防止房地产市场的过度繁荣；继续推进"租购并举"和共有产权房建设等，促进保障性住房市场的健康发展；市场监管由点及面不断展开，严防资金违规流入房地产市场；各地方政府积极寻找房地产与实体经济

的均衡点，促进形成房地产与实体经济均衡发展的长效机制。

四、解决大城市住房突出问题，规范住房租赁市场发展

2020 年中央经济工作会议强调要解决好大城市住房突出问题。预计 2021 年，我国将加快推进大城市住房租赁市场规范发展。在土地供给方面，土地政策改革更加重视向租赁住房市场倾斜，发展保障性住房和长租房的政策将更为完善；降低租赁住房税费负担，关于住房市场的租金调控更为科学有效；加快住房租赁市场整顿和规范，对于"租金贷"等金融产品严格监管，从而降低住房市场风险，缓解大城市住房突出问题，推动优化我国大城市发展质量，提高人民生活水平。

第三章　2020 年房地产市场运行状况评价

在多年研究与探索的基础上，中国科学院大学中国产业研究中心于 2013 年正式构建与推出"中国科学院房地产指数"系列（简称中科房指），包括中科房地产健康指数（CAS-REH 指数）、中科房地产区域指数（CAS-RERSD 指数）、中科房地产场景指数（CAS-RES 指数）与中科房地产金融状况指数（CAS-REF 指数）。该系列指数能够对房地产市场健康发展状况予以监测，通过科学方法获得的定量指标对中国城市房地产的健康发展做出全面和准确的探测，能够通过简单易行的方式发现房地产市场发展中存在的隐患和问题；能够检测房地产市场供给与需求匹配状况，在城市间进行横向比较，对房地产市场未来发展具有重要的预警作用，为调整房地产市场的地区结构和统筹兼顾提出参考；能够反映房地产的区位属性，指导房地产行业可持续发展，在某种程度上体现区域房地产价格的发展潜力；并对我国房地产金融体系运行状况进行评估，预测我国房地产金融市场走势，监测我国潜在的房地产金融风险。

中科房指将在每年年度报告中更新发布。

第一节　中科房地产健康指数（CAS-REH 指数）

一、CAS-REH 指数指标体系

对房地产市场的健康状况进行评价，首先必须构建科学、全面和具有可操作性的指标体系。指标选取的准确性和正确性直接关系到指标的有效性和指导性。

CAS-REH 指数在指标选取过程中，首先必须要求指标具有全面性，即需综合考虑市场整体健康水平、房地产产业内部健康水平以及房地产业与民生相关领域的健康水平，以涉及和涵盖市场中各个领域的相关问题。其次，在全面选取的基础上，CAS-REH 指数还强调指标应具有较好的代表性。房地产市场健康评价指标体系涵盖内容十分丰富，每个方面的问题均可通过多个指标予以体现，在指标选取过程中，应着重抓住与评价对象直接相关或能够产生重大影响的关键要素，突出具有代表性的对象。再次，CAS-REH 指数的指标选取还注重指标的可靠性。面对很多类似、重叠或者可以相互替代的指标，其可能由不同机构或部门发布，因此统计口径和时间长度等方面可能存在一定的差异性。在指标选取过程中，CAS-REH 指数的指标尽可能选择时间长度跨度较长、统计方法和统计口径较为稳定的指标作为指数的主要参考指标。最后，指标的选

取还应考虑数据的可获得性，指标的选取一定要方便评价过程的实施。因此，指标的选取尽可能与国家现有的统计指标相一致，以使得评价和分析的指标更易获得。

二、CAS-REH 指数指标简介

为了全面反映房地产市场运行健康状况，CAS-REH 指标系统共设置四个一级指标，分别是房地产业与国民经济协调关系、房地产市场供求关系、行业内部协调关系、房地产业与民生协调关系。每个一级指标下设若干二级指标，如表 3.1 所示。

表 3.1　CAS-REH 指数指标体系

指标分类	指标定义
房地产业与国民经济协调关系	房地产开发投资额/GDP
	房地产开发投资额/固定资产投资额
	居民居住消费价格指数/居民消费价格指数
房地产市场供求关系	供需比（出让土地住宅用地规划建筑面积总和/住宅销售面积总和）
	商品房新开工面积/施工面积
	吸纳率（商品房竣工面积/商品房销售面积）
行业内部协调关系	商品房销售额
	房地产企业景气指数
	商品房新开工面积/商品房竣工面积
	房地产开发贷款资金/房地产企业自有资金
房地产业与民生协调关系	商品住宅平均销售价格/城镇居民可支配收入
	房价增长率/收入增长率

（一）房地产业与国民经济协调关系

（1）房地产开发投资额/GDP：此指标反映的是当季房地产开发投资额占当年 GDP 总量的比例。房地产业与国民经济的协调发展非常重要，因为合理的房地产投资有利于推进房地产业经济的增长，带动相关产业的发展，从而促进国民经济的增长。如果房地产开发投资额在 GDP 中所占比例过高，则会导致供给过剩。一般而言，房地产对区域经济有拉动作用，但是当房地产发展过热（或过冷）时，即与国民经济发展不协调时，房地产业增加值的增长速度（减少速度）会明显快于 GDP 的增长速度（减少速度），房地产业增加值/GDP 这一指标便会发生明显的变化。房地产市场与国民经济协调发展时，该指标应该维持在一个合理的区间。

（2）房地产开发投资额/固定资产投资额：房地产开发投资额占全社会固定资产投资额的比例，反映了当期房地产开发投资总额在当期全社会固定资产投资总额中的比例。此项指标直接反映出房地产投资结构是否合理，在投资方面房地产业对宏观经济的拉动情况。一般而言，房地产投资增加（或减少），固定资产投资也会随之相应增加（或减少），因此，在房地产市场及社会经济均发展稳定时，房地产开发投资额/固定资产投资额应该是一个比较稳定的数值，但是当房地产市场发生波动时，房地产开发投资额在固定资产投资额中所占的比例就会产生显而易见的波动。

（3）居民居住消费价格指数/居民消费价格指数：此指标表示观察期内居民居住类消费占总体消费的比例。居民消费价格总指数由一揽子商品价格加权平均组成，其中某一时期居住类消费占总体比例过高或过低都能够反映出房地产市场波动状况对居民生活的影响，以及这种影响占总体消费的比重。观察这一指标有利于了解与总体物价波动水平相比，居住类消费的波动在其中所扮演的角色。

（二）房地产市场供求关系

（1）供需比：供需比即出让土地住宅用地规划建筑面积总和与住宅销售面积总和的比值。当供需比大于 200%，处于供给严重过剩状态；当供需比大于 120%且小于200%时，处于供给轻度过剩状态；当供需比大于 80%且小于 120%时，处于供需基本均衡状态；当供需比小于 80%时，处于供给相对不足状态。2016 年，出让土地住宅用地规划建筑面积指标停止统计和更新，为了保持数据的连贯性，本书采用全国住宅用地推出土地建设用地面积替代出让土地住宅用地规划建筑面积，并基于 2016 年前的计算结果同比例折算出供需比数据。

（2）商品房新开工面积/施工面积：此指标是前瞻性指标，反映当期商品房新开工面积在当年施工面积中的比例大小。商品房新开工面积，是指在报告期内新开工建设的商品房建筑面积，不包括上期跨入报告期继续施工的商品房面积和上期停缓建而在本期恢复施工的商品房面积。商品房施工面积，是指报告期内施工的商品房建筑面积，包括本期新开工面积和上年开发跨入本期继续施工的商品房面积，以及上期已停建在本期复工的商品房面积。当此比值降低时说明新开工面积的增长幅度放缓，是观望情绪浓厚等一些原因造成的销售市场低迷，因此二者的比值能从侧面反映商品房市场的供给情况。

（3）吸纳率：此指标反映房地产市场基本供求平衡状况，观察期内商品房销售面积超过商品房竣工面积能够反映开发商手中可售房源存量下降，市场需求增强。如果商品房销售面积大幅超过商品房竣工面积，表明市场供不应求现象严重，可能催生投机炒房现象。同时，如果商品房竣工面积持续大于销售面积，表明市场中消费者观望气息浓重，成交放缓，开发商手中空置商品房面积存在不断上涨的可能。

（三）行业内部协调关系

（1）商品房销售额：指报告期内出售商品房的合同总价款，反映了市场的绝对规模，包括销售前期预售的定金、预售款、首付款及全部按揭贷款的本金等款项。

（2）房地产企业景气指数：房地产企业景气指数能够有效衡量房地产企业自身的发展状况，房地产市场的良性发展离不开稳定健康的房地产开发企业。此指标能够从企业内部的运营状况角度反映房地产开发企业自身景气程度。

（3）商品房新开工面积/商品房竣工面积：此指标反映房地产市场当前与未来供给状况。观察期内商品房新开工面积过低，一方面，反映出市场开发热情走低，有可能出现土地囤积现象，以及可能会在未来造成市场供给不足；另一方面，此指标数值过高可能表示市场出现过热现象，同时会导致未来某一时刻商品房集中入市，给市场造成冲击。

（4）房地产开发贷款资金/房地产企业自有资金：此指标反映房地产开发企业资金来源状况。观察期内房地产企业贷款数额和自有资金比例过高，表明房地产开发商开发热情高涨，通过大量银行贷款完成房地产开发，同时表明房地产开发企业具有较大的资金风险，一旦市场出现波动，出现资金链断裂的可能性就会加大，从而为整个市场带来隐患。若此比例过低则反映房地产企业开发热情减退，同时信贷支持力度不足，亦不利于房地产企业和房地产市场的高效运转。

（四）房地产业与民生协调关系

（1）商品住宅平均销售价格/城镇居民人均可支配收入：商品住宅平均销售价格/城镇居民可支配收入是反映商品住宅价格增长的幅度是否与居民收入的增长相协调的指标。商品住宅平均销售价格反映市场上为大多数购买者提供的普通商品住宅所处的价格水平，当商品住宅平均销售价格与大多数购买者的收入比例相协调时，则商品住宅的价格不会脱离市场需求的支撑，仍然处于大多数购买者的购买能力之内；但当商品住宅价格长期增长过快，远远高于大多数购买者的收入可承受范围时，则预示着商品住宅销售价格开始脱离市场支撑，容易产生市场波动，可能引起全社会的经济社会问题。客观上，商品住宅平均销售价格/城镇居民可支配收入必然有一个合理的比例区间，比例过低或比例过高，都存在相应的问题。

（2）房价增长率/收入增长率：房价增长率与收入增长率的比例关系能够反映出房地产市场价格增长与市场中的消费者购买力的协调程度。如果房价增速大大高于人民群众的收入增长速度，则可能对民生产生极为负面的影响，如导致购房难等问题。同时，购房支出给消费者造成过重的负担可能导致消费者其他领域消费能力不足，影响消费者生活质量。房价与收入增长率的长期偏离会对市场的可持续发展造成威胁。

三、CAS-REH 指数的解读及功能

围绕上文提出的房地产健康评价体系，以 Wind 数据库的相关数据为基础，首先对宏观经济与房地产协同发展指标、房地产市场供求关系指标、行业内部协调关系指标、房地产业与民生协调关系指标进行归一化处理，然后运用因子分析法确定各指标的权重，从而计算得到 CAS-REH 指数，结果详见表3.2。

表3.2 CAS-REH 指数

时间	CAS-REH	时间	CAS-REH	时间	CAS-REH
2002Q1	161.13	2003Q4	155.37	2005Q3	150.62
2002Q2	137.36	2004Q1	156.46	2005Q4	177.26
2002Q3	153.41	2004Q2	155.12	2006Q1	164.31
2002Q4	72.48	2004Q3	157.49	2006Q2	161.52
2003Q1	149.61	2004Q4	166.22	2006Q3	157.94
2003Q2	168.51	2005Q1	134.21	2006Q4	147.07
2003Q3	157.32	2005Q2	144.33	2007Q1	144.32

续表

时间	CAS-REH	时间	CAS-REH	时间	CAS-REH
2007Q2	171.15	2011Q4	127.36	2016Q2	169.52
2007Q3	181.35	2012Q1	183.44	2016Q3	214.36
2007Q4	166.42	2012Q2	143.57	2016Q4	219.39
2008Q1	217.44	2012Q3	156.92	2017Q1	221.07
2008Q2	161.45	2012Q4	146.87	2017Q2	234.95
2008Q3	127.05	2013Q1	147.95	2017Q3	229.86
2008Q4	94.25	2013Q2	154.37	2017Q4	233.31
2009Q1	73.47	2013Q3	151.22	2018Q1	228.34
2009Q2	105.26	2013Q4	163.41	2018Q2	242.98
2009Q3	133.57	2014Q1	148.29	2018Q3	253.77
2009Q4	173.44	2014Q2	132.36	2018Q4	250.96
2010Q1	167.36	2014Q3	118.53	2019Q1	252.40
2010Q2	169.04	2014Q4	143.26	2019Q2	254.09
2010Q3	173.29	2015Q1	138.71	2019Q3	254.31
2010Q4	188.35	2015Q2	157.33	2019Q4	253.34
2011Q1	156.91	2015Q3	167.14	2020Q1	256.43
2011Q2	171.20	2015Q4	155.41	2020Q2	255.25
2011Q3	160.97	2016Q1	195.46	2020Q3	255.22

注：Q 表示季度

  根据表3.2计算结果，我们构建了CAS-REH指数图，以清晰形象地反映房地产市场
健康状况，如图 3.1 所示。

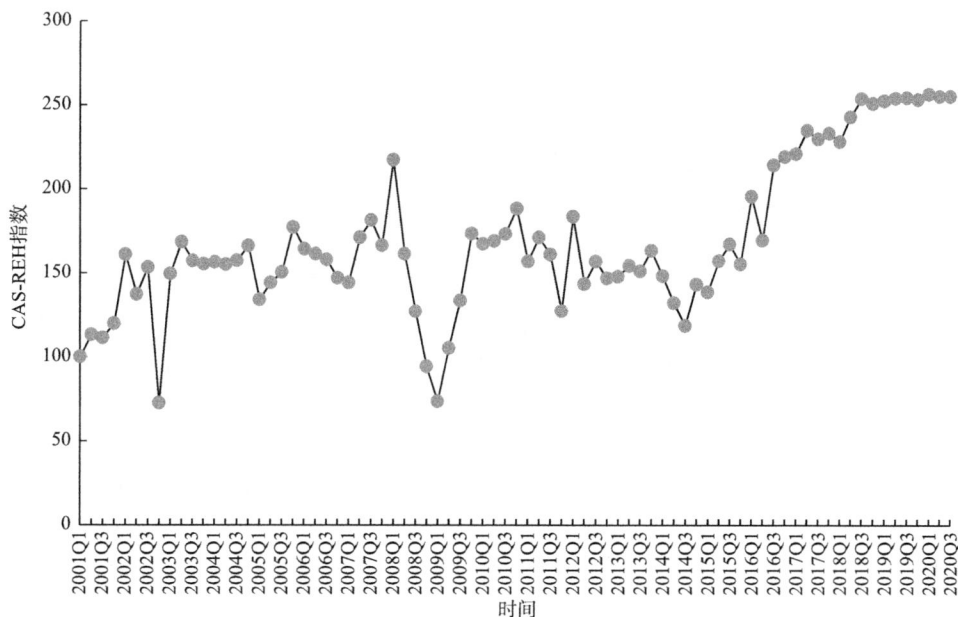

图 3.1 CAS-REH 指数

（一）CAS-REH 指数解读

上溯到 1998 年，市场化主导的住房分配格局初步形成，在此基础上，房地产二级市场全面启动，在财税领域，有关房地产的配套税收等制度日趋成熟，在金融市场上，与房地产交易有关的融资贷款开始兴起，一系列新词汇诸如"按揭""房奴"等概念开始为人们所熟知。在以上这一系列综合政策的推动之下，我国的房地产业驶上了高速发展的快车道。这一快速发展的势头连续保持了多年，在这一轮地产发展的浪潮中，一些城市特别是一线大城市，在一定的时期内出现了种种发展问题，导致了商品房价格以及土地价格不正常地扭曲上涨。

21 世纪的最初几年，是这一轮房地产市场新发展的起始时期，在这几年中，普通购房者的自用需求是市场的主导，商品房价格也没有出现迅速拉升，当然这也导致了市场供求并不旺盛，市场活跃度不高。从 CAS-REH 指数上看，随着市场的不断完善，各种机制理顺，市场健康水平在不断的波动中呈现稳定上升态势，2002 年出现的市场结构性过剩、空置率增加以及二级市场发展不成熟等问题也为整体市场留下了隐患，以致在 2002 年末指数出现了较大波动。

2003 年，中国整体的国民经济被突如其来的"非典"疫情拖累，出现了增长缓慢和局部动荡，也正是在这一年，国务院发布《国务院关于促进房地产市场持续健康发展的通知》，在这一则通知中，首次提出了发展"以住宅为主的房地产业已经成为国民经济的支柱产业"，并明确了住房市场化的基本方向。我国房地产投资大幅增长，房地产业在这一年成为拉动国民经济整体上升的重要行业。从 CAS-REH 指数上看，这一阶段市场受到政策利好的刺激而得到良好发展，保持了较高的健康状态。

2004 年和 2005 年，国家相继出台了财税、金融政策，对房地产市场进行宏观调控，在调控政策的影响下，房地产市场成交价格有所下跌。2004 年第一季度，房地产行业开发投资额已经出现了超过 40%的增幅，2004 年全国商品房成交均价涨幅达到 14.4%，远远高出过去五年间不足 4%的平均增长幅度。在这样的背景下，政府迅速采取措施，对房地产市场施加了有效的政策干预，在当年启动的房地产市场调控措施中，暂停了半年内农用地向非农建设用地转化，同时央行提高了商业银行存款准备金率和项目资本金比例，对于不包含经济适用房的房地产开发项目将资本金的要求提高到了 35%。在 2005 年的两会上，由温家宝总理所做的《政府工作报告》首次明确提出要抑制房价过快上涨势头，并将这一目标作为当年宏观调控的一项重要任务。从 CAS-REH 指数上看，面对出现的市场过热苗头，在前期保持的良好健康水平下，2005 年的市场健康水平明显低于前一时期，但政府所采取的一系列有效措施，在短时间内对房地产市场起到了降温作用，使得健康水平获得回升，市场健康程度仍属平稳。

2003~2005 年的三年中，房地产市场为未来的快速上涨积蓄了充足的能量，这可以被视作房地产市场上涨期的前奏。这几年中，整体国民经济的快速发展带来了人民收入的迅速提高，购买力持续提升，客观上对住房消费产生了极大刺激。但整体看来，这三年的商品房价格增速开始提高，房地产市场的投资功能被逐渐挖掘，大量资金涌入房地产市场，对房地产市场的整体火热起了关键的推动作用。在进入"十一五"时期后，由于前一阶段房地产调控措施打压了开发投资热情，故房地产市场供应减缓。在对供给端施加影响的时候，市场中的购买需求并没有减少。由于新开工面积出现了明显的下降，故对房地产市场投资者、自住者的心理预期造成了负面压力，给人们造成了供不应求的未来市场预期，一些重点城市的房地产价格逆势增长。面对被逐渐推高的房价和高涨的投资热情，政府从优化房地产市场结构、调整房地产相关领域税收以及严格控制土地使用和收紧贷款等诸多渠道对房地产市场进行宏观调控。2006 年出台了代表性的政策——"套型建筑面积 90 平方米以下住房（含经济适用住房）面积所占比重，必须达到开发建设总面积70%"。

尽管政府在调控方面采取了一系列措施，但是从成效来看仍与预期存在着较大的差距，2006 年至 2008 年，房地产市场在不断的调控中持续火爆，价格持续走高，房价已经成为民生问题的重要热点。虽然不断有新盘入市，但这几年间一直出现有效供给不充足的问题，在保障性住房领域举措不多，仅有的几项措施也没有能够完全落地实施，楼市追涨现象不断出现。截至 2007 年 12 月，七十个主要城市新建商品住房销售价格同比上涨达到 11.4%，环比上涨 0.3%。2006 年、2007 年两年，房价走出了一个不断冲高的轨迹。在 2008 年上半年，房地产市场销售价格已经稳定在高位，市场已经越来越清晰地意识到，期盼房价下跌几乎已经不再可能，市场观望气息浓重。2008 年上半年成交量下降超过 50%。但是，2008 年暴发的全球性金融危机使得房地产开发商在政策上获得了难得的红利，投资性需求对市场起到了主推和提振作用，在宏观经济出现下行风险和不利波动的同时，房地产市场反而走强。之后我国政府为了防范房地产市场受到国际金融危机的影响，采取了一系列措施使房地产业度过了经济危机。从 CAS-REH 指数来看，伴随着楼市的持续增温，市场变得空前活跃，但这种火热中却隐藏着失控的风险，在 2006 年市场火爆中健康水平达到高位，但随着市场风险的增加以及市场价格与人民收入的不协调日趋显现，市场健康程度从开始一路向下，至 2008 年底达到了历史最低。

在 2009 年，随着经济危机影响的减退，房地产市场逐渐恢复，2009 年房地产业又呈现高速增长的态势，房地产开发投资额和房地产价格创历史新高。"小阳春"之后房价如脱缰般展开了全面的上涨，房地产市场重新走入了高涨期，全国各主要城市涨声四起，不少天价楼盘涌现，各地也频频出现"地王"。在金融危机的阴影还没有完全从市场退去的时候，与绝大多数仍然在困境中徘徊的行业相比，房地产业则走出了完全不一样的轨迹。不足半年就实现了从濒临绝境到重获新生的巨变，重新攀升的房价让购房者再次回到观望中，房地产市场成交额已经达到 GDP 的 20%，地产泡沫愈演愈烈。从 CAS-REH 指数来看，在 2009 年初，指数达到观察期内的最低值，随着保障性住房成规模上市以及对征收物业税的规划，政府再一次表明了坚决调控的态度，市场正在努力回归正常的轨道。

2010~2012 年，房地产市场调控政策不断加码，中央管理层多次反复强调了要坚持住宅市场调控不动摇。房产税在上海和重庆两地试点，房地产市场调控亦纳入地方政府考核关注之列，"限贷""限购"等一系列强力措施不断出台，在这一系列相关政策的作用下，楼市进入了一个相持期。2011 年，全国 70 个大中城市中有 68 个城市的房价上涨，其中 10 个城市的房价涨幅超过 10%。虽然其间我国政府连续 3 次出台宏观调控政策对房地产市场进行调控，但从以上数据来看，调控效果并不是很理想。从 CAS-REH 指数来看，和 2009 年的低谷相比，房地产健康程度明显改善，尽管在 2011 年前后由于市场对政策的"抗药性"逐渐显现，市场健康水平出现了下降，但仍然可以发现，我国的房地产市场的发展在经过十余年的波动和成长后，正在向着健康和稳定的趋势发展。

2013 年，"宏观稳、微观活"成为房地产政策的关键词，全国整体调控基调贯彻始终，不同城市政策导向出现分化。年初"国五条"及各地细则出台，继续坚持调控不动摇，"有保有压"方向明确。下半年，新一届政府着力建立健全长效机制，维持宏观政策稳定，十八届三中全会将政府工作重心明确为全面深化改革，不动产登记、保障房建设等长效机制工作继续推进，而限购、限贷等调控政策更多交由地方政府决策。不同城市由于市场走势分化，政策取向也各有不同，北京、上海等热点城市陆续出台措施平抑房价上涨预期，而温州、芜湖等市场持续低迷的城市，在不突破调控底线的前提下，微调当地调控政策以促进需求释放。全国房地产开发投资比上年名义增长 19.8%（扣除价格因素实际增长 19.4%）。其中，住宅投资占房地产开发投资的比重为 68.5%。房地产开发企业商品房施工面积比上年增长 16.1%。房地产开发企业土地购置面积比上年增长 8.8%，土地成交价款增长 33.9%。商品房销售面积比上年增长 17.3%，房地产开发企业到位资金比上年增长 26.5%。从 CAS-REH 指数来看，和 2012 年房地产健康状况的动荡相比，房地产健康程度呈现继续改善趋势，我国房地产市场的发展经过波动和成长后，在向着更加健康和稳定的趋势发展，从侧面反映政府坚决调控的态度，市场在向着正常的轨道回归。

2014 年，全国、地方两会陆续召开，中央更加注重房地产市场健康发展的长效机制建设，积极稳妥推进市场化改革，不动产登记制度加速推进，全面深化改革成为关键词。新型城镇化规划的提出与落实，有助于房地产行业平稳发展；同时一系列房地产业相关制度渐进改革，房地产业长效机制逐步推进。从政策影响来看，随着信贷政策的适度收紧和市场供求关系的改变，全国房地产整体出现下滑迹象，新开工面积、销售面积、土地购置面积同比出现负增长，不同城市间的分化现象较为明显。从 CAS-REH 指数来看，房地产市场健康状况先有小幅降低，之后呈现反弹状态。与此同时，各地房地产调控政策调整动作则趋于频繁，在"双向调控"的基调下，定向放松限购，通过信贷、公积金等方式鼓励刚需，成为部分面临去化风险城市的政策突破口。下半年新一届政府的房地产调控思路已经逐渐清晰，中央更加看重经济增长的质量，更加重视增长方式转型和经济结构的升级。房地产开发投资增速平稳回落，新开工面积再次出现负增长，增幅下滑显著，受上半年基数偏高影响，商品房销售增速小幅下滑，销售形势整体趋紧，房地产贷款增速小幅回落，个人住房贷款增速平稳，房价同比上涨的城市个数稳定在高位，但整体涨幅持续回落，土地购置面积出现小幅下降，地价涨幅回落。从 CAS-REH 指数来看，房地产市场的健康状况呈现较小幅度的稳步上升趋势。

2015 年，利好政策持续出台，市场回暖趋势明确，连续多月创历史同期成交新高，前三季度成交同比增长近三成，其中一线城市增幅最为显著。百城住宅均价同比也止跌转涨，涨幅扩大，第三季度上涨 1.78%，涨幅较上半年扩大 0.96 个百分点。但前三季度土地供需维持低位，土地出让金下降，成交结构致楼面价持续上涨。品牌房企业绩保持稳定增长，前三季度房企拿地规模创五年新低。展望未来，中央积极推进稳增长。未来房地产调控将通过多重政策鼓励企业投融资、加快企业开发节奏将成为重点。预计四季度，随着政策效应的逐渐趋弱，成交环比微幅下降，但全年仍呈显著增长。四季度新增供应也将有所回升，但全年仍不及 2014 年。从 CAS-REH 指数来看，总体而言，房地产市场的正在回归正常轨道，且目前比较稳定。

2016 年，房地产市场环境整体宽松，但 1~8 月各项指标增速放缓，在第三季度尤为显著。其中全国商品房销售面积、销售额同比增长 25.5%、38.7%，较 1~8 月分别都收窄 1.1 个百分点；新开发面积同比增长 12.2%，开发投资额同比增长 5.4%，增速较 1~8 月分别减少 1.5 个、0.1 个百分点。价格方面，百城价格指数则从 2013 年 9 月开始回落，之后呈现持续下滑态势，直至 2014 年 9 月跌至近年来低点。2015 年开始，百城价格指数开始上升。2016 年百城住宅均价环比第一季度累计上涨 2.92%，3 月环比涨幅达历史新高，为 1.9%；第二季度累计上涨 7.39%；第三季度进一步扩大，累计上涨 14.02%，同比已连续上涨 17 个月。截至 2016 年 9 月底，百城住宅均价上涨至 12 617 元/米^2。从 CAS-REH 指数来看，和 2015 年房地产健康状况的动荡相比，房地产健康程度呈现继续改善的趋势，房地产市场的发展经过波动和成长后，向着更加稳定和健康的方向发展，这从侧面反映了政府坚决调控的态度，市场在逐步向着正常的轨道回归。

2017 年，各地陆续出台房地产调控政策。与往年的限贷、限购不同的是，本年新增了限售政策，同时对房企新开楼盘进行了限价；在土地端，"限房价竞地价""土拍熔断""熔断后竞自持"等政策进一步对土地市场进行规范；房地产市场调控的城市能级也逐步下沉至三、四线城市，防治三四线城市因楼市过热而产生新的一轮库存。十九大报告中习近平总书记表示"坚持房子是用来住的、不是用来炒的定位，加快建立多主体供给、多渠道保障、租购并举的住房制度，让全体人民住有所居"[①]。2017 年前三季度，商品房累计销售面积同比增长 10.3%；商品房销售额同比增长 14.6%；从销售价格来看，70 个大中城市中一、二线城市的同比增速下滑明显，三线城市逐渐企稳，房地产价格已基本实现"稳着陆"。从 CAS-REH 指数来看，由于多种调控政策的齐头并举和"因城施策"与"因地制宜"的调控方式，2017 年前两季度 CAS-REH 指数保持小幅稳步上升态势，第三季度小幅回落。CAS-REH 指数整体相对 2016 年有所升高，从往年频繁的波动中趋稳，达到了自 2001 年以来的最高值。可以看出，政府的多元化调控政策促使房地产市场保持在健康的轨道上发展。

2018 年，在金融财政政策定向"宽松"的同时，房地产调控政策仍然"从紧"，3 月的两会和 7 月的中央政治局会议对住房属性的明确规定确定了全年房地产调控的政策基调。2018 年房地产市场在需求端继续深化调控的同时，更加注重强化市场监管，坚决遏制投机炒房，保障合理住房需求。在供给端则发力住房供给结构调整，大力发展住

---

① 习近平. 决胜全面建成小康社会 夺取新时代中国特色社会主义伟大胜利——在中国共产党第十九次全国代表大会上的报告[EB/OL]. http://cpc.people.com.cn/19th/n1/2017/1027/c414395-29613458.html，2017-10-18.

房租赁市场、共有产权住房等保障性安居住房，增加有效供给比重。2018 年房地产市场运行状况整体向好，主要表现在以下方面：价格方面，百城价格整体趋稳，三线城市涨幅回落明显；供求方面，供给增长、成交平稳，短期库存水平更趋合理；土地方面，推出和成交继续增长，但热度明显下降，流拍现象突出；房企方面，业绩保持增长、拿地放缓，房地产企业指数持续上升。2018 年前三季度，累计销售额同比增长 13.3%，与 2017 年同期基本持平，累计销售面积同比增长下降幅度较大，同比增长仅为 2.9%。2018 年以来，百城均价各季度累计涨幅较 2017 年同期均收窄，整体价格趋于稳定。12 月，百城房价单月环比涨幅为 0.25%，涨幅明显回落，更是有 36 个城市出现新房价格下跌，房价上涨预期的转变，是房地产市场回归理性的关键标志。从 CAS-REH 指数来看，由于中央政府进一步强化明确住房属性，热点城市和一线城市继续保持严格的限购、限贷、限售等政策，坚持降杠杆和去泡沫；部分二线城市放宽落户门槛限制，变相放松了限购，推升了购房需求。2018 年前三季度 CAS-REH 指数继续保持小幅稳步上升态势，达到了自2001 年以来的最高值，2018 年各季度 CAS-REH 指数相较于近年来健康指数变化更趋平稳且稳步增长，可以看出，政府调控取得一定成效，房地产市场预期更趋理性，市场朝着健康、稳定方向运行。

2019 年，在"稳低价、稳房价、稳预期"的总要求下，我国房地产市场依然坚持"房住不炒"的总基调，整体保持平稳增长态势。2018 年 12 月中旬召开的中央经济工作会议强调，构建房地产市场健康发展长效机制，坚持"房子是用来住的、不是用来炒的"定位，因城施策、分类指导，夯实城市政府主体责任，完善住房市场体系和住房保障体系。2019 年以来，政府强调积极的财政政策要加力提效，稳健的货币要松紧适度，经济保持平稳增长。在房地产政策方面，政策在需求侧进一步完善住房供给结构，加快住房租赁市场和共有产权房市场发展；在需求侧合理满足居民消费性住房需求，严厉控制投机炒房行为；在市场监管方面，加强房地产金融风险监管调控，防止系统性风险的发生，各地方政府落实主体责任，房地产市场调控和监管更加积极有效。2018 年第四季度以来，我国经济下行压力不断增大，房地产市场行情有所降温，具体表现在以下几点。价格方面，2019 年 1~11 月，商品住宅平均销售价格有所上涨，但涨幅明显收窄，2019 年 11 月，商品住宅平均销售价格为 9 304 元/米^2，较上年同期增长 8.92%，增幅下降 3.5 个百分点。一线城市房价涨幅稳中有升，二、三、四线城市房价涨幅收窄明显。供求方面，供给结构不断优化，需求略显乏力，市场去化压力有所增大。一线城市供应端有所改善，成交面积有所增加，二线城市内部差异更为明显，三线城市成交规模有所下降。土地方面，农村土地制度改革不断推进，住宅用地调控目标进一步细化，住宅用地供需规模同比小幅增长，成交均价增幅明显，土地流拍问题仍较为严重。房企方面，融资成本有所上升，房企拿地节奏放缓，销售业绩整体向好，但部分中小型房地产企业面临较大资金压力。整体而言，2019 年，房地产市场严格遵循"房住不炒"，不把房地产作为短期刺激经济的手段，构建房地产长效发展机制的总要求，热点和一线城市继续保持严格的限购、限贷、限售等政策，不断优化住房供给结构，住房成交面积同比显著增长，但房价涨幅明显收窄；二线城市继续坚持"一城一策"的调控节奏，内部分化更为明显，三、四线城市在经济下行压力不断增大的背景下，房地产市场发展承压加大。2019 年前三季度 CAS-REH 指数继续保持小幅上升态势，增幅平稳。这一定程度上反映出我国政府房地产市场调控取得一定成效，房地产市场长效机制进一步完善，房地产市场朝着健康、稳定的方向发展。

2020 年，由于新冠肺炎疫情的暴发，国内外经济政治形势错综复杂，中国的经济韧性凸显，房地产作为经济发展的稳定器和压舱石，表现亦超预期，目前全国房地产市场已完全走出疫情影响，进入正常运行通道。对于房地产市场来说，2020 年中央调控力度不放松，即使是在疫情最为严重的第一季度，仍坚持"房子是用来住的、不是用来炒的"定位不变，银保监会、央行、住建部等中央部委多次召开会议强调保持楼市调控政策的连续性和稳定性。2020 年 7 月以来，受热点城市房价、地价的不稳定预期增加影响，中央多次召开会议强调不将房地产作为短期刺激经济的手段，稳地价、稳房价、稳预期，确保房地产市场平稳健康发展。在价格方面，2020 年 1~11 月百城新建住宅价格累计上涨 3.19%，涨幅较上年同期扩大 0.28 个百分点。第一季度受疫情影响，新建住宅价格累计涨幅较上年同期明显收窄，第二季度以来随着疫情影响逐步减弱，各季度累计涨幅较上年同期均有所扩大，二、三季度累计涨幅均在 1% 以上，10~11 月价格累计上涨 0.72%，较上年同期扩大 0.36 个百分点。2020 年 1~11 月一线城市价格累计上涨 3.77%，在各梯队城市中涨幅最大，较上年同期扩大 3.43 个百分点。二线部分城市政策收紧后，市场降温，1~11 月二线城市价格累计上涨 3.32%，较上年同期收窄 1.13 个百分点。三、四线代表城市价格累计上涨 2.26%，涨幅较上年同期收窄 1.52 个百分点，收窄幅度在各梯队城市中最大。2020 年前三季度 CAS-REH 指数继续保持小幅上升态势，增幅平稳。房地产市场朝着健康、稳定的方向发展。

（二）CAS-REH 指数的功能

首先，CAS-REH 指数能够对房地产市场健康发展状况予以监测，通过科学方法获得的定量指标对中国城市房地产发展的健康发展做出全面和准确的探测，能够通过简单易行的方式发现房地产市场发展中存在的隐患和问题。CAS-REH 指数对极为不利的市场变化十分敏感，如 2009 年初 CAS-REH 指数所表现出来的极低指数。除此之外，对于不同城市，CAS-REH 指数能够用来进行横向比较，以对不同城市房地产市场健康发展程度的不同提供量化意见，对房地产市场健康程度欠佳的地区或城市提供借鉴和参考作用。

其次，CAS-REH 指数还具备市场引导功能，其能够通过一定的标准，为市场发展和人们的思维意识指明方向。在当前中国房地产市场发展面临诸多问题和困难的背景下，CAS-REH 指数对市场将起到重要的指引作用。CAS-REH 指数在对房地产市场发展的评价过程中，摒弃了单一、粗放的评价方式，将市场及其内外部的协调性统一考虑，对房地产市场的协调和可持续发展提供重要参考。引导政府、企业和消费者从全面、合理的角度看待房地产市场发展，有助于决策者及时调整管理手段和调控措施，有助于房地产企业走上科学发展的轨迹，亦有助于消费者面对纷繁复杂的市场局面做出理性和正确的判断。

最后，CAS-REH 指数对未来市场具有预警作用。房地产市场出现的波动可能会对整体社会经济运行造成巨大危害，除对房地产市场进行监测和对市场进行引导外，CAS-REH 指数还力图为市场提供预警功能。通过对房地产市场健康状况的跟踪、监控，CAS-REH 反映房地产市场变化和整体健康水平，政府主管部门可以利用该指数了解房地产业发展状况与行业结构及行业与宏观经济的协调比例关系，为调控国民经济产业结构和引导房地产业健康发展服务，同时降低银行信贷风险，为调整房地产业的地区结构和统筹兼顾提供参考。

第二节　中科房地产区域指数（CAS-RERSD 指数）

中科房地产区域指数因部分指标数据缺失，无法进行计算得出最后结果。研究团队正在选取新的科学指标编制指数。

第三节　中科房地产场景指数（CAS-RES 指数）

一、CAS-RES 指数指标体系

（一）评价指标的选取

根据科学性、系统性、综合性和可操作性原则，对科教、文化、卫生、交通与环境五个层面进行综合考虑以构建场景指标体系；在此基础上，本着代表性的原则对每个层次选取子指标，着重抓住与评价对象关系密切的要素。

此外，CAS-RES 指数指标体系的选取必须注重各子指标的可靠性。不同部门发布的诸多相似、具有可替代的统计指标，其统计口径、统计频率等方面可能不尽相同。在选取指标时，CAS-RES 指标体系尽可能挑选统计频率较为合适、统计方法和统计口径较为稳定的指标作为主要参考指标。

（二）指标简介

为了全面反映房地产的区位属性，在CAS-RES指标体系下设置了五个一级指标，分别是科教、文化、卫生、交通、环境。每个一级指标下设若干二级指标。指标体系如表 3.3 所示。

表 3.3　CAS-RES 指数指标体系

目标层	一级指标	二级指标	单位
CAS-RES 指数	科教	普通高等学校	所
		普通中学	所
		小学	所

续表

目标层	一级指标	二级指标	单位
CAS-RES 指数	科教	普通高等学校教师	人
		普通中学教师	人
		小学教师	人
	文化	剧场、影剧院数	个
		公共图书馆藏书	千册
	卫生	医院、卫生院数	个
		医院、卫生院床位数	张
		医生数	人
	交通	公共汽车数量	辆
		城市道路面积	万平方米
	环境	建成绿化覆盖率	%

二、CAS-RES 指数构建

围绕上文提出的 CAS-RES 指数指标体系，以 2009~2018 年的数据为样本，运用因子分析法确定 CAS-RES 指数体系各指标权重[①]，我们选取 60 个大中城市为样本，数据来源于中经网统计数据库，结果详见表 3.4。

表 3.4 CAS-RES 指数

城市	2009年	2010年	2011年	2012年	2013年	2014年	2015年	2016年	2017年	2018年
北京	103.62	105.10	104.65	106.34	109.24	111.71	118.51	126.62	121.59	123.04
上海	84.43	85.11	86.89	87.98	88.42	89.15	86.23	83.06	83.02	84.48
天津	54.95	55.37	57.34	58.47	58.42	59.18	57.84	55.57	52.10	53.42
重庆	77.87	83.03	88.29	92.84	95.99	98.66	98.70	97.34	99.26	99.34
安庆	11.58	11.59	11.94	12.03	12.08	11.99	11.41	11.26	12.63	13.18
蚌埠	12.96	12.92	13.08	13.20	12.75	13.11	12.52	11.85	11.87	12.30
包头	16.27	16.21	16.39	16.57	16.24	16.50	15.12	14.40	13.37	12.78
北海	7.46	7.45	7.92	8.12	8.02	8.38	8.03	8.47	9.68	10.59
常德	20.82	20.75	20.98	20.89	21.30	21.82	21.03	22.05	20.16	21.89
大连	27.56	28.24	29.03	30.53	30.15	31.95	31.42	31.94	29.19	28.65
丹东	17.81	17.80	15.80	17.88	17.62	17.29	16.64	15.50	15.54	15.11
福州	20.51	21.77	22.99	23.47	23.86	23.23	22.40	21.56	25.91	23.44
赣州	12.32	12.18	12.60	12.65	12.70	14.37	14.18	13.44	14.12	13.24
贵阳	18.00	18.18	18.53	18.72	19.04	19.39	19.55	19.13	18.34	17.76
桂林	16.31	16.21	16.57	16.56	17.09	17.04	16.58	16.12	16.34	16.74
哈尔滨	44.99	46.31	47.87	47.69	49.91	50.09	47.18	47.41	50.67	51.07
海口	16.63	17.18	17.24	17.36	16.13	18.27	18.25	17.08	17.47	17.92

[①] 吴迪，高鹏，董纪昌. 基于场景理论的中国城市居住房地产需求研究[J]. 系统科学与数学，2011，31（3）：253-264.

城市	2009年	2010年	2011年	2012年	2013年	2014年	2015年	2016年	2017年	2018年
杭州	31.50	31.95	33.37	34.77	35.11	37.43	37.33	36.74	40.17	39.81
合肥	21.43	21.78	23.22	23.98	23.86	24.45	23.83	22.48	21.56	22.71
呼和浩特	20.23	20.36	20.49	19.43	20.08	19.18	20.10	19.53	18.36	17.76
惠州	17.23	18.24	19.24	19.25	19.25	20.26	20.25	21.25	24.15	25.07
吉林	23.22	23.71	24.12	24.79	24.72	26.36	25.30	24.75	25.99	24.23
济南	27.04	26.48	27.59	28.31	28.67	29.52	28.96	31.78	28.14	28.65
济宁	14.57	14.56	15.34	16.10	17.58	17.80	17.43	16.36	16.50	17.66
锦州	15.98	15.84	17.91	15.98	15.32	16.83	15.99	15.13	17.43	18.06
昆明	26.90	27.01	30.82	31.63	32.27	32.50	31.86	31.94	30.31	28.57
兰州	19.35	18.91	19.32	20.74	22.10	20.70	19.66	18.69	18.42	19.87
泸州	13.21	13.17	13.55	13.79	13.80	13.76	13.23	12.70	11.97	12.82
洛阳	16.47	16.45	16.89	17.14	17.64	17.63	16.72	16.25	17.28	16.98
牡丹江	12.42	12.52	12.70	12.61	12.46	12.45	11.80	11.24	10.62	12.59
南昌	22.69	22.11	24.47	23.96	24.57	24.71	26.13	26.18	27.68	29.87
南充	13.89	14.15	14.47	15.76	16.51	15.95	15.19	15.05	14.59	16.05
南京	40.31	40.44	42.03	42.29	46.01	44.11	44.17	43.60	45.10	46.08
南宁	21.33	22.15	22.79	23.07	23.58	24.02	23.72	23.86	22.21	23.87
宁波	21.30	21.68	22.21	22.30	22.17	22.22	21.57	20.89	21.90	20.79
平顶山	13.58	13.74	13.94	13.76	13.70	13.54	12.84	12.08	13.88	13.36
秦皇岛	14.57	14.65	15.06	15.13	15.02	15.72	16.06	14.39	14.08	15.16
青岛	21.83	22.20	23.04	25.94	25.57	25.70	25.18	24.13	27.71	29.24
泉州	16.44	17.19	18.39	18.78	18.11	18.55	17.96	17.09	18.03	19.33
厦门	20.22	20.32	21.21	21.58	21.23	21.76	21.33	20.61	19.25	21.41
韶关	15.51	15.50	15.86	15.74	15.84	15.78	15.36	14.52	13.36	14.55
沈阳	43.73	45.61	47.28	49.62	50.37	50.67	48.42	47.64	47.43	50.92
太原	41.46	41.21	43.22	45.66	46.38	45.89	44.14	42.69	44.65	44.49
唐山	26.36	25.09	25.69	24.87	26.66	26.40	25.22	23.84	22.27	24.28
温州	20.51	20.71	21.53	22.35	22.65	23.32	22.49	21.47	20.09	19.48
乌鲁木齐	36.08	35.36	36.61	36.87	37.27	37.30	35.49	34.29	33.74	32.94
无锡	36.59	37.78	38.33	38.34	38.09	39.35	39.65	39.76	40.87	42.87
武汉	39.47	40.96	42.83	45.34	45.09	46.35	44.97	43.76	50.51	52.26
西安	40.73	41.59	44.32	45.60	46.22	47.06	46.19	45.44	47.11	49.66
西宁	13.43	13.80	15.37	15.36	14.40	14.18	13.68	13.11	13.24	13.60
徐州	17.25	19.45	19.80	20.07	20.53	20.68	19.93	19.38	18.72	18.66
烟台	28.72	28.78	29.99	30.82	30.62	31.49	30.87	29.30	32.22	34.11
扬州	14.02	13.96	16.18	16.14	16.04	15.64	14.89	14.12	13.62	14.34
宜昌	16.12	16.32	16.72	17.23	17.25	17.00	16.34	15.54	16.20	17.09
银川	19.22	19.52	20.62	20.90	21.61	21.20	21.33	20.31	19.18	19.84
岳阳	18.23	18.65	19.68	19.09	19.12	17.67	16.46	17.90	18.83	19.81
湛江	16.11	17.20	16.37	16.58	16.45	16.51	16.06	17.56	16.12	17.64
长春	29.58	30.16	31.13	32.53	32.26	32.70	33.79	31.92	29.97	33.70
长沙	28.14	28.75	32.10	32.16	33.06	33.96	33.59	33.34	33.75	35.64
郑州	27.33	28.17	30.11	31.16	32.21	33.42	32.14	34.23	36.40	35.77

为了进一步揭示场景与房价之间的匹配性，下文对商品房销售均价标准化数据与 CAS-RES 指数做商，以此反映城市房价的性价比。根据我们的研究假设，房价指标比场景指标，数值越大则性价比越低，数值越小则性价比越高。例如，2009~2018 年重庆市房价场景匹配性指数都不高于 0.5，则表明，重庆市场景与房价之间的匹配性较高。结果见表 3.5。

表 3.5 房价场景匹配性指数

城市	2009 年	2010 年	2011 年	2012 年	2013 年	2014 年	2015 年	2016 年	2017 年	2018 年
北京	1.13	1.43	1.36	1.35	1.43	1.42	1.60	1.81	1.75	1.78
上海	1.11	0.96	1.01	0.95	1.00	1.00	1.08	1.09	1.09	1.09
天津	0.95	0.87	0.94	0.86	0.83	0.85	0.80	0.86	0.89	0.88
重庆	0.36	0.32	0.35	0.35	0.34	0.32	0.27	0.22	0.19	0.21
安庆	2.43	2.25	2.59	2.56	2.45	2.57	2.28	2.06	2.19	2.13
蚌埠	2.17	2.02	2.36	2.33	2.33	2.35	2.08	1.96	1.97	1.97
包头	1.53	1.38	1.54	1.59	1.57	1.54	1.43	1.27	1.21	1.24
北海	1.52	1.56	1.49	1.51	1.65	1.32	1.33	1.31	1.29	1.30
常德	0.83	0.82	0.77	0.84	0.78	0.83	0.84	0.85	0.86	0.86
大连	1.35	1.25	1.12	1.09	1.02	0.95	0.82	0.81	0.79	0.80
丹东	1.82	1.56	1.94	1.76	1.69	1.78	1.64	1.53	1.49	1.51
福州	2.05	1.71	2.09	2.23	2.11	2.16	1.82	1.62	1.63	1.63
赣州	1.84	1.67	2.17	2.40	2.38	2.11	1.81	1.67	1.79	1.73
贵阳	1.35	1.18	1.39	1.43	1.34	1.30	1.10	0.91	0.87	0.89
桂林	1.65	1.39	1.52	1.64	1.59	1.65	1.44	1.29	1.31	1.30
哈尔滨	0.60	0.51	0.55	0.55	0.56	0.56	0.52	0.44	0.57	0.51
海口	2.88	2.95	3.19	2.78	3.00	2.79	2.34	2.18	2.21	2.20
杭州	1.87	1.68	1.80	1.83	1.73	1.53	1.28	1.14	1.08	1.11
合肥	1.31	1.20	1.33	1.28	1.24	1.26	1.09	1.03	1.01	1.02
呼和浩特	1.23	1.10	1.23	1.36	1.27	1.32	1.08	0.94	0.97	0.96
惠州	1.39	1.35	1.34	1.32	1.25	1.21	1.05	0.98	0.95	0.97
吉林	1.06	0.97	1.18	1.09	1.07	1.12	1.03	0.86	0.83	0.85
济南	1.06	0.93	1.05	1.07	1.03	1.03	0.91	0.72	0.82	0.77
济宁	1.97	1.70	1.89	1.89	1.68	1.71	1.52	1.40	1.35	1.38
锦州	2.03	1.75	1.71	1.97	1.95	1.83	1.71	1.57	1.52	1.55
昆明	0.92	0.76	0.79	0.86	0.82	0.89	0.80	0.65	0.63	0.64
兰州	1.11	1.05	1.17	1.14	1.06	1.28	1.21	1.10	1.06	1.08
泸州	2.17	1.96	2.34	2.49	2.31	2.32	1.97	1.78	1.69	1.74
洛阳	1.38	1.20	1.40	1.47	1.42	1.45	1.34	1.22	1.16	1.19
牡丹江	2.16	1.87	2.07	2.10	2.23	2.27	2.09	1.87	1.77	1.82
南昌	1.00	0.92	1.12	1.26	1.23	1.23	0.98	0.86	0.79	0.83
南充	2.07	1.82	2.19	2.18	1.93	2.00	1.72	1.50	1.44	1.47

续表

城市	2009年	2010年	2011年	2012年	2013年	2014年	2015年	2016年	2017年	2018年
南京	0.97	0.87	0.98	0.98	0.85	0.89	0.77	0.77	0.76	0.77
南宁	1.26	1.02	1.10	1.18	1.15	1.17	1.01	0.87	0.84	0.86
宁波	2.76	2.47	2.70	2.86	2.74	2.58	2.22	2.00	1.97	1.99
平顶山	1.68	1.44	1.69	1.83	1.83	1.89	1.75	1.64	1.72	1.68
秦皇岛	1.85	1.53	1.75	1.90	1.91	1.88	1.70	1.74	1.76	1.75
青岛	1.31	1.11	1.26	1.17	1.15	1.19	1.05	0.95	0.89	0.92
泉州	2.56	2.17	2.62	2.79	2.78	2.70	2.27	2.04	2.01	2.03
厦门	2.08	1.83	2.27	2.43	2.37	2.30	1.91	1.69	1.63	1.66
韶关	3.20	2.84	3.08	3.14	3.19	3.16	2.91	2.87	2.79	2.83
沈阳	0.74	0.61	0.65	0.63	0.59	0.61	0.56	0.50	0.48	0.49
太原	0.56	0.54	0.54	0.56	0.57	0.60	0.53	0.47	0.42	0.45
唐山	1.02	0.90	1.03	1.16	1.08	1.12	1.08	1.05	1.01	1.03
温州	2.87	2.59	2.79	2.85	2.68	2.46	2.13	1.94	1.89	1.92
乌鲁木齐	0.62	0.57	0.65	0.69	0.68	0.72	0.64	0.54	0.48	0.51
无锡	1.31	1.26	1.30	1.31	1.25	1.18	1.09	1.08	1.10	1.09
武汉	0.73	0.58	0.68	0.71	0.68	0.68	0.62	0.60	0.65	0.63
西安	0.66	0.57	0.72	0.72	0.66	0.63	0.56	0.48	0.59	0.54
西宁	1.62	1.42	1.44	1.72	1.72	2.06	1.84	1.63	1.59	1.61
徐州	2.26	1.80	2.08	2.07	1.91	1.89	1.72	1.73	1.74	1.74
烟台	1.00	0.86	0.97	0.99	0.96	0.97	0.86	0.78	0.74	0.76
扬州	2.78	2.51	2.54	2.57	2.44	2.50	2.30	2.37	2.26	2.32
宜昌	1.79	1.45	1.75	1.86	1.77	1.85	1.70	1.68	1.59	1.64
银川	1.34	1.09	1.21	1.23	1.17	1.15	1.01	0.85	0.79	0.82
岳阳	1.26	1.09	1.28	1.38	1.32	1.41	1.28	1.04	0.98	1.01
湛江	3.09	2.55	2.98	2.98	3.07	3.02	2.78	2.37	2.56	2.47
长春	0.83	0.76	0.92	0.83	0.82	0.90	0.77	0.66	0.62	0.64
长沙	0.81	0.71	0.79	0.82	0.76	0.73	0.63	0.56	0.69	0.63
郑州	0.83	0.70	0.78	0.81	0.78	0.76	0.70	0.58	0.52	0.55

三、CAS-RES指数的解读及功能

（一）CAS-RES指数解读

从CAS-RES指数来看，大多数城市的CAS-RES指数值在2009~2018年都有所增加，但是包头、丹东、唐山、呼和浩特、韶关、温州、蚌埠、乌鲁木齐等城市的CAS-RES指数却有所下降，其中包头下降幅度最大。说明虽然全国范围内大多数城市发展水平不断提高，但是部分城市发展水平仍有提升的余地。其中，2009~2018年北京

的 CAS-RES 指数均超过 100，2013~2018 年重庆市的 CAS-RES 指数均接近 100，表明上述两个城市在科教、文化、卫生、交通、环境方面发展水平较好。该指数通常与地区经济发展水平密切相关，不同经济发展水平的城市之间 CAS-RES 指数差异较大。从房价场景匹配性指数来看，数据显示，一线城市中，天津的房价场景匹配性指数小于 1，二线城市中，重庆、哈尔滨、南京、沈阳、太原、武汉、西安、长春、长沙、郑州、昆明的房价场景匹配性指数小于 1，房屋性价比值较高。其中重庆的房价场景匹配性指数一直小于 0.5，表明重庆的居住场景性价比较高。一方面由于重庆基础设施及场景建设处于全国较高水平；另一方面，重庆商品房销售均价相对便宜。

一线城市内部，北京的房价场景匹配性指数均在 1 以上，且数值逐年升高，主要有两方面原因：一方面，北京的基础设施建设水平在全国数一数二，随着经济的发展，北京的城市建设水平不断增强，场景完善程度也遥遥领先于其他城市；另一方面，北京房价处于相对全国较高的水平，并且 2009~2018 年商品房平均销售价格不断升高，因此 CAS-RES 指数显示北京的城市住宅性价比尚处于合理范围之内。

根据房价场景匹配性指数结果，发现温州的指数从 2009 年的 2.87 下降到 2018 年的 1.92，总共下降 0.95，下降幅度最为明显，主要原因在于，温州市科教、文化、卫生、交通四方面的水平有了显著的提高，尤其是卫生和交通两方面得到显著改善，同时温州市 2015 年、2016 年、2017 年三年的商品房平均销售价格的增长速度减缓，使得温州市房价场景匹配性指数下降较为明显，房屋性价比提高。同时根据房价场景匹配性指数结果，发现西宁的指数下降幅度最小，从 2009 年 1.62 下降到 2018 年的 1.61，总共只下降了 0.01，主要原因在于近几年西宁市科教、文化、卫生、交通等方面发展与其他城市相比增速较慢。

在大中城市中，大连、海口、杭州、宁波等城市的房价场景匹配性指数也下降较为明显，主要原因在于，近年来各地加大科教文化以及环境保护投入并注重完善城市基础设施建设，教育、环境、交通等方面水平提升较快。

另外，根据房价场景匹配性指数结果，发现在 60 个大中城市中，泉州、扬州、湛江等城市房价场景匹配性指数较高，场景与房价之间的匹配性较低。

（二）CAS-RES 指数的功能

CAS-RES 指数能够反映房地产的区位属性，指导房地产行业可持续发展。场景因素在我国城市居民居住区位选择及分布中具有重要的影响作用。尤其在截面意义上，场景水平与房地产发展水平显著相关，场景指数较高的地区，房价水平普遍较高；反之较低。我国房地产行业所采用的粗放型发展方式已经不可持续，必须改变现有的经营和发展模式，将发展和经营的重点由原来的规模化转向精细化，在绿色、低碳、人文领域实现新的增长和突破。该指数反映了房地产产品的根本属性——区位性，可以为房地产行业的精细化经营服务提供借鉴和参照。此外，该指数也在某种程度上体现了区域房地产价格的发展潜力。场景的丰富和完善必将带来房地产及其相关行业的不断发展，而房地产的发展又进一步带来周围场景投资的阶跃式增长，从而推动房地产行业的进一步发展。

第四节 中科房地产金融状况指数（CAS-REF 指数）

一、CAS-REF 指数简介

CAS-REF 指数是由中国科学院大学房地产研究中心于 2013 年首度推出的，是反映我国整体房地产金融体系运行状况的综合指数。CAS-REF 指数以 2001 年 2 月为基期（2001M2=100），通过观察其变动趋势或与其他相关指标结合分析，可以评判和预测我国整体房地产金融体系的运行状况，甚至在一定程度上可以反映我国潜在的房地产金融风险。

在我国，房地产业是一个高投入、高收益和高风险的资本密集型产业，对金融资本的依赖度很高。而目前我国的房地产金融市场仍处于初级阶段，尚未形成一个健全的、多层次的市场体系。我国房地产金融体系以一级市场为主，二级市场尚未真正建立起来。其中，一级市场又以商业银行为主，相关数据和调查均显示，房产在银行的总贷款额占比很高。因此，我国房地产金融市场尤其是商业银行业蕴含很大的房地产金融风险。但与此同时，我国房地产金融市场又肩负"为房地产开发经营提供资金保障"和"支持居民住房消费能力的提高"两大主要使命。

目前，国内学者和相关机构尚未建立关于专门针对我国房地产金融市场运行状况的指数。已有的相关指数，如金融状况指数，也不足以充分反映我国房地产金融市场的运行状况。鉴于此，中国科学院大学房地产研究中心建立 CAS-REF 指数，旨在达到两方面的目的：一是考量其能否较好地为房地产开发经营提供资金保障和支持居民住房消费能力的提高；二是监测我国潜在的房地产金融风险。

二、CAS-REF 指数的指标体系与评价方法

（一）指标选取原则

科学合理地选取评估我国房地产金融状况的指标是构建 CAS-REF 指数的基本前提，由于反映房地产金融状况的指标不易界定，因此在构建 CAS-REF 指数的指标体系时按照以下五项基本原则来挑选指标。

第一，全面性。对房地产金融状况的评估应该涵盖房地产金融的主要方面，CAS-REF 指数既要监测我国房地产金融风险，又要考量其能否较好地为房地产开发经营提供资金保障和支持居民住房消费能力的提高。因此，对房地产金融状况每一个主要方面的变动都应采用一个或者多个指标进行评估，而且这种评估要能较好地度量变动或影响的程度。

第二，简洁性。一般而言，选取指标的数量越多越能全面反映房地产金融的状况，但是指标太多也容易造成指标的重复，而且并非所有的指标都能达到预期的度量目的，

因此在选取指标时要考虑指标的实用性。只有选定的指标体系为完备集中的最小集合，才能避免重复，达到识别的目的。

第三，可操作性。可操作性一是指所选择的指标必须是可量化的，而且可以通过某些方式取得相应的数据，二是指各个指标数据的长度和频度必须保持一致，对于频度不一致的指标数据，应是可以通过一定的工具和手段进行调整，最终确保所有指标数据具有相同的时间长度和频度。

第四，可比性。为了便于与其他指标或历史数据进行横向或纵向对比，CAS-REF指数评价指标应保持指标的名称和体系结构等方面尽量与现行制度统一，对于计算口径和相应数据的选取曾出现历史变动的指标，应进行相应调整以确保数据的连续和相对稳定。此外，对其中的异常点也要进行调整，这样的指标体系才具有实际意义。

第五，预警性。CAS-REF指数的重要功能就是它的预警功能，这就要求在建立指标体系时应尽量选取具有先行性的指标，或者所选指标能从根本上反映我国房地产金融体系所面临的潜在风险，或者所选指标能预示我国房地产金融体系能在多大程度上为房地产开发经营提供资金保障和支持居民住房消费能力提高。

（二）CAS-REF指数指标体系

基于以上五项指标选取原则，着眼于我国房地产金融体系进行指标选取，共选取了七个指标。具体指标及相应的指标解释如表3.6所示。

表3.6 CAS-REF 指数指标体系

序号	指标	指标解释
1	商品房销售均价	房价的变动与房地产金融风险密切相关，我们选用商品房销售均价（商品房销售额/商品房销售面积）作为衡量房地产金融风险的指标之一
2	上证房地产指数	上证房地产指数是衡量房地产金融状况的指标之一（月数据由日数据加权平均所得）
3	房地产开发国内贷款	衡量房地产金融状况的指标之一（房地产开发资金来源：国内贷款）
4	房地产开发自筹资金	间接衡量房地产金融状况（房地产开发资金来源：自筹资金）
5	银行间同业拆借加权平均利率	同业拆借市场能够迅速反映货币市场的资金供求状况，银行间同业拆借加权平均利率可作为金融市场市场利率的代理变量
6	人民币实际有效汇率指数	真正体现一国汇率水平并对宏观经济产生实际影响的应当是实际汇率而不是名义汇率，我们采用人民币实际有效汇率指数（上年=100）作为汇率的代理指标
7	居民消费价格指数	选用消费者价格指数（上年=100）作为衡量通货膨胀率指标

（三）CAS-REF指数的评价方法

1. 向量自回归模型

向量自回归（vector auto regression，VAR）模型是一种常用的计量经济模型，由克里斯托弗·西姆斯（Christopher Sims）于1980年提出。VAR模型是基于数据的统计性质建立模型，把系统中每一个内生变量作为系统中所有内生变量的滞后值的函数来构造模型，从而将单变量自回归模型推广到由多元时间序列变量组成的"向量"自回归模型。VAR模型是处理多个相关经济指标的分析与预测最容易操作的模型之一，并且在一定的条件下，多元 MA（moving average，滑动平均）模型和 ARMA（auto-regressive and moving average，自回归滑动平均）模型也可转化成 VAR 模型，因此近年来 VAR 模型受到越来越多的经济工作者的重视。

VAR（p）模型的数学表达式是

$$y_t = A_1 y_{t-1} + \cdots + A_p y_{t-p} + BX_t + \varepsilon_t$$

式中，y_t 是 k 维内生变量向量，X_t 是 d 维外生变量向量，p 是滞后阶数，样本个数为 t。$k \times k$ 维矩阵 $A_1, \cdots, A_p$ 和 $k \times d$ 维矩阵 B 是要被估计的系数矩阵。ε_t 是 k 维扰动向量，它们相互之间可以同期相关，但不与自己的滞后值相关及不与等式右边的变量相关，假设 Σ 是 ε_t 的协方差矩阵，是一个 $k \times k$ 的正定矩阵。

2. 广义脉冲响应函数

VAR 模型的动态分析一般采用"正交"脉冲响应函数来实现，而正交化通常采用 Cholesky 分解完成，但是 Cholesky 分解的结果严格地依赖于模型中变量的次序。Koop 等提出的广义脉冲响应函数正好克服了上述缺点[①]。

运用广义脉冲响应函数后，设响应指标 Z_0 对冲击指标 Z_i 在第 t 期的响应为 λ_{it}，则响应指标 Z_0 对冲击指标 Z_i 在 t 期内的加权响应为

$$\lambda_i = \sum_{t=1}^{T} \frac{1}{t} \lambda_{it}, \quad i=1,2,\cdots,n$$

则表 3.6 的指标体系内每个指标的权重为

$$w_i = \frac{\lambda_i}{\sum_i^n |\lambda_i|}, \quad i=1,2,\cdots,n$$

计算综合评价函数为

$$F_t = \sum_i^m w_i y_{it}, \quad i=1,2,\cdots,n$$

选取样本内第一期的值为基准，设基期的综合评价得分为 F_0，报告期内其他期的综合评价得分为 F_t。设定基期的值为 100，则报告期内其他期的值为

$$F_t' = \frac{F_t}{F_0} \times 100, \quad i=1,2,\cdots,t$$

（四）CAS-REF 指数的构建

选取表 3.6 内指标在 2001 年 2 月至 2020 年 10 月的数据为样本，数据均来自 Wind 数据库。通过对数据进行插值、季节性调整、剔除通货膨胀影响和平稳性处理后，将处理后的数据按照前文的评价方法进行评价，得到的结果如表 3.7 所示。

---

① Koop G, Pesaran M H, Potter S M. Impulse response analysis in nonlinear multivariate models[J]. Journal of Econometrics, 1996, 74（1）: 119-147.

表 3.7 CAS-REF 指数结果

时间	CAS-REF 指数	时间	CAS-REF 指数	时间	CAS-REF 指数	时间	CAS-REF 指数
2001-1	100.00	2003-8	84.78	2006-3	122.05	2008-10	38.61
2001-2	−816.41	2003-9	108.64	2006-4	169.23	2008-11	192.68
2001-3	84.39	2003-10	128.29	2006-5	161.24	2008-12	123.00
2001-4	114.68	2003-11	100.83	2006-6	147.91	2009-1	362.94
2001-5	154.67	2003-12	101.83	2006-7	113.48	2009-2	93.73
2001-6	77.82	2004-1	251.89	2006-8	125.94	2009-3	302.10
2001-7	84.96	2004-2	3.74	2006-9	128.61	2009-4	239.35
2001-8	59.49	2004-3	199.11	2006-10	118.84	2009-5	270.87
2001-9	44.68	2004-4	92.84	2006-11	248.17	2009-6	436.95
2001-10	109.16	2004-5	150.48	2006-12	190.30	2009-7	103.51
2001-11	130.42	2004-6	96.55	2007-1	48.57	2009-8	2.02
2001-12	158.25	2004-7	108.97	2007-2	473.78	2009-9	171.27
2002-1	−32.89	2004-8	98.69	2007-3	83.05	2009-10	214.00
2002-2	96.91	2004-9	125.31	2007-4	331.92	2009-11	176.04
2002-3	163.58	2004-10	102.37	2007-5	364.82	2009-12	116.59
2002-4	112.34	2004-11	105.56	2007-6	182.34	2010-1	60.00
2002-5	66.62	2004-12	149.03	2007-7	318.93	2010-2	465.95
2002-6	185.68	2005-1	97.04	2007-8	297.44	2010-3	11.03
2002-7	110.99	2005-2	199.03	2007-9	142.31	2010-4	178.05
2002-8	101.16	2005-3	78.96	2007-10	204.49	2010-5	11.20
2002-9	112.02	2005-4	115.11	2007-11	−191.17	2010-6	74.19
2002-10	103.78	2005-5	89.34	2007-12	214.23	2010-7	121.15
2002-11	69.19	2005-6	156.74	2008-1	−138.33	2010-8	162.33
2002-12	111.80	2005-7	103.96	2008-2	121.85	2010-9	194.32
2003-1	129.98	2005-8	285.82	2008-3	−10.06	2010-10	212.59
2003-2	46.76	2005-9	136.93	2008-4	22.87	2010-11	107.99
2003-3	141.63	2005-10	138.45	2008-5	47.04	2010-12	151.57
2003-4	134.48	2005-11	152.59	2008-6	55.29	2011-1	243.50
2003-5	108.90	2005-12	110.13	2008-7	153.95	2011-2	321.70
2003-6	91.60	2006-1	−43.22	2008-8	−22.39	2011-3	57.03
2003-7	85.91	2006-2	277.66	2008-9	59.88	2011-4	157.38

时间	CAS-REF 指数	时间	CAS-REF 指数	时间	CAS-REF 指数	时间	CAS-REF 指数
2011-5	135.98	2013-11	175.60	2016-5	81.81	2018-11	190.78
2011-6	242.72	2013-12	58.79	2016-6	122.77	2018-12	147.22
2011-7	114.39	2014-1	−826.34	2016-7	179.29	2019-1	129.34
2011-8	147.44	2014-2	1 083.86	2016-8	233.48	2019-2	−311.37
2011-9	84.51	2014-3	0.56	2016-9	143.77	2019-3	474.46
2011-10	85.12	2014-4	155.14	2016-10	131.60	2019-4	320.71
2011-11	90.55	2014-5	109.31	2016-11	247.84	2019-5	146.43
2011-12	83.93	2014-6	161.97	2016-12	−30.38	2019-6	264.27
2012-1	−106.03	2014-7	226.12	2017-1	428.51	2019-7	128.00
2012-2	347.02	2014-8	120.10	2017-2	−602.56	2019-8	110.17
2012-3	114.10	2014-9	180.11	2017-3	561.89	2019-9	171.30
2012-4	207.04	2014-10	121.44	2017-4	129.75	2019-10	165.19
2012-5	277.90	2014-11	198.00	2017-5	153.94	2019-11	1 023.10
2012-6	190.52	2014-12	369.77	2017-6	200.08	2019-12	861.33
2012-7	123.00	2015-1	−1 623.00	2017-7	176.69	2020-1	−26 116.99
2012-8	150.88	2015-2	2 047.01	2017-8	119.08	2020-2	27 248.69
2012-9	139.69	2015-3	−202.17	2017-9	143.24	2020-3	−889.42
2012-10	122.83	2015-4	386.35	2017-10	139.77	2020-4	−1 388.27
2012-11	130.44	2015-5	249.58	2017-11	131.11	2020-5	68.06
2012-12	246.05	2015-6	77.67	2017-12	191.95	2020-6	68.67
2013-1	−85.00	2015-7	92.77	2018-1	394.44	2020-7	145.39
2013-2	939.91	2015-8	−75.82	2018-2	−205.91	2020-8	263.45
2013-3	−76.15	2015-9	147.20	2018-3	192.92	2020-9	26.76
2013-4	138.44	2015-10	198.16	2018-4	131.27	2020-10	153.89
2013-5	161.59	2015-11	122.86	2018-5	243.17	2020-11	849.54
2013-6	66.17	2015-12	138.94	2018-6	187.08	2020-12	676.73
2013-7	164.18	2016-1	−182.38	2018-7	118.70	2021-1	780.11
2013-8	166.96	2016-2	622.01	2018-8	155.74	2021-2	275.77
2013-9	239.78	2016-3	96.77	2018-9	182.87	2021-3	159.22
2013-10	19.35	2016-4	61.08	2018-10	88.55		

三、CAS-REF 指数的指导性

（一）CAS-REF 指数及解读

从图 3.2 CAS-REF 指数趋势图来看，我国房地产金融状况可以大致分成三个阶段，第一个阶段为 2007 年以前，第二个阶段为 2007~2011 年，第三个阶段为 2012 年至今。

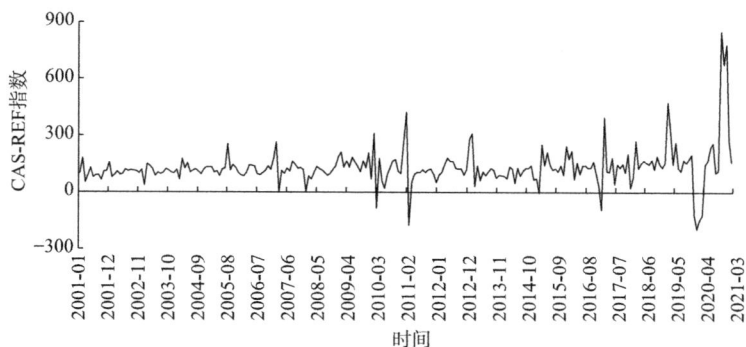

图 3.2　CAS-REF 指数趋势图

2007 年以前，整个房地产金融状况非常平稳，指数波动幅度很小，说明此阶段我国的房地产金融状况良好，房地产市场运行正常。2007~2011 年，此阶段 CAS-REF 指数的波动幅度较大。2007 年上半年的 CAS-REF 指数大幅下降，随后稍稍回温后又呈持续下降趋势，2009~2011 年，CAS-REF 指数呈现剧烈波动的状态，2011 年 3 月一度跌近 0，究其原因，主要是 2008 年是我国遭受由美国次贷危机引发的全球经济危机影响最严重的时期，房价大幅下跌，房地产企业面临前所未有的困境，购房者也因房价下跌而出现了还款违约行为，此时的房地产金融状况在不断恶化。之后在政府的经济刺激下，房地产金融状况也出现了好转的迹象。从 CAS-REF 指数来看，2011 年底回升到相对稳定较高的水平，虽然之后 CAS-REF 指数有一定幅度的波动，但还在相对较高的数值上，说明在全球经济危机影响过后，我国的房地产金融状况有了明显的好转。2012 年后，此阶段我国房地产金融状况相对比较平稳。但进入 2017 年以来，CAS-REF 指数又呈现波动状态，但波动幅度比第二阶段的幅度要小。究其原因，主要是在"去杠杆"的推动下，房地产业出现了一些融资难、融资贵的情况，但总体来讲，CAS-REF 指数仍然维持在较高的水平，且"去杠杆"有利于房地产业长期的平稳健康发展。2017 年以来，我国始终坚定去房地产泡沫的决心，强调房地产市场的平稳健康发展。为抑制房地产企业的粗放式扩张，房地产融资渠道全面收紧，房地产企业融资压力增加，同时 2019~2021 年是偿债高峰期，房企可能存在资金流断裂的风险。2020 年上半年受到疫情冲击，CAS-REF 指数大幅下降，随后在疫情防控的有力实施下呈回温趋势。具体如图 3.3 所示。

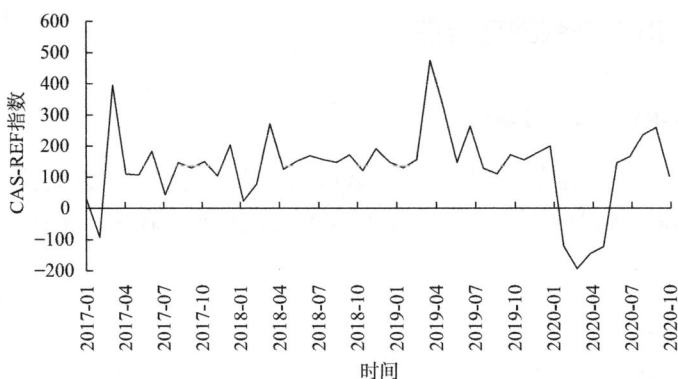

图 3.3　2017~2020 年 CAS-REF 指数趋势图

　　尽管预期未来房地产政策调控不放松，但建立在"稳房价、稳地价、稳预期"的基础上，未来我国房地产业将更加趋于稳定，CAS-REF 指数在长期内会呈现出平稳态势。我国房地产业正处于改革转型的关键期，需要克服过去近 20 年来过度扩张带来的惯性依赖，当前出现的房地产趋冷现象只是暂时性的。未来房地产业的高质量发展将取代高速度发展，房地产市场将更加趋于稳定、高效。

　　CAS-REF 指数对我国潜在的房地产金融风险也有一定的监测作用。CAS-REF 指数以月度数据为样本数据，对我国房地产金融状况的变化较为敏感。以 CAS-REF 指数历史期的标准差来衡量我国房地产金融市场面临的潜在风险。从图 3.4 可以看出，我国潜在的房地产金融风险呈现阶梯式上升趋势。2007 年之前我国房地产金融风险状况较为稳定，风险水平基本维持在 40 以下。2007 年开始的我国潜在的房地产金融风险上升趋势持续至 2009 年底。2010 年开始，尤其是在 2011 年，我国潜在的房地产金融风险跃升高位，并始终保持在较高的水平上。

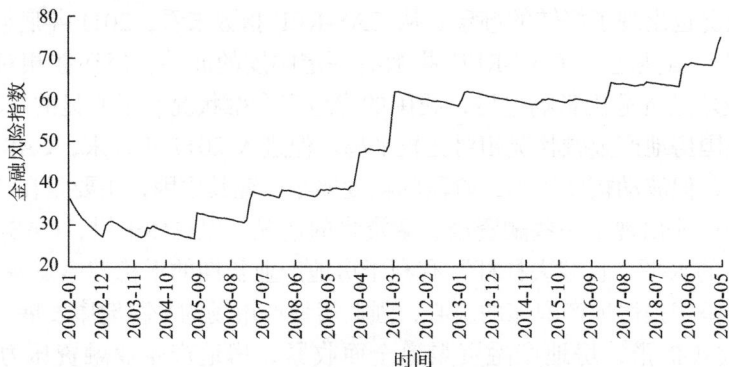

图 3.4　2002~2020 年我国潜在房地产金融风险趋势图

　　从图 3.5 可以看出，以 2017 年为节点，我国潜在的房地产金融风险显著上升，这主要是由 2017 年房地产政策由宽松到严监管造成的。十九大强调"房住不炒"，尽管面临国内外经济下行和中美贸易争端的双重压力，中央调控房地产市场的决心不变，虽然调控政策会在短期内导致房地产市场金融风险加大，但在长期内有利于降低房地产潜在金融风险。在"三道红线"重压下，房地产资金监管继续从严，2020 年初金融风险大幅上升，在 2020 下半年风险水平趋于平缓。

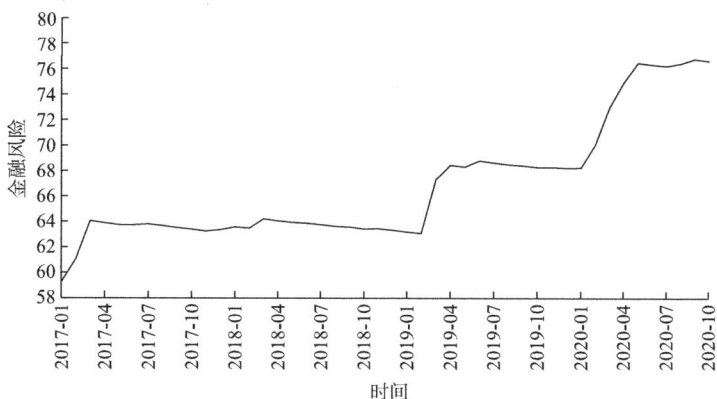

图 3.5 2017~2020 年我国潜在房地产金融风险趋势图

（二）CAS-REF 指数的功能

从前文构建 CAS-REF 指数的过程及解读来看，CAS-REF 指数有利于对我国房地产金融体系的整体运行状况进行科学、客观的评估。其主要具有三方面的功能：一是评估我国房地产金融体系运行状况；二是预测我国房地产金融市场走势；三是监测我国潜在的房地产金融风险。

1. 评估我国房地产金融体系运行状况

2001 年我国房地产金融市场相对稳定，CAS-REF 指数以 2001 年 2 月为基期（2001M2=100），通过比较报告期与基期数值的差距可以评估我国房地产金融体系在报告期内的运行状况。同时，通过观察报告期内 CAS-REF 指数的变化也有助于加强各界人士对我国房地产金融市场变化趋势的认识，政府亦可以通过该指数来评估房地产相关调控政策的实施效果，探析当前我国房地产金融市场面临的问题，并以此作为依据来颁布或调整相应房地产金融调控政策。

2. 预测我国房地产金融市场走势

CAS-REF 指数具有先行性，通过观察其走势，可以预测未来我国房地产金融体系的运行趋势。对于房地产开发商和购房者而言，准确预测我国房地产金融市场的运行趋势，有助于其较好地调整自己的经营策略和消费方式。目前，由于我国严厉的房地产宏观调控，房地产企业尤其是中小房地产企业面临巨大的资金压力，许多房地产中小企业纷纷倒闭。而对于购房者，其购房行为则受对房地产市场的非理性预期影响较大。我国房地产市场两大参与主体目前所面临的形势都不利于我国房地产市场的健康发展，而 CAS-REF 指数恰好可以为房地产开发商和购房者选择更合适的经营策略和消费方式提供参考，从而最终间接促进我国房地产市场的发展。

3. 监测我国潜在的房地产金融风险

CAS-REF 指数以月度数据为样本数据，其对我国房地产金融状况的变化较为敏感。中国科学院大学房地产研究中心采用 CAS-REF 指数历史期的标准差来衡量我国房地产金融市场面临的潜在风险。通过前文的分析，可以看出 CAS-REF 指数对我国潜在的房地产金融风险确实具有监测作用，通过观察 CAS-REF 指数历史期的标准差（反映我国潜在的房地产金融风险）趋势图，可以评估我国房地产金融风险变化的趋势及变化的程度。此外，结合 CAS-REF 指数历史期的标准差的趋势图，也可以在一定程度上对我国宏观调控政策的效果进行评估。

第四章 重点城市房地产市场运行情况

第一节 北京市 2020 年 1~11 月房地产市场分析

一、北京市经济形势概况

2020 年以来，面对新冠肺炎疫情带来的严峻考验和复杂多变的国内外环境，北京市在以习近平同志为核心的党中央坚强领导下，统筹推进疫情防控和经济社会发展各项工作，认真落实"六稳""六保"任务，经济回升向好势头进一步巩固。2020 年 1~11月，从主要宏观经济指标看，北京市经济运行呈现以下特点。

1. 经济持续回升向好

经过初步核算，前三季度全市实现地区生产总值 25 759.5 亿元，按可比价格计算，同比增长 0.1%。分产业看，第一产业实现增加值 72.5 亿元，下降 11.0%；第二产业实现增加值 3 917.2 亿元，与上年同期持平；第三产业实现增加值 21 769.8 亿元，增长 0.1%，经济运行逐步恢复平稳。

2. 消费价格涨幅继续回落，生产价格同比下降

2020 年 11 月，北京市居民消费价格总水平同比上涨 0.2%，环比下降 0.6%。其中，食品价格同比下降 1.4%，环比下降 2.1%，非食品价格同比上涨 0.5%，环比下降 0.4%；消费品价格同比持平，环比下降 0.7%，服务价格同比上涨 0.4%，环比下降 0.6%。1~11月，北京市居民消费价格总水平比上年同期上涨 1.9%。

2020 年 1~11 月，全市工业生产者出厂价格同比下降 0.9%，购进价格同比下降 0.7%。11 月，出厂价格同比下降 1.4%，环比上涨 0.1%；购进价格同比上涨 0.1%，环比上涨 0.1%。

3. 就业形势总体平稳，居民收入实际增速转正

2020 年 1~11 月，全市城镇居民人均可支配收入 30 016 元，同比增长 12.3%，增幅比 1~10 月提高 0.8 个百分点。全市农村居民人均现金收入 15 932 元，同比增长 13.8%，增幅比 1~10 月提高 0.8 个百分点。

4. 工业生产基本恢复，高端产业持续发力

2020 年 1~11 月，全市规模以上工业增加值按可比价格计算，同比增长 1.2%，增速比 1~10 月提高 1.1 个百分点。其中，高技术制造业增长 6.9%，战略性新兴产业增长

7.2%。重点行业中，计算机、通信和其他电子设备制造业增长 16.0%，汽车制造业增长 4.3%，电力、热力生产和供应业增长 4.0%，医药制造业增长 3.2%。

5. 市场消费持续回暖，网上零售增势良好

2020 年 1~11 月，全市市场总消费额同比下降 7.3%，降幅比 1~10 月收窄 1.7 个百分点。其中，服务性消费下降 5.2%，收窄 1.2 个百分点；实现社会消费品零售总额 12 284.6 亿元，下降 9.6%，收窄 2.3 个百分点。在社会消费品零售总额中，商品零售 11 516.8 亿元，下降 7.6%；餐饮收入 767.8 亿元，下降 31.9%。

网上零售保持快速增长，限额以上批发和零售业、住宿和餐饮业实现网上零售额 3 991.0 亿元，增长 30.3%。在"双 11"及促消费政策带动下，11 月社会消费品零售总额增速由负转正，同比增长 7.9%，分商品类别看，限额以上批发和零售业零售额中，通信器材类、金银珠宝类、饮料类零售额分别增长 1.2 倍、57.8% 和 48.1%；汽车类零售额增长 10.5%，其中新能源汽车增长 1.4 倍。

6. 着力"六稳""六保"，夯实经济基本盘

自疫情发生以来，北京市在抓好疫情防控的同时，扎实做好"六稳"工作，全面落实"六保"任务，出台了一系列政策措施，取得了积极成效，稳住了经济基本盘，兜住了民生底线。

一是稳就业促增收，基本民生有保障。前三季度全市城镇调查失业率降幅明显，居民消费价格涨幅回落，居民收入实际增速转正。

二是稳企业稳预期，市场活力有增强。复工复产、复商复市有序推进，企业盈利状况有所改善。1~11 月，全市规模以上工业企业实现营业收入 20 625 亿元，比上年同期增长 1.8%；实现利润总额 1 564.6 亿元，比上年同期增长 3%。分行业看，在 39 个工业行业大类中，20 个行业利润同比增长。

三是稳投资稳金融，经济复苏有支撑。全市固定资产投资连续两个月保持增长，其中高技术制造业投资增速达 1.3 倍，高技术服务业投资增长 22.3%，教育、卫生等民生领域投资增势较好。金融业加大服务实体经济力度，8 月末，全市金融机构人民币存贷款余额增长 9%，其中贷款余额增长 9.9%。

7. 培育壮大新动能，释放发展新潜力

疫情中高端产业率先恢复并发挥引领作用，创新是北京高质量发展的第一驱动力，新业态新模式显现活力，"五新"政策的出台与实施为新兴动能持续释放创造了更坚实的基础。

研发创新表现活跃，企业技术收入快速增长。数字经济、互联网相关产业研发投入大幅增加。2020 年 1~11 月，全市大中型重点企业研究开发费用合计 12 193.5 亿元，同比增长 14.7%；期末有效发明专利 13.3 万件，同比增长 22.7%。分行业看，工业企业研究开发费用 344 亿元，同比增长 7.2%；信息传输、软件和信息技术服务业 1 603.7 亿元，同比增长 18.5%；科学研究和技术服务业 245.7 亿元，同比增长 3.1%。

总体来看，2020 年以来，全市科学统筹疫情防控和经济社会发展，主要领域持续恢复向好，经济由降转增。下阶段，要坚决贯彻落实党中央、国务院和市委、市政府决策部署，在做好常态化疫情防控的同时，扎实做好"六稳"工作，全面落实"六保"任务，培育壮大新兴动能，继续巩固经济回升向好势头，努力推动首都高质量发展。

二、北京市房地产市场概况

1. 房地产开发投资情况

2020 年 1~11 月，全市房地产开发企业到位资金为 4 953.1 亿元，同比增长 1.2%（图4.1）。

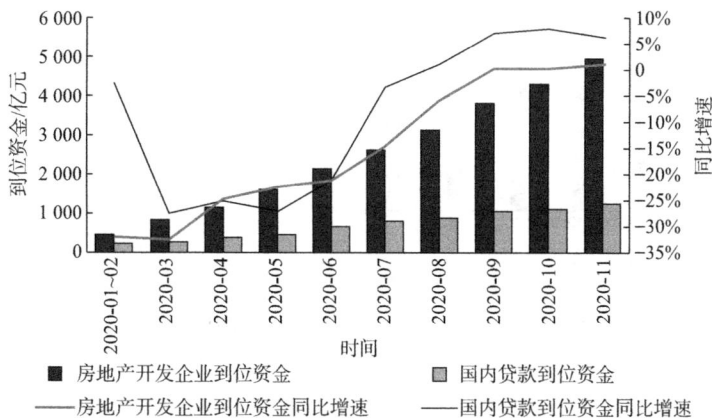

图 4.1　北京市 2020 年 1~11 月房地产开发企业到位资金及同比增速
资料来源：北京市统计局

2020 年 11 月，北京市房地产累计开发投资额达到 3 617.33 亿元（图4.2）。其中，2~4 月较上年同期降幅逐渐收窄，5 月以后涨幅稳步上升至 6%上下，截至 11 月，较上年同期累计实现小幅的 3.6%的增长。

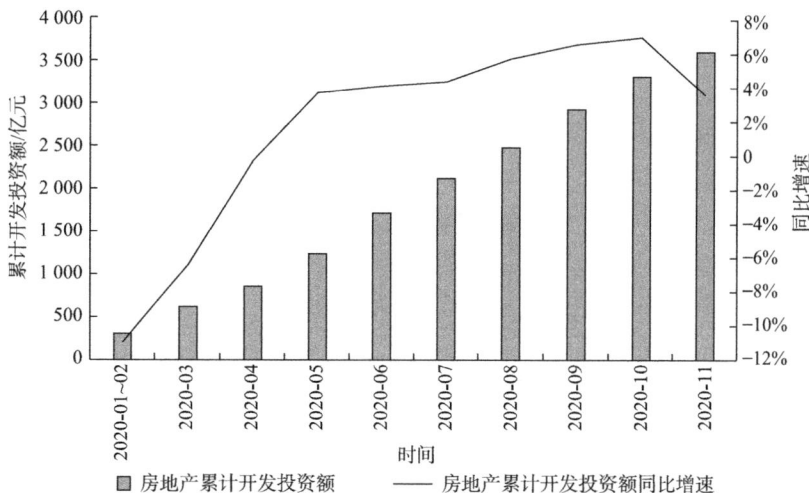

图 4.2　北京市 2020 年 1~11 月房地产累计开发投资额及同比增速
资料来源：北京市统计局

2. 房地产开发建设情况

截至 2020 年 11 月，2020 年全市商品房累计施工面积达到 13 633.6 万平方米（图 4.3）。1~8 月较上年同期保持小幅增长，9 月、10 月开始下降；其中住宅累计施工面积达到 5 507 万平方米，较上年同期下降 0.6%，商品房累计施工面积较上年同期下降 2.2%。

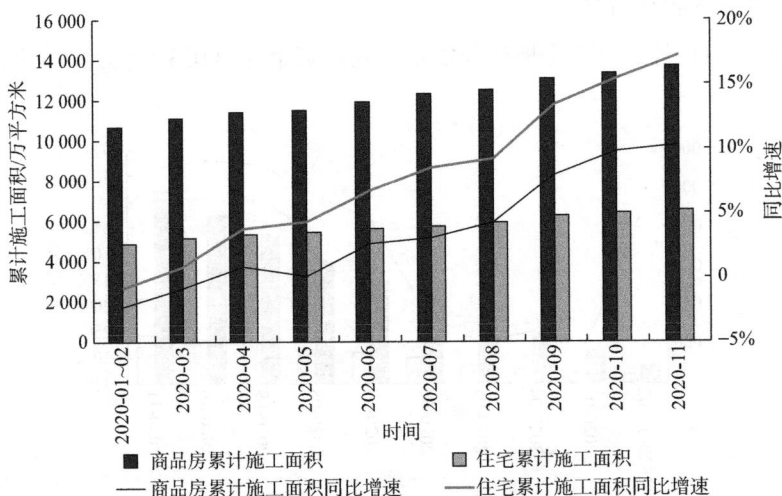

图 4.3　北京市 2020 年 1~11 月商品房累计施工面积及同比增速

资料来源：北京市统计局

从住宅竣工情况上来看，2020 年 2 月以来与 2018 年同期相比均有所下降且降幅较大（图 4.4）。3 月降幅达到-54.0%，之后降幅波动不断收窄，截至 11 月，累计降幅稳定在-6.8%水平。

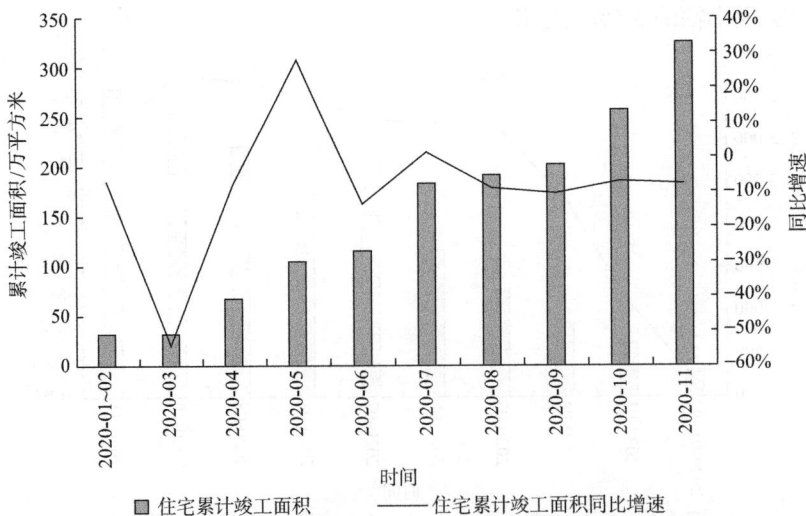

图 4.4　北京市 2020 年 1~11 月住宅累计竣工面积及同比增速

资料来源：北京市统计局

3. 商品房销售情况

2020 年 1~11 月，全市商品房累计销售面积为 760.3 万平方米，同比增长 4.2%（图 4.5）。其中，住宅累计销售面积为 597.7 万平方米，同比下降 2.2%；办公楼为 32.3 万平方米，同比下降 14.8%；商业营业用房为 50.7 万平方米，同比增长 87.1%。

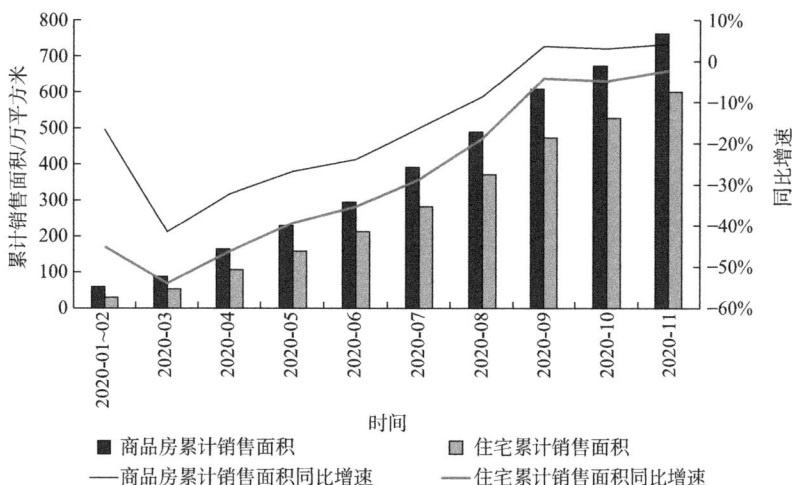

图 4.5　北京市 2020 年 1~11 月商品房累计销售面积及同比增速

资料来源：北京市统计局

2020 年 1~11 月，全市商品房累计待售面积达到 2 456.6 万平方米，涨幅从 1 月的 13.8% 逐渐稳定收窄至 11 月末的 4.1%（图 4.6）。其中住宅累计待售面积达 890.7 万平方米，同比增幅也从 2 月的 9.2% 经历小幅上扬后稳定收窄到 4.9%。

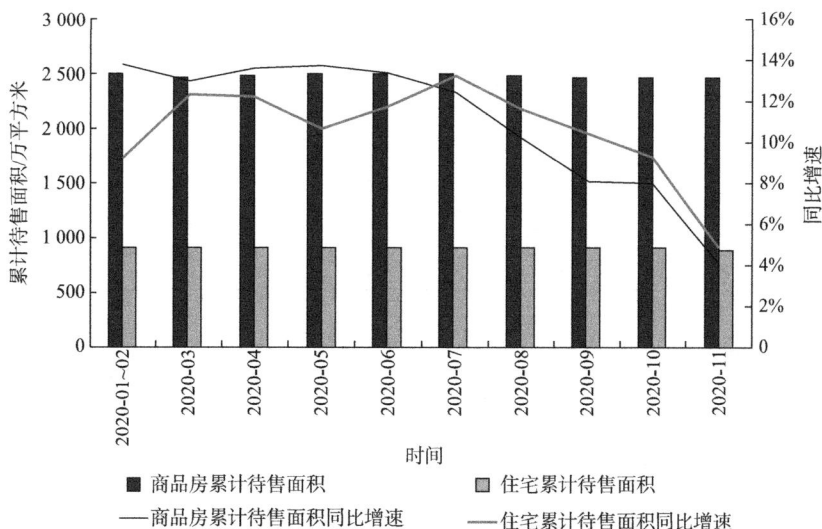

图 4.6　北京市 2020 年 1~11 月商品房累计待售面积及同比增速

资料来源：北京市统计局

4. 商品房交易价格

2020 年 1~11 月北京市新建商品住宅价格在年内环比基本没有波动，同比价格从 1 月末的 4.1%逐步小幅回调至 11 月末的 2.4%（图 4.7）。二手商品住宅价格同比变化从 2 月的-0.4%逐步增长至 11 月的 6.4%，环比变化稳定在 0.5%上下，二手房住宅价格总体走高（图 4.8）。

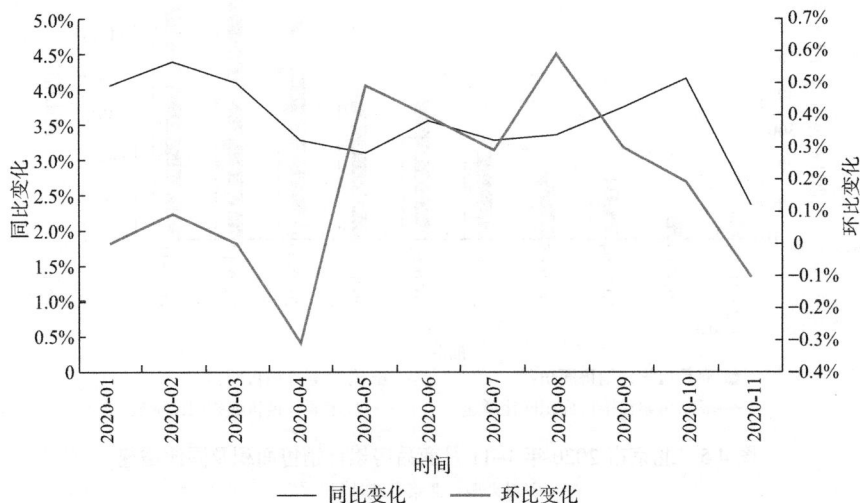

图 4.7 北京市 2020 年 1~11 月新建商品住宅价格指数

资料来源：北京市统计局

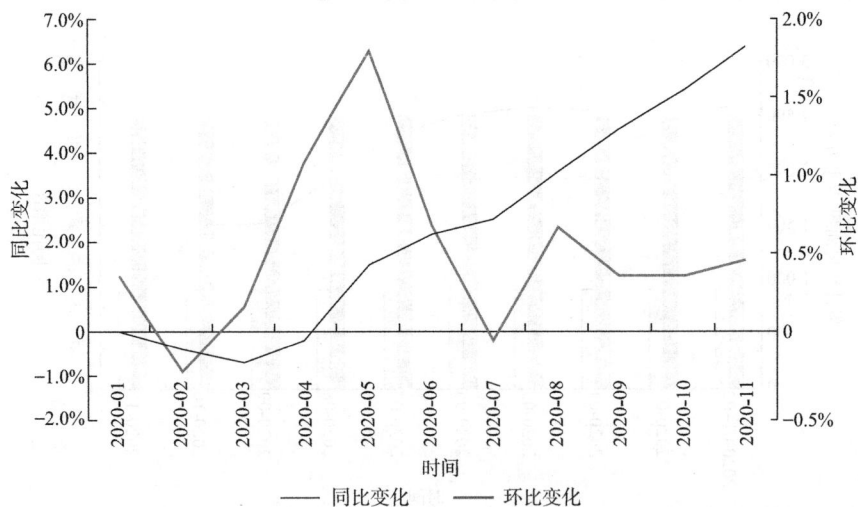

图 4.8 北京市 2020 年 1~11 月二手商品住宅价格指数

资料来源：北京市统计局

三、政策建议

2020 年以来，在坚持"房住不炒"的背景下，虽然经济面临较大的下行压力，但仍然坚持不以放松房地产市场调控为刺激经济手段。未来，北京市应进一步完善住房保障政策体系，健全保障房建设标准体系，统筹推进政策性租赁住房建设，提升保障房运营管理水平，多方式、多渠道满足居民住房需求。

1. 进一步提高政策性住房建设管理水平

继续完善住房保障政策体系。坚持公租房、共有产权住房、市场租房补贴并举；努力满足在京就业创业人才、城市运行保障人员租赁需求，促进职住平衡，精准保障城镇中低收入住房困难家庭、新市民、各类人才的住房需求。

健全保障房建设标准体系，修订《公共租赁住房建设与评价标准》《北京市共有产权住房规划设计宜居建设导则》，进一步提升公租房和共有产权住房智慧化管理水平和宜居水平，实现租赁住房建设标准化、规范化。

统筹推进政策性租赁住房建设，提升保障房运营管理水平。多渠道、多方式建设筹集政策性租赁住房，加快建立依托属地、部门联动、多方参与的公租房小区社会化服务管理体制机制，提升租户参与服务管理的主动性和积极性，提升保障性住房的运营管理和服务水平。

2. 持续推进房地产市场平稳健康发展

坚持"房住不炒"定位，落实城市主体责任，坚持房地产调控目标不动摇、力度不放松，持续规范和发展租赁市场，继续完善租购并举的住房制度，更好地解决群众住房问题，提高行业监管服务水平，营造依法合规经营、竞争有序的行业发展环境，推进房地产市场平稳健康发展。

3. 有效提升存量房屋居住品质

随着首都城市建设存量越来越大，存量改造、城市更新、社区治理逐渐成为城市发展的重要趋势。下一步，将继续做好老旧小区综合整治、老城整体保护、棚户区改造、物业管理水平提升、房屋安全使用监管等重点工作，持续改善群众的居住环境。

第二节 上海市 2020 年 1~11 月房地产市场分析

一、上海市经济形势概况

2020 年以来，面对新冠肺炎疫情带来的严峻考验和复杂多变的国内外环境，上海市认真贯彻落实党中央、国务院的决策部署，科学统筹疫情防控和经济社会发展，扎实做好"六稳"工作，全面落实"六保"任务，复工复产复商复市加快推进。经济增长在疫情冲击中体现韧性，经济社会运行秩序全面加快恢复。

上海市的经济运行主要呈现以下特点。

1. 经济稳步复苏，第三产业部分行业形成有力支撑

随着新冠肺炎疫情逐步进入持久性、常态化防控阶段，上海市经济稳步复苏。根据地区生产总值初步统一核算结果，2020 年前三季度，上海市实现地区生产总值27 301.99亿元，比上年同期下降0.3%，降幅比前两季度收窄2.3个百分点、比第一季度收窄6.4个百分点。其中，第一产业增加值55.03亿元，同比下降0.3%，降幅比前两季度收窄16.6个百分点；第二产业增加值7 009.63亿元，同比下降2.9%，降幅比前两季度收窄5.3个百分点；第三产业增加值20 237.33亿元，同比增长0.7%。第三产业增加值占全市生产总值的比重为74.1%，比2019年同期提高1.9个百分点。

2020 年前三季度，上海市第三产业实现逆势增长，比重继续提高，部分行业形成有力支撑。其中信息传输、软件和信息技术服务业增加值为1 983.68亿元，同比增长15.1%；金融业增加值为5 361.34亿元，同比增长7.9%。同时受疫情影响较大的行业也在稳步复苏。其中工业增加值为6 592.91亿元，比2019年同比下降2.8%，降幅较上半年收窄5.4个百分点；批发和零售业增加值为3 400.87亿元，同比下降6.9%，降幅较上半年收窄2.5个百分点，较第一季度收窄12.6个百分点；交通运输、仓储和邮政业增加值为1 035.28亿元，同比下降11.1%，降幅较上半年收窄2.9个百分点；房地产业增加值为2 348.50亿元，同比下降0.3%，降幅较上半年收窄0.5个百分点，较一季度收窄10个百分点。

2. 固定资产投资加快回升，工业投资保持较快增长

2020 年1~11月，全市固定资产投资比上年同期增长10.7%，从主要领域看，工业投资同比增长15.2%，与上年相比，增长幅度进一步加大；房地产开发投资同比增长10.3%，城市基础设施投资同比增长3.3%。从产业看，第二产业投资同比增长15.8%，第三产业同比增长9.5%。

3. 市场销售逐步回暖，改善性消费品零售较快增长

2020 年1~11月，全市实现社会消费品零售总额14 234.97亿元，比上年同期下降0.7%，降幅较上半年收窄10.5个百分点。分行业看，1~11月批发和零售业实现零售总额13 182.19亿元，比上年同期增长1.3%；住宿和餐饮业实现零售额1 052.78元，比上年同期下降21.0%，降幅较上半年收窄13.9个百分点。分商品类别看，1~11月吃、穿、用、烧的商品零售额分别为3 064.93亿元、3 317.42亿元、7 440.02亿元、412.60亿元，分别占社会消费品零售总额的21.5%、23.3%、52.3%、2.9%。其中，吃、穿、烧的商品零售额分别同比下降4.2%、2.5%、20.9%，用的商品零售额同比增长3.0%。

在生活必需品类零售额稳定恢复的同时，改善性消费品类商品零售额实现较快增长。前三季度全市化妆品类零售额比上年同期增长19.5%，金银珠宝类增长18%。线上消费增势较好。前三季度，全市网上商店零售额1 793.42亿元，比上年同期增长4.7%，占社会消费品零售总额的比重为16.2%，同比提高2.5个百分点。

4. 货物进出口实现增长，实到外资持续增长

2020 年 1~11 月，全市实现外贸进出口总额 31 508.53 亿元，比 2019 年同期增长 2.2%。其中，出口总额 12 460.69 亿元，比 2019 年同期增长 0.5%，进口总额 19 047.84 亿元，同比增长 3.4%。

从经营主体看，2020 年 1~11 月，全市国有企业出口总额 1 461.28 亿元，比 2019 年同期增长 4.4%，进口总额 2 135.51 亿元，同比下降 22.3%；私营企业出口总额 3 360.67 亿元，同比增长 7.1%，进口总额 4 007.42 亿元，同比增长 15.2%；外商投资企业出口总额 7 512.20 亿元，同比下降 2.7%，进口总额 12 850.56 亿元，同比增长 6.8%。

从贸易方式看，2020 年 1~11 月，全市一般贸易出口总额 5 798.80 亿元，与 2019 年同期持平，进口总额 11 090.60 亿元，同比增长 7.0%；加工贸易出口总额 4 265.95 亿元，同比下降 1.2%，进口总额 2 139.04 亿元，同比增长 4.9%。

从主要贸易产品看，2020 年 1~11 月，全市机电产品出口总额 8 577.98 亿元，比 2019 年同期增长 0.5%，进口总额 9 392.85 亿元，同比增长 7.2%；高新技术产品出口总额 5 258.12 亿元，同比增长 3.2%，进口总额 6 249.91 亿元，同比增长 10.2%。

从主要出口市场看，2020 年 1~11 月，全市对欧盟出口总额 1 856.10 亿元，比 2019 年同期增长 0.5%；对美国出口总额 2 741.23 亿元，同比增长 7.9%；对日本出口总额 1 147.67 亿元，同比下降 7.8%；对中国香港出口总额 1 263.74 亿元，与上年同期持平。

2020 年 1~11 月，全市外商直接投资实际到位金额为 190.35 亿元，比 2019 年同期增长 6.8%。其中第三产业实到外资 179.33 亿美元，同比增长 11.2%，占比仍然是三次产业中最高，达到 94.2%。其中，科学研究和技术服务业，信息传输、软件和信息技术服务业以及批发和零售业实到金额分别为 21.83 亿美元、34.12 亿美元和 24.01 亿美元，分别增长 82.6%、23.1% 和 21.3%。

5. 工业生产逐步复苏，新能源汽车大幅提升

2020 年 1~11 月，全市规模以上工业总产值为 33 034.98 亿元，实现正增长，比 2019 年同期增长 0.4%，同时，2020 年 11 月单月总产值比上年同月增长 7.6%。分行业看，六个重点行业工业总产值为 21 247.96 亿元，同比增长 2.9%。其中，电子信息产品制造业同比增长 5.4%；汽车制造业较上年有了较大的回升，同比增长 6.3%；石油化工及精细化工制造业同比增长 0.3%；精品钢材制造业同比下降 5.8%；成套设备制造业同比下降 0.6%；生物医药制造业同比增长 2.5%。规模以上工业出口交货值为 6 843.58 亿元，同比下降 0.4%。其中，新能源汽车产量同比增长 2.0 倍。

2020 年 1~11 月，全市规模以上工业企业主营业务收入达 34 866.58 亿元，比上年同期减少 2.4%；实现利润总额 2 611.89 亿元，同比减少 2.7%。

6. 金融市场增势良好，财政收支降幅收窄

前三季度，全市金融市场成交额 1 726.57 万亿元，比上年同期增长 18.6%，增速比上半年提高 5.2 个百分点。其中，上海证券交易所股票成交额增长 46.9%；中国金融期货交易所和上海期货交易所成交额分别增长 73.7% 和 24.8%；上海黄金交易所成交额增长 59.1%。9 月末，全市中外资金融机构本外币存款余额 15.00 万亿元，比 2019 年同期增长 16.5%；中外资金融机构本外币贷款余额 8.35 万亿元，同比增长 6.1%。

前三季度，全市地方一般公共预算收入 5 613.57 亿元，比上年同期下降 5.9%，降幅比上半年收窄 6.3 个百分点。其中，增值税下降 21.4%，企业所得税下降 8.6%，个人所得税增长 8.3%，契税增长 12.5%。前三季度，全市地方一般公共预算支出 5 304.01 亿元，比上年同期下降 7.5%，降幅比上半年收窄 4.5 个百分点。

7. 就业形势总体稳定，居民收入增势平稳

随着一系列稳就业政策措施的实施，全市就业市场基本保持稳定。三季度，全市城镇调查失业率为 4.4%，与二季度持平。前三季度，全市新增就业岗位 44.37 万个。截至 9 月底，全市城镇登记失业人数 13.91 万人。

前三季度，全市居民人均可支配收入 54 126 元，比上年同期增长 3.5%。分城乡看，城镇常住居民人均可支配收入 56 994 元，增长 3.3%；农村常住居民人均可支配收入 28 738 元，增长 4.5%。

8. 居民消费价格涨幅回落，工业生产者价格降幅趋稳

2020 年 1~11 月，全市居民消费价格总水平比 2019 年同期上升 1.9%，涨幅较上半年回落 0.8 个百分点。从两大分类看，消费品价格同比上涨 2.9%，服务价格同比上涨 0.6%。从八大类别看，食品烟酒类价格同比上升 5.8%，衣着类价格同比上升 0.9%，居住类价格同比上升 0.9%，生活用品及服务类价格同比下降 0.2%，交通和通信类价格同比下降 3.5%，教育文化和娱乐类价格同比上升 1.1%，医疗保健类价格同比上升 1.4%，其他用品和服务类价格同比上升 2.8%。

2020 年 1~11 月，全市工业生产者出厂价格同比下降 1.7%，降幅较上半年扩大 0.1 个百分点；工业生产者购进价格同比下降 3.1%，降幅较上半年扩大 0.2 个百分点。

总体来看，上海市统筹推进疫情防控和经济社会发展成效显著，经济运行呈现逐季回升、向上向好态势，经济运行中积极因素持续增多。但由于全球疫情和国际经济形势更趋严峻复杂，不确定性因素和潜在性风险仍较多，上海市经济稳定回升基础仍需加力巩固。下阶段仍需继续采取有力措施，狠抓各项政策举措落地见效，全力以赴稳定经济增长，持续巩固经济回升向好势头，努力建设国内大循环的中心节点和国内国际双循环的战略链接，奋力夺取疫情防控和经济社会发展双胜利。

二、上海市房地产市场概况

1. 房地产开发投资情况

在疫情暴发初期，上海市房地产开发投资受到很大的影响。2020 年一季度全市房地产累计开发投资额比 2019 年同期下降 2.9%，其中住宅累计开发投资额同比下降 11.5%。随着统筹疫情防控和经济社会发展工作发展工作稳步推进，上海市房地产开发投资保持恢复态势。1~11 月上海市房地产累计开发投资额达 4 135.69 亿元，比 2019 年同期增长 10.3%。从不同房屋类型看，住宅投资仍然是房地产开发投资的主体，占房地产开发投资的 51.5%，较前三季度上升了 0.8 个百分点；办公楼投资占房地产开发投资

的 17.4%，较前三季度下降了 0.4 个百分点；商业营业用房投资占房地产开发投资的 11.9%，较前三季度上升了 0.1 个百分点。

图 4.9 中，2020 年 1~11 月上海市房地产累计开发投资额同比增速在 4 月由负转正，并在 4~8 月实现了大幅增长，8 月后增幅放缓。其中住宅累计开发投资额同比增速与房地产累计开发投资额的增速趋势相同，8 月同比增速由负转正，达到 2.2% 后，9 月的同比增速降至 0.1%，在 10 月增速恢复至 2.2%，并在 11 月增速达到 2.9%。整体上看，房地产累计开发投资额的同比增速较快，住宅累计开发投资额的同比增速较为平稳，大幅落后于房地产累计开发投资额的增速。

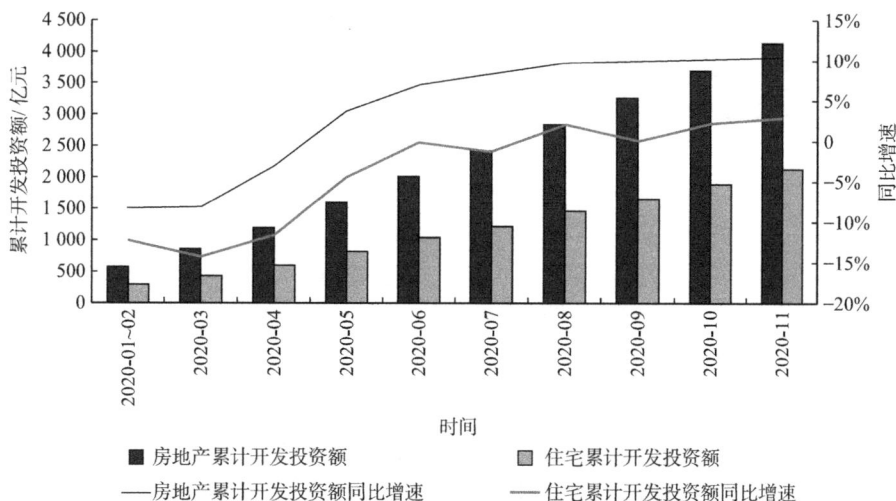

图 4.9　上海市 2020 年 1~11 月房地产累计开发投资额及同比增速

资料来源：上海市统计局、国家统计局

从图 4.10 来看，住宅投资额一直在房地产开发投资额中占主导地位，但在 2020 年其同比增速大幅落后于房地产开发投资额的同比增速。同时住宅类投资额占比较 2019 年同期下降 3.8%。说明住宅类开发依旧是房地产投资者最为关注的板块，但是关注度有所下降。

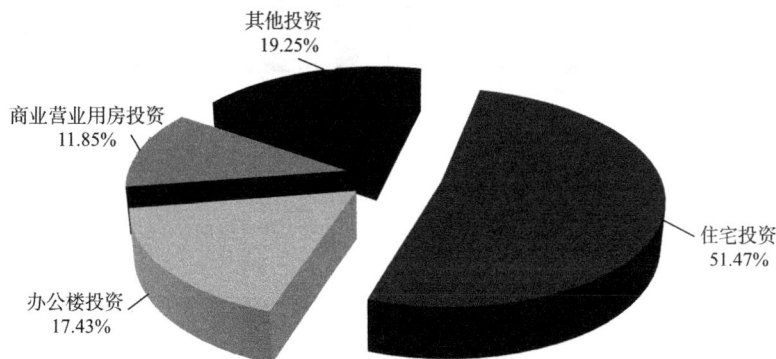

图 4.10　上海市 2020 年 1~11 月房地产开发各类投资占比

资料来源：国家统计局

2. 房地产开发建设情况

2020 年 1~11 月，上海市商品房累计施工面积为 15 308.78 万平方米，同比上升 5.4%。其中，住宅累计施工面积为 7 601.88 万平方米，同比上升 4.0%，具体如图 4.11 所示。

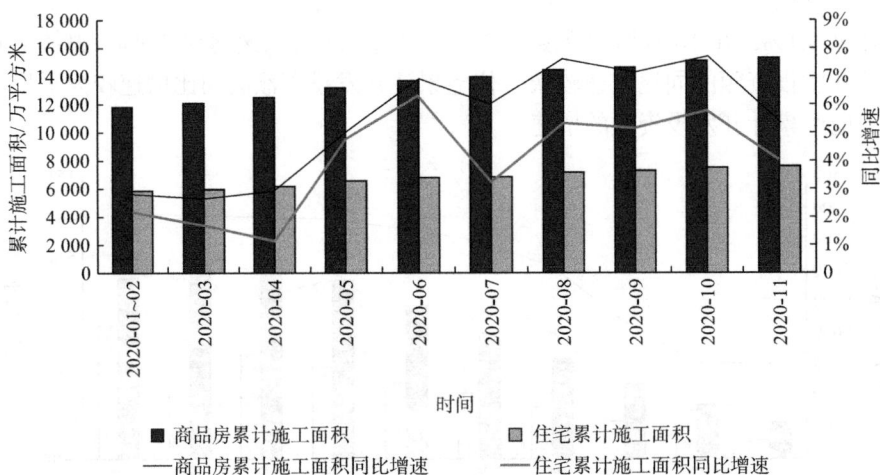

图 4.11　上海市 2020 年 1~11 月商品房累计施工面积及同比增速
资料来源：上海市统计局

2020 年 1~11 月，上海市商品房累计新开工面积为 3 060.50 万平方米，同比增长 7.6%，增幅有较大回落。其中住宅累计新开工面积为 1 635.48 万平方米，同比增长 11.3%，如图 4.12 所示。

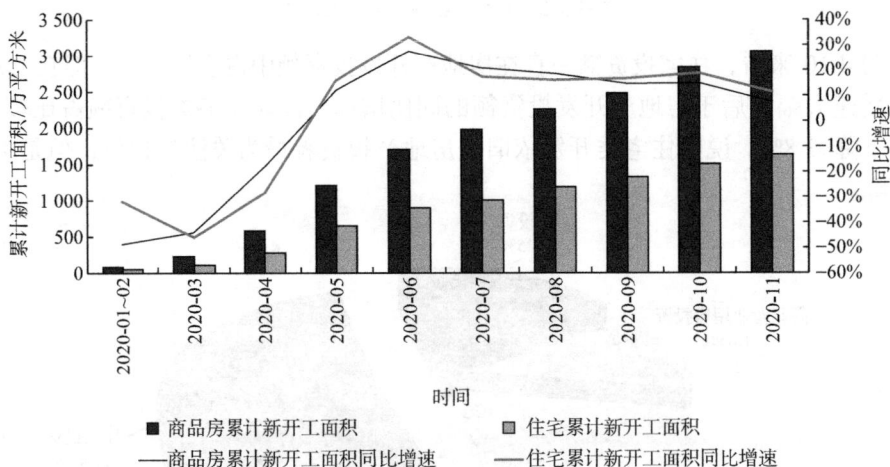

图 4.12　上海市 2020 年 1~11 月商品房累计新开工面积及同比增速
资料来源：上海市统计局

2020 年 1~11 月，上海市商品房累计竣工面积为 2 191.18 万平方米，同比增长 3.2%，增幅同样有较大回落。其中住宅累计竣工面积为 1 229.48 万平方米，同比增长

7.3%，如图 4.13 所示。

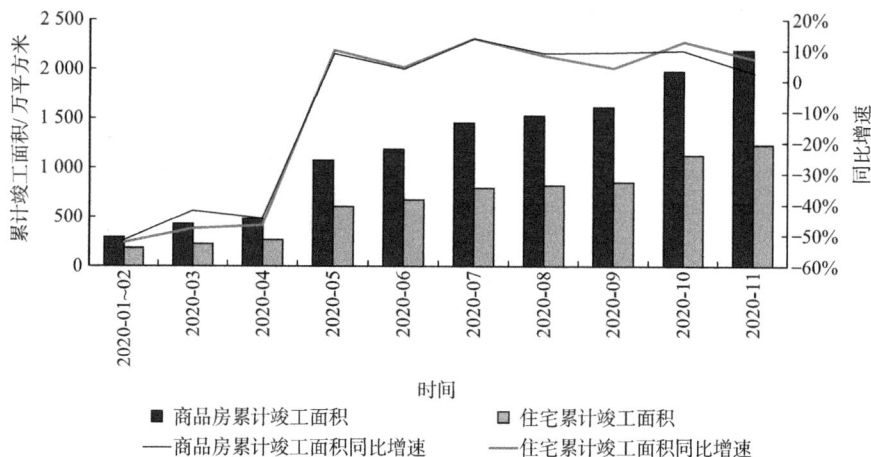

图 4.13　上海市 2020 年 1~11 月商品房累计竣工面积及同比增速
资料来源：上海市统计局

总体来看，4 月前后商品房施工、新开工和竣工面积的增速均开始由负转正，并大幅提升。商品房建设情况随着新冠肺炎疫情得到控制而呈现高速增长的状态，在 11 月有较大回落，有望保持较为稳定的增长趋势。

3. 商品房销售情况

2020 年 1~11 月，上海市商品房前十个月的累计销售面积情况不及 2019 年同期，但降幅在不断收窄，并在 11 月实现正的同比增长。如图 4.14 所示，1~11 月全市商品房累计销售面积为 1 515.41 万平方米，同比增长 1.0%。其中，住宅累计销售面积为 1 255.39 万平方米，同比增长 4.0%。

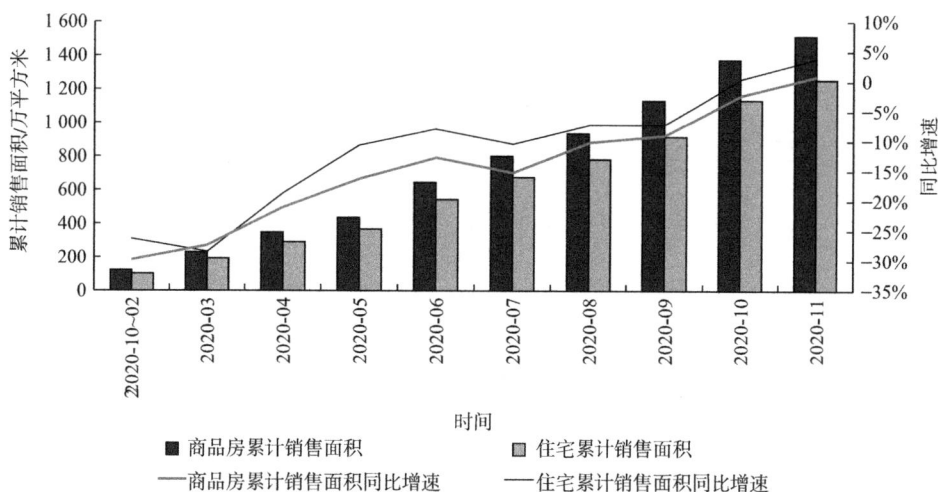

图 4.14　上海市 2020 年 1~11 月商品房累计销售面积及同比增速
资料来源：上海市统计局

2020 年 1~11 月，上海市商品房累计销售额为 5 401.08 亿元，同比增长 15.5%。其中，住宅累计销售额为 4 798.93 亿元，同比增长 18.8%，如图 4.15 所示。

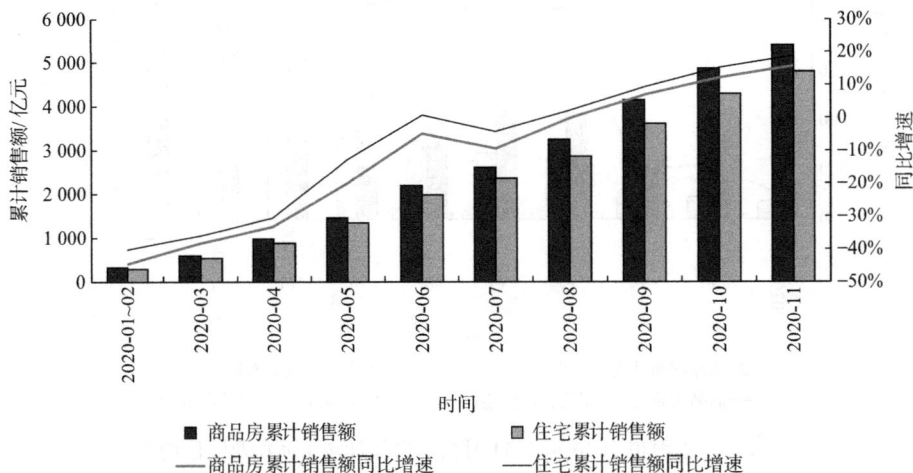

图 4.15 上海市 2020 年 1~11 月商品房累计销售额及同比增速
资料来源：国家统计局

4. 商品房交易价格

如图 4.16 所示，2020 年 1~11 月上海市新建商品住宅价格指数和二手住宅价格指数均呈现上升趋势，且新建商品住宅价格指数上涨幅度比二手住宅价格指数更大。

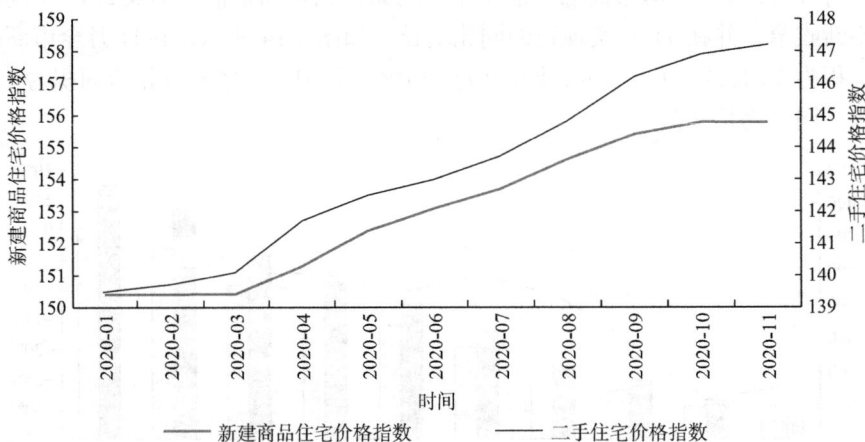

图 4.16 上海市 2020 年 1~11 月新建商品住宅与二手住宅价格指数
资料来源：国家统计局

三、政策建议

2020 年上海市新建商品住宅与二手住宅价格指数都在不断走高。在疫情的影响下，2020 年房地产销售面积比 2019 年同期增速要小，但是 2020 年房地产价格涨幅却超过 2019 年。政府要推行合理的政策控制房价，切实解决老百姓的住房问题。

1. 控制商品住宅价格，坚持"房住不炒"

坚决贯彻落实国家和上海市各项房地产市场调控政策措施，切实将房价控制在合理水平，解决房地产市场房价收入比问题以及供需失衡问题。

从短期管控角度看，要坚持"房子是用来住的、不是用来炒的"定位，继续打击各类投机、炒房需求。防止出现 2020 年在深圳出现的类似"代持购房""集资打新"等炒作现象。

在 2020 年，住宅类投资占比相比 2019 年有所下降。从长期发展看，不仅应对需求端采取限制政策，也应在供应端发力，如增加住宅用地的供应、建设人才房等。希望上海市政府在土地供应方面继续加大力度，特别是加大纯住宅用地的释放。

2. 完善住房保障体系

进一步完善廉租住房、经济适用住房、公共租赁住房和动迁安置房"四位一体"的住房保障体系，放宽政策准入标准，逐步扩大政策受益面，实现"应保尽保"。

3. 完善住房租赁市场

上海市政府应注意逐步完善租赁市场，逐步消除"租购歧视"现象的存在，提升"租房"获得社会福利的优先级。政府应加快租赁市场赋权的细则落地，刺激租赁市场的发展，使市民真正可以将租赁作为一种长期住房选择，从而使租赁市场可以更有效地协助解决居民的住房问题。

同时，政府应加强租赁市场的监管力度，整顿租赁市场秩序，规范租赁市场行为，合理调控租金水平，使得租金维持在一个稳定、合理的区间。消除房屋租赁过程中的纠纷事件，切实维护房东与租房者的权益。

第三节　广州市 2020 年 1~11 月房地产市场分析

一、广州市经济形势概况

2020 年以来，面对新冠肺炎疫情影响下复杂严峻的国内外经济形势，广州市深入贯彻习近平总书记视察广东重要讲话和重要指示批示精神，着力做好"六稳"工作、落实"六保"任务，统筹推进疫情防控和经济社会发展。2020 年 1~11 月，全市经济回升的势头稳步向好，生产端持续回暖，需求端继续改善，各项主要经济指标继续保持不断恢复态势，大型工业企业总产值累计增速首次迎来转正，营利性服务业营业收入持续增长，工业品出厂价格、购进价格再次双双企稳。

根据广州市统计局最新数据，前三季度全市实现地区生产总值 17 475.86 亿元，同比增长 1.0%。其中第一产业增加值 182.10 亿元，同比增长 7.2%；第二产业增加值 4 704.39 亿元，同比增长 0.7%；第三产业增加值 12 589.37 亿元，同比增长 1.0%。从当季情况看，第三季度广州地区生产总值加快恢复，同比增长 7.9%，比第二季度提高 7.0 个百分点，经济恢复的动力足、韧性强。当季三次产业全面提速，其中第一产业增长 11.5%，第二产业增长 15.3%，第三产业增长 4.4%，分别比第二季度提高 5.3 个、13.6 个和 4.0 个百分点。工业生产稳中有升，消费需求持续回暖，固定资产投资较快增长，财政收支运行平稳，物价涨幅有所回落。

广州市经济运行主要呈现以下特点。

1. 农业增速创新高，重点农产品增势良好

近两年，随着现代农业技术的推广应用，蔬菜、水果品种结构不断优化，智能化生猪养殖等新的增长点不断涌现。前三季度，全市完成农林牧渔业总产值331.53亿元，同比增长 6.6%，比上半年提高 2.3 个百分点，为近十八年来最高增速。重点农产品产量增势较好。蔬菜产量272.14万吨，同比增长 3.7%；园林水果产量增长 22.4%。畜牧业产量加快恢复，其中生猪出栏头数23.6万头，同比下降 15.7%，降幅比上半年收窄 20.5 个百分点。渔业继续向好，水产品产量30.42万吨，同比增长 6.3%。

2. 工业生产稳步提升，大型企业总产值累计增速年内首次转正

2020 年 1~11 月，全市规模以上工业总产值 17 741.35 亿元、增加值 4 062.17 亿元，同比分别增长 2.0%和 1.4%，累计增速在 1~10 月由负转正的基础上继续提升，比 1~10 月均提升 1.0 个百分点。三大支柱产业持续发力，合计实现总产值增长 2.5%，比 1~10 月提升 1.1 个百分点。其中汽车制造业、电子产品制造业和石油化工制造业总产值同比分别增长2.8%、1.5%和3.2%，增速自 1~10 月以来保持全面正增长，大型工业企业总产值累计增速 2020 年以来首次止跌回稳，同比增长 0.9%。主要产品产量增势良好，其中医疗防护和生活所需物资增长较快，1~11 月，口罩、医用口罩产量分别增长9.7倍和7.4倍，医疗仪器设备及器械产量增长 12.6%，营养保健食品产量增长 38.1%。部分高新技术产品增势向好，集成电路、新能源汽车在政策利好带动下加快产出，产量分别增长45.0%和 25.6%；服务器、智能手机、锂电子电池、显示器、电子计算机整机产量分别增长 2.1 倍、89.6%、34.6%、19.6%和17.8%。

3. 规模以上服务业加快恢复，营利性服务业保持增长态势

2020 年 1~10 月（错月数据），全市规模以上服务业实现营业收入同比下降 3.5%，降幅比 1~9 月收窄 0.8 个百分点。营利性服务业保持增长态势，实现营业收入同比增长 1.1%，比 1~9 月提高 0.8 个百分点。其中，互联网、软件和信息技术服务业同比增长 14.0%，自 4 月以来呈两位数快速增长态势，比 1~9 月提高 0.4 个百分点。科学研究和技术服务业同比增长 7.1%，比 1~9 月提高 0.8 个百分点。租赁和商务服务业、文化体育和娱乐业同比分别下降 11.9%和35.7%，降幅比 1~9 月分别收窄 0.7 个和 3.7 个百分点。

4. 固定资产投资提速，房地产开发投资加快增长

2020 年 1~11 月，全市固定资产投资同比增长 9.1%，比 1~10 月提高 1.0 个百分点。分类型看，房地产开发投资同比增长 5.8%，比 1~10 月提高 3.0 个百分点，是全市固定资产投资增速提升的重要原因；基础设施投资同比增长 3.3%，比 1~10 月回落 3.4 个百

分点；工业投资下降 5.1%，降幅比 1~10 月扩大 1.7 个百分点。工业投资中，工业技术改造投资增长 11.2%；高技术制造业中的医药制造业和医疗设备及仪器仪表制造业投资增长较快，同比分别增长 56.6% 和 1.5 倍。民间投资同比增长 9.1%，比 1~10 月提高 3.5 个百分点。其中建设改造民间投资增长 35.0%，保持较快增长态势；云计算、大数据项目等新型基础设施项目带动民间信息传输、软件和信息技术服务业增长 38.8%。

5. 消费价格平稳回落，工业品出厂价格再次企稳

2020 年 1~11 月，全市居民消费价格指数同比上涨 2.8%，比 1~10 月回落 0.2 个百分点。涨幅较大的食品烟酒类同比上涨 10.5%，比 1~10 月回落 0.8 个百分点。其中猪肉价格累计同比上涨 62.2%，比 1~10 月回落 11.8 个百分点；衣着类、交通和通信类同比分别下降 2.5% 和 4.6%。1~11 月，全市工业生产者出厂价格指数下降 0.7%，降幅连续 3 个月持平。受国际疫情持续和大宗商品价格大幅波动影响，工业生产者购进价格指数同比下降 4.9%，降幅与 1~10 月持平。

6. 外贸进出口降幅有所扩大，与"一带一路"沿线国家贸易表现亮眼

2020 年 1~11 月，广州市外贸进出口 8 645.4 亿元，同比下降 1.8%，降幅比 1~10 月扩大 0.5 个百分点。其中，出口 4 939.5 亿元，增长 9.8%，增速比 1~10 月回落 1.1 个百分点；进口 3 705.9 亿元，下降 14%，降幅与 1~10 月持平。占比过半的一般贸易进出口降幅收窄至下降 0.2%，接近转正。与"一带一路"沿线国家贸易表现亮眼，进出口同比增长 15.1%。使用外资方面，1~11 月，全市实际使用外资 447.99 亿元，同比增长 3.0%。

7. 客货运量逐步回升，邮政业务加快增长

2020 年 1~11 月，全市货运量同比下降 6.0%，降幅比 1~10 月收窄 1.4 个百分点。其中，公路货运量收窄幅度较大，同比下降 3.9%，降幅比 1~10 月收窄 1.9 个百分点；铁路、水路、航空货运量同比分别下降 15.6%、7.9% 和 16.1%，降幅比 1~10 月分别持平、收窄 0.9 个和 0.6 个百分点；广州港完成货物吞吐量增长 1.4%，增速比 1~10 月提高 0.5 个百分点。客运量稳步持续恢复，同比下降 34.8%，降幅比 1~10 月收窄 1.5 个百分点。其中，铁路、公路、航空客运量同比分别下降 41.8%、28.8% 和 39.8%，降幅比 1~10 月分别收窄 1.8 个、0.7 个和 2.4 个百分点；白云机场旅客吞吐量下降 42.0%，降幅比 1~10 月收窄 2.3 个百分点。邮政业增速增长较快，1~11 月，邮政业务总量同比增长 23.3%。

8. 财政收支增势平稳，税收收入降幅收窄

2020 年 1~10 月，全市一般公共预算收入 1 428.90 亿元，同比增长 0.7%，比前三季度提高 0.4 个百分点。一般公共预算收入中税收收入下降 4.5%，降幅比前三季度收窄 2.7 个百分点。全市一般公共预算支出 2 348.60 亿元，同比增长 3.4%，比前三季度提高 0.1 个百分点。

9. 金融存贷款较快增长，贷款增速略有回落

2020 年 11 月末，全市金融机构本外币存贷款余额 12.21 万亿元，同比增长 15.4%，增速比 10 月末提高 0.7 个百分点。其中金融机构本外币存款余额 6.82 万亿元、贷款余额 5.39 万亿元，分别增长 15.2% 和 15.7%，增速比 10 月末分别提高 1.6 个和回落 0.6 个百分点。其中企事业单位贷款增长 21.9%，增速比 10 月末回落 0.2 个百分点，中长期货币信贷保持两位数增长。

二、广州市房地产市场概况

1. 房地产开发投资情况

2020 年 1~11 月，广州市房地产累计开发投资额为 3 062.79 亿元，累计同比增速为 7.52%。由图 4.17 可以看出，广州市 2020 年房地产开发投资情况持续好转，1~5 月，房地产累计开发投资额同比增速始终在低位徘徊，随着国内企业复工复产的持续推进，自 6 月开始房地产开发投资情况逐步恢复，在 9 月房地产累计开发投资额同比增速首次由负转正，此后保持良好增长态势。总体而言，上半年受疫情影响，经济下行压力较大，房地产投资增速持续走低，但随着国内经济形势逐步好转，广州市房地产开发投资逐步恢复常态并具备良好发展形势。

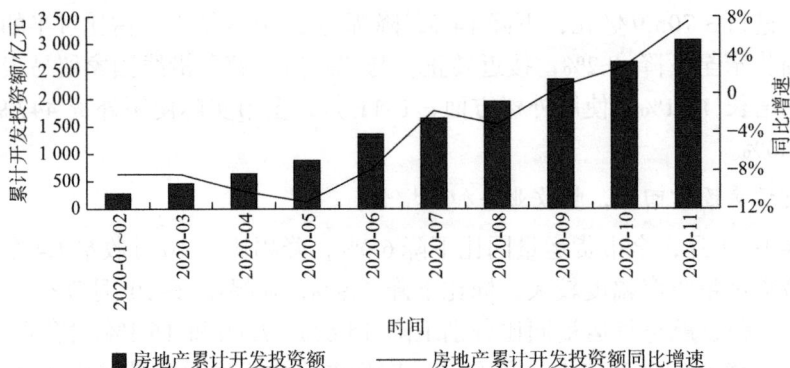

图 4.17　广州市 2020 年 1~11 月房地产累计开发投资额及同比增速

资料来源：广州市统计局

2. 房地产开发建设情况

2020 年 1~11 月，广州市商品房累计施工面积 11 592.68 万平方米，累计同比增速 1.2%，其中住宅施工面积为 6 723.92 万平方米，累计同比增速-1.5%。由图 4.18 可以看出，受疫情影响，2020 年商品房累计施工面积相较于上年同期仍处于下降区间，但降幅整体上呈现收缩趋势，到 11 月底商品房累计施工面积同比增速首次由负转正至 1.2%。其中商品住宅施工情况仍不容乐观，在下半年下降幅度出现进一步扩张的趋势，但从 10 月开始有所好转。总体而言，新冠肺炎疫情给房地产施工速度带来了较大负面影响，但随着国内企业复工复产，经济形势逐步好转，到 2020 年底房地产开发建设情况逐步恢复常态。

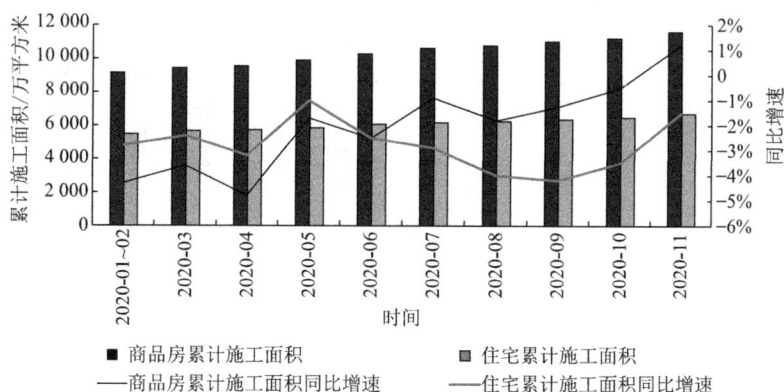

图 4.18　广州市 2020 年 1~11 月商品房累计施工面积及同比增速
资料来源：广州市统计局

2020 年 1~11 月，广州市商品房累计竣工面积为 989.66 万平方米，累计同比增速为 10.1%，其中，住宅累计竣工面积为 646.68 万平方米，累计同比增速为 42.9%。由图 4.19 可以看出，广州市 1~10 月商品房累计竣工面积同比增速一直维持在负值，下半年表现相较于上半年有所好转，于 11 月首次实现由负转正，并且达到 10%以上。其中住宅竣工面积同比增速持续回升，在 10 月首次由负转正，在 11 月更是超过了 40%。

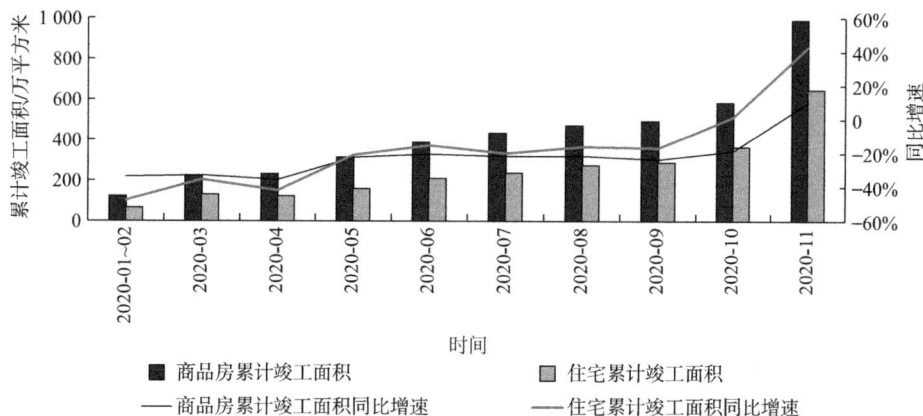

图 4.19　广州市 2020 年 1~11 月商品房累计竣工面积及同比增速
资料来源：广州市统计局

3. 商品房销售情况

2020 年 1~11 月，广州市商品房累计销售面积为 1 256.29 万平方米，同比增长 0.85%，其中，住宅累计销售面积为 999.03 万平方米，同比增长 18.34%；办公楼累计销售面积为 104.06 万平方米，同比下降 34.33%；商业营业用房累计销售面积为 63.1 万平方米，同比下降 34%。由图 4.20 可以看出，受新冠肺炎疫情影响，广州市上半年商业地产销售状况表现不佳，但在下半年，商品房销售面积同比增速逐渐上升，并于 11 月首次由负转正。其中，住宅销售情况表现强劲，自 9 月住宅累计销售面积同比增速首次转正后，呈现快速增加的态势。结合图 4.21 来看，2020 年广州市房地产销售情况呈现出稳步回升的发展趋势。

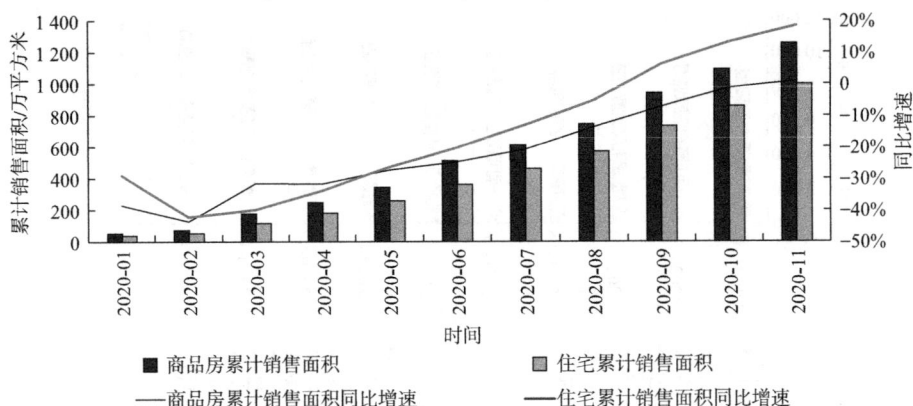

图 4.20　广州市 2020 年 1~11 月商品房累计销售面积及同比增速

资料来源：广州市统计局

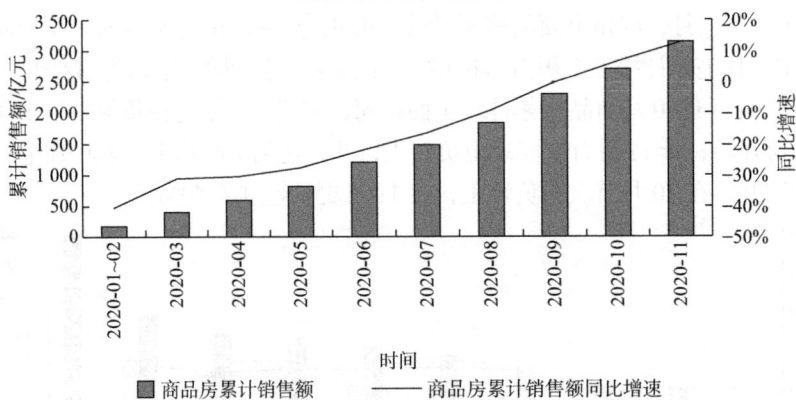

图 4.21　广州市 2020 年 1~11 月商品房累计销售额及同比增速

资料来源：广州市统计局

2020 年 1~11 月，全市商品房待售面积达 1 596.81 万平方米，同比增长 18.01%。其中住宅待售面积为 907.62 万平方米，同比增长 23.98%（图 4.22）。下半年开始，广州市商品房待售面积及其中住宅待售面积同比增速均由负转正，并呈现出稳步增长的态势，可见广州市商品房销售库存量呈现增加的趋势。

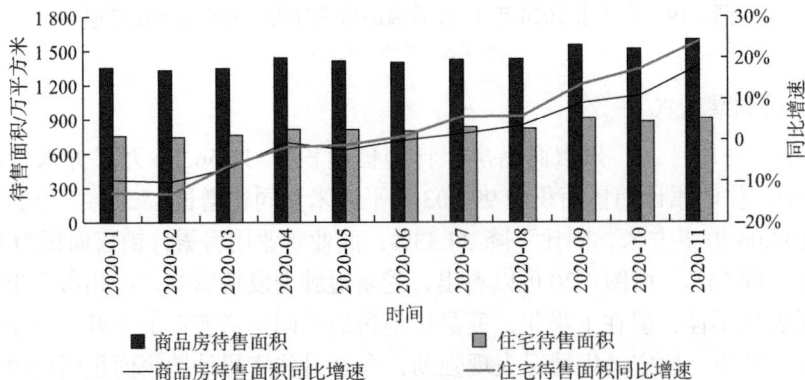

图 4.22　广州市 2020 年 1~11 月商品房待售面积及同比增速

资料来源：广州市统计局

4. 商品房交易价格

2020 年 1~11 月，广州市新建商品住宅价格指数同比增速于 5 月出现较明显的转折点。1~4 月，新建商品房价格同比增速在疫情造成购房需求不足的背景下呈现出明显的下降趋势，但随着复工复产的进一步推进，下半年新建商品住宅价格则出现强势回升的态势，而环比增速在 5 月由负转正后一直呈现出相对平稳的状态（图 4.23）。

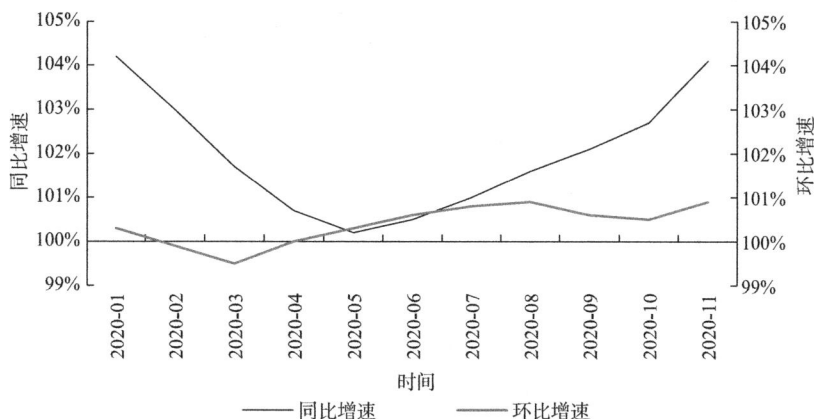

图 4.23　广州市 2020 年 1~11 月新建商品住宅价格指数
资料来源：广州市统计局

2020 年 1~11 月，广州市二手住宅销售价格指数同比增速自 5 月由负转正后，呈现出明显上升的趋势，而环比增速自 5 月由负转正后则呈现相对平稳的状态（图 4.24）。

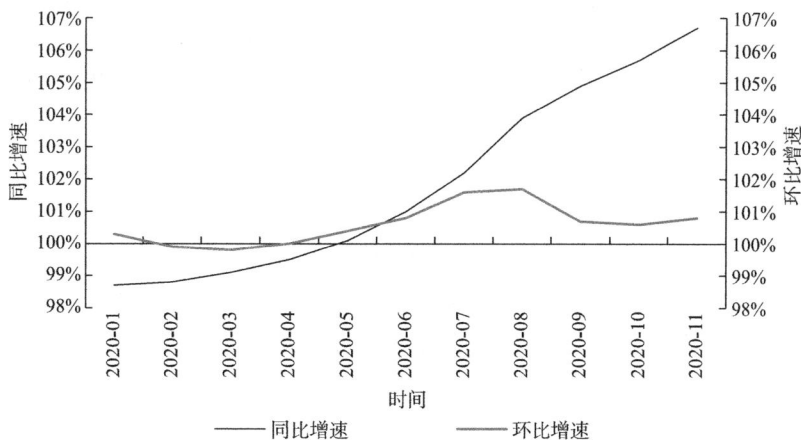

图 4.24　广州市 2020 年 1~11 月二手住宅销售价格指数
资料来源：广州市统计局

三、政策建议

1. 优化住房供应，完善住房限购政策和差异化贷款政策

一方面，为满足整体住房需求，政府需要完善土地供应计划工作，实时关注广州市土

地利用状况、常住人口变动数量和人口住房状况,合理预测土地需求量,保证土地供应计划的详细且具有科学性。同时严格执行住建部要求,保证整体住宅土地供应面积不低于土地计划划拨标准,保证经济适用房、保障性住房和廉租房的建设用地不低于总体住宅建设用地面积的70%,达到标准的情况下,政府在合理范围内提高住宅土地供应面积。

另一方面,政府需满足居民的基本住房需求,对购买一套房的刚需型居民家庭,给予一定的住房贷款优惠,而对于购买二套房的改善型家庭,则根据其购房的户型面积实行差别化住房贷款,从而在限制投机性需求的同时避免限购政策误伤改善型住房需求和造成住房供需结构失衡。另外,可以合理引导投资型购房者购房,通过给予相关政策优惠鼓励投机型购房者对实体经济产业的投资。

2. 改进政策调控机制,深化税收机制改革

政府需要减少重复征税,推动房产税实施。未来的房产税不应仅仅是"增税"思维,需全盘考虑,对现有的房地产相关税费进行合并和处理,从而建立起设置科学、税负合理、推动房地产健康发展的房地产税收体系。同时可以逐步放开住房购买的户籍限制,改革目的在于调节高收入人群,保障低收入人群。其中基本生活住房不征税,一旦超过了基本住房标准,就要按照累进来征税,从而打击投机性需求,推动房价逐渐下降,保证人们的居住消费权益。

3. 建立中长期调控机制,大力发展住房租赁市场

一方面,政府可积极引入多方投资大力发展租赁房建设,并给予租赁房投资者相关的税收优惠,努力实现租赁市场化。同时,推进建立租赁住房和房产交易信息一体化系统,实时更新租赁信息,为租赁市场参与主体提供及时、准确、有效的交易数据,便于市场参与主体做出租赁决策。另一方面,政府应该稳步增加保障房、经适房和廉租房的供应,同时进一步规范保障性住房的摇号制度,确保透明公正,逐级根据保障对象收入水平,制定与之对等的租金补贴政策,从而完成对应人群的住房保障。

4. 推动区域一体化发展,以促进房地产市场健康平稳发展

加速破除妨碍城乡要素自由流动和平等交换的体制机制壁垒,推进建成充满活力的世界级城市群,打造宜居宜业宜游的优质生活圈。在推动区域经济一体化的同时,注重"因城施策"。随着一些中心城市人口不断聚集,住房矛盾日益突出,将大城市人口住房需求向周边城市引导,同时修建好交通基础设施以实现两地的互联共通,解决现在一线城市房价高企的问题。

第四节　深圳市 2020 年 1~11 月房地产市场分析

一、深圳市经济形势概况

2020 年 1~11 月深圳市经济持续复苏态势,面对新冠肺炎疫情带来的严峻考验和复

杂多变的国内外环境，深圳市加快推进复工复产复商复市，主要经济指标持续向好，经济运行回升态势明显。

1. 地区生产总值持续回升

据深圳市统计局数据，2020 年 1~11 月深圳市地区生产总值达到 26 927.09 亿元，同比增长 6.7%。在 2020 年前三个季度中，第一产业增加值为 19.17 亿元，同比下降 4.3%；第二产业增加值 7 311.62 亿元，同比增长 1.0%；第三产业增加值为 12 456.19 亿元，同比增长 3.6%。三次产业结构为 0.1∶36.9∶63.0。

2020 年前三季度，第三产业中，批发和零售业增加值 1 712.32 亿元，同比下降 5.8%；住宿和餐饮业增加值 251.94 亿元，同比下降 20.8%；交通运输、仓储和邮政业增加值 494.88 亿元，同比下降 1.0%；金融业增加值 3 118.98 亿元，同比增长 10.2%；房地产业增加值 1 766.72 亿元，同比增长 5.8%；其他服务业增加值 5 096.27 亿元，同比增长 4.8%。

2. 工业生产逐渐恢复

在 2020 年的前三个季度中，全市 36 个工业行业大类中，27 个行业累计增速较上半年回升或加快。汽车制造业、纺织业、化学纤维制造业、橡胶和塑料制品业、其他制造业以及文教、工美、体育和娱乐用品制造业较上半年回升幅度均超过 10 个百分点。

2020 年 1~11 月，全市规模以上工业增加值同比增长 1.7%。从重点行业看，计算机、通信和其他电子设备制造业增加值增长 1.6%，电气机械和器材制造业增加值增长 1.9%，专用设备制造业增加值增长 5.8%。先进制造业增长 4.3%，高技术制造业增长 2.8%。

3. 固定资产投资保持较高增速

2020 年 1~11 月，全市固定资产投资同比增长 9.2%，增速较 1~10 月提高 0.7 个百分点。第一产业固定资产投资下降 25.8%，第二产业固定资产投资增长 1.3%，第三产业固定资产投资增长 10.4%；基础设施投资增长 8.4%；民间投资增长 18.0%。

4. 消费市场收窄速度减缓

2020 年 11 月，全市社会消费品零售总额 873.69 亿元，同比增长 7.4%，延续了 7 月以来的正增长态势。1~11 月，全市社会消费品零售总额 7 731.62 亿元，下降 6.1%，降幅较 1~10 月收窄 1.4 个百分点。从消费类型看，商品零售下降 4.9%，餐饮收入下降 14.2%。

5. 进出口总额延续正增长态势

据海关统计，1~11 月，全市进出口总额 27 444.02 亿元，同比增长 2.4%，增速较 1~10 月提高 0.5 个百分点。其中，出口总额 15 194.99 亿元，增长 0.3%，增速较 1~10 月提高 1.6 个百分点；进口总额 12 249.03 亿元，增长 5.1%，增速较 1~10 月回落 0.9 个百分点。

6. 地方一般公共预算收入实现正增长

2020 年前三季度，地方一般公共预算收入 2 961.47 亿元，同比增长 0.7%，较上半年、一季度分别回升 5.4 个、13.5 个百分点，年内增速首次转正。1~11 月，全市地方一般公共预算收入 3 568.26 亿元，同比增长 2.8%，增速与 1~10 月持平；地方一般公共预算支出 3 697.10 亿元，下降 6.4%，降幅较 1~10 月收窄 0.2 个百分点。

7. 金融机构存款余额进一步提高

截至 2020 年 11 月末，全市金融机构（含外资）本外币存款余额 98 961.98 亿元，同比增长 23.1%，增速较 10 月末提高 3.3 个百分点。金融机构（含外资）本外币贷款余额 67 369.36 亿元，增长 14.7%，增速较 10 月末回落 0.3 个百分点。

二、深圳市房地产市场概况

1. 房地产开发投资增速恢复迅速

由图 4.25 可以看到，由于受到疫情的影响，2020 年初深圳市房地产累计开发投资额同比增速较低。随着疫情的逐渐好转，深圳市房地产累计开发投资额同比增速也在不断回升。这表明深圳市房地产开发投资在疫情后保持着乐观的前景。

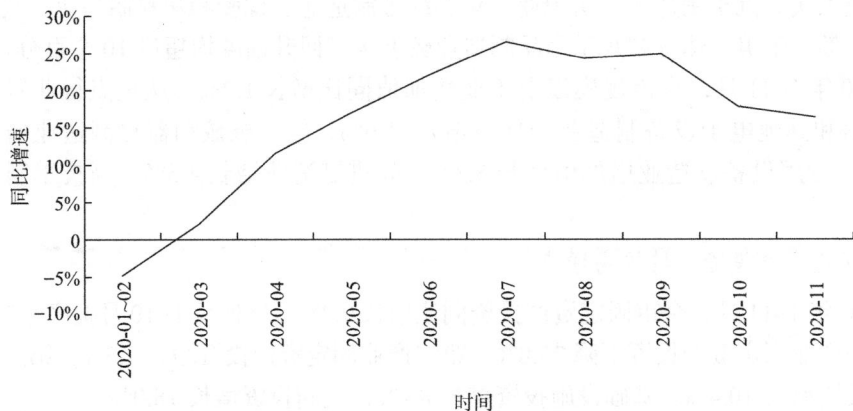

图 4.25　深圳市 2020 年 1~11 月房地产累计开发投资额同比增速

资料来源：深圳市统计局

2. 商品房施工面积稳步增长

由图 4.26 可以看到，2020 年 1~11 月，深圳市商品房累计施工面积为 9 391.12 万平方米，同比增速 23.3%。其中，住宅累计施工面积为 4 640.71 万平方米，同比增速 21.90%。深圳市商品房施工面积正在稳定增加，同比增速波动平缓，住宅施工面积也随着商品房施工面积的增加同步稳定增加。

3. 商品房竣工面积增速下降

由图 4.27 可以看到，2020 年 1~11 月，深圳市商品房累计竣工面积为 350.94 万平方米，同比增速为 -4.10%。其中，住宅累计竣工面积为 136.15 万平方米，同比增速为 -36.50%，相较于往年同期，仍处于较低的水平。

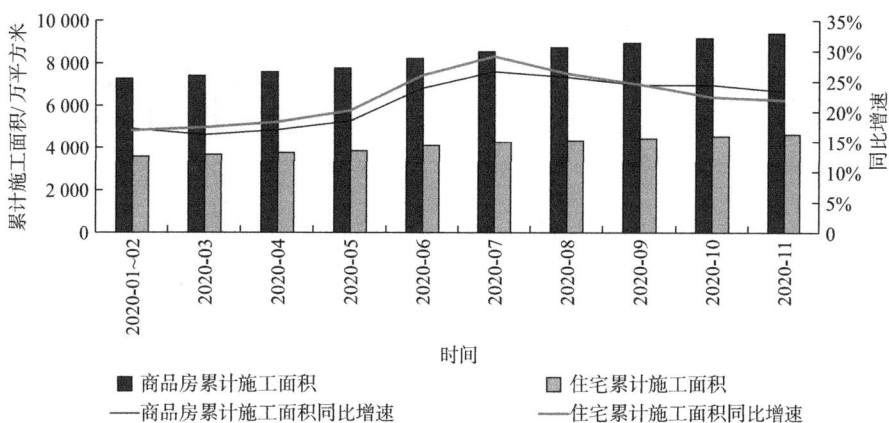

图 4.26 深圳市 2020 年 1~11 月商品房累计施工面积及同比增速

资料来源：深圳市统计局

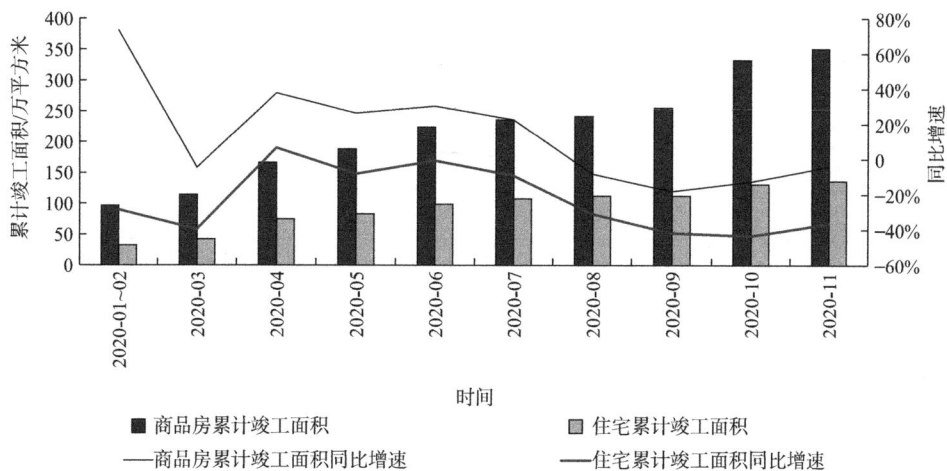

图 4.27 深圳市 2020 年 1~11 月商品房累计竣工面积及同比增速

资料来源：深圳市统计局

4. 商品房销售面积同比增幅先降后升

由图 4.28 可以看到，2020 年 1~11 月，深圳市商品房累计销售面积为 758.96 万平方米，同比增速为 12.5%。上半年在疫情的影响下，市场陷入了低迷状态，在下半年开始逐渐恢复。

5. 成交价格逐步增长，二手住宅市场表现强劲

深圳市 2020 年 1~11 月新建商品住宅环比价格指数呈现微量持续上涨的趋势，受政策的影响，下半年增速放缓，而新建商品住宅同比价格增速稳定，2020 年的房价较 2019 年同期有一定的提升，如图 4.29、图 4.30 所示。二手住宅价格环比与同比价格上升明显，2020 年的房价较 2019 年同期有较大的提升，且年内增长速度较快。

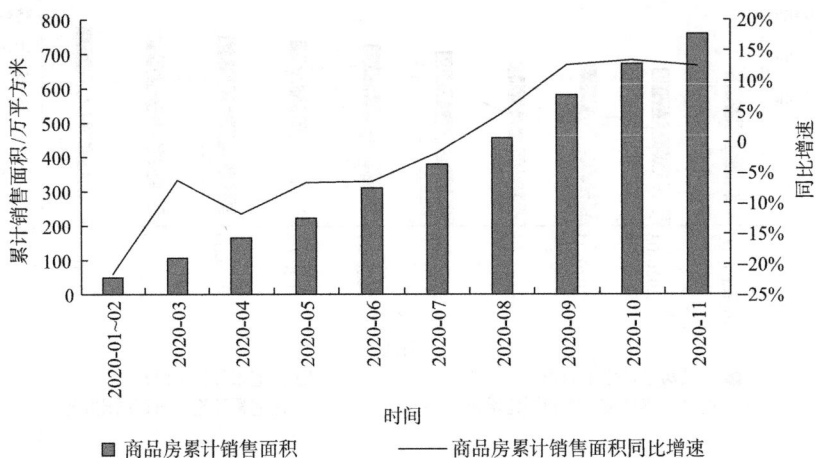

图 4.28　深圳市 2020 年 1~11 月商品房累计销售面积及同比增速

资料来源：深圳市统计局

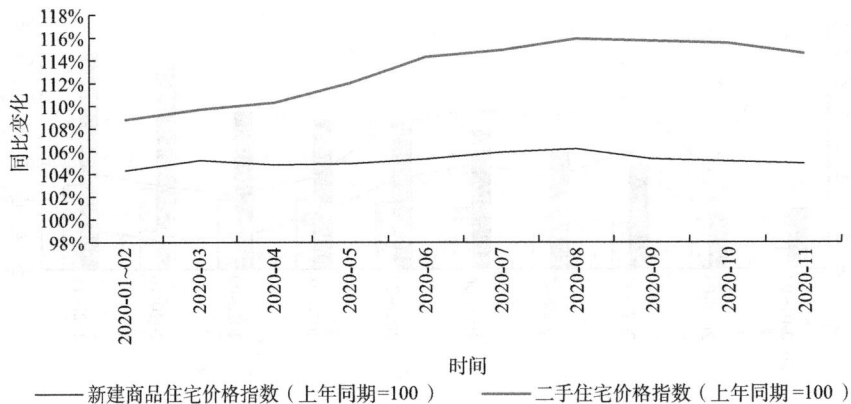

图 4.29　深圳市 2020 年 1~11 月房地产价格指数同比增速

资料来源：深圳市统计局

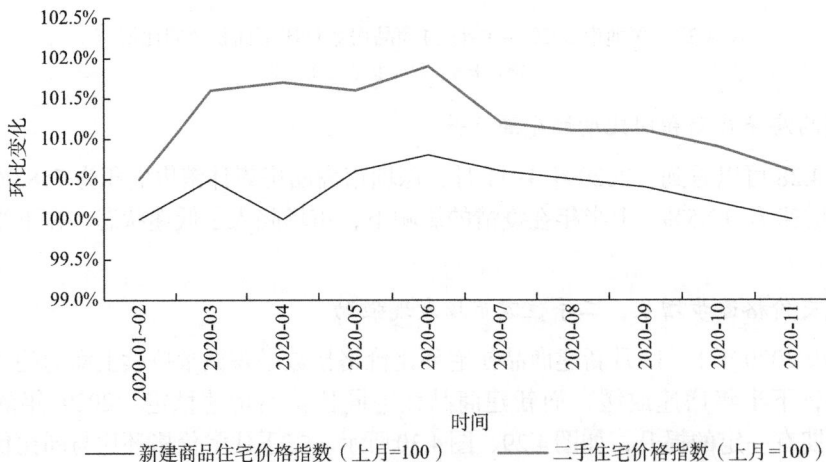

图 4.30　深圳市 2020 年 1~11 月房地产价格指数环比增速

资料来源：深圳市统计局

三、政策建议

1. 坚持房地产宏观调控，保持政策的连续性和稳定性

深圳住房一直存在供需失衡的问题。深圳政府也在 2020 年 7 月推出了"715 新政"，从限购、限贷、缴税等几个方面加强了对房地产市场的管控。在今后的一段时期，深圳市应该继续坚持和执行差别化房地产宏观调控政策，加大土地入市和保障性住房建设，继续推行"限购、限贷"政策，进一步抑制投资投机行为，坚决打击"房炒不住"的现象；同时保持政策的连续性和稳定性，以稳定消费者和企业的信心，促进房地产健康平稳发展。

2. 深化二手房市场产业链，加强市场管控

深圳的二手房市场持续高温，新房和二手房价格倒挂现象严重，二手房价格一直保持上涨势头，房价全国排名第一。然而深圳的二手存量房市场在市场交易、税收管理等方面尚未成熟，相关部门应加强二手房市场建设监管，严控二手房价，促进二手房市场产业链进一步完善，加快二手房的流通速度和再利用，合理降低二手房交易价格，完善二手房收入税政策，保障政策切实有效，令二手房市场成为城市新的经济增长点。

3. 加强房地产市场健康发展长效机制建设

综合运用土地、金融、财税、立法等手段，解除制约房地产市场稳定的制度障碍，稳步改善土地供给。加快推进房地产领域供给侧改革，有效强化保障性住房供给。提高存量土地的有效利用，规范发展二手房与租房市场，保障房地产市场有效供给。

第五节　热点城市 2020 年 1~11 月房地产市场分析

2020 年以来，大部分城市的主要经济活动在 2 月、3 月都受到了疫情的影响，房地产施工、销售情况也不例外。在国内疫情得到初步的控制之后，大部分城市也得到了恢复，主要指标都逐步转正或是降幅收窄。本节主要分析济南市、宁波市、成都市的房地产市场运行情况，以此说明我国其他一些城市房地产市场运行存在的问题。

一、济南市房地产市场运行情况

（一）经济形势概况

2020 年前三季度，全市经济加速回暖，复苏领域不断加宽，主要指标好于预期，稳住了经济基本盘。前三季度全市生产总值完成 7 248.4 亿元，按可比价格计算，同比增长 3.1%，分别高于全国、全省 2.4 个、1.2 个百分点。其中，第一产业增

加值 247.4 亿元，增长 1.3%，较上半年、一季度分别回升 0.1 个、1.7 个百分点；第二产业增加值 2 430.6 亿元，增长 4.0%，较上半年、一季度分别回升 1.8 个、6.8 个百分点；第三产业增加值 4 570.4 亿元，增长 2.6%，较上半年、一季度分别回升 2.9 个、8.1 个百分点。

2020 年 1~11 月，在市委、市政府的坚强领导下，全市上下统筹推进疫情防控和经济社会发展各项工作，着力落实"六稳""六保"任务，经济社会发展继续保持恢复向好态势。

1. 工业保持较快增长

全市规模以上工业增加值同比增长 12.3%，较 1~10 月、前三季度分别提高 0.3 个、0.9 个百分点，分别高于全国、全省 10 个、7.9 个百分点，继续保持全省首位。当月增长 14.2%，分别高于全国、全省 7.2 个、4.3 个百分点。41 个大类行业中，27 个行业增加值实现增长，增长面为 65.8%，较 1~10 月、前三季度分别提高 9.7 个、12.1 个百分点，增长行业合计总量占全部比重为 75.6%，较 1~10 月、前三季度分别提高 5.3 个、5.9 个百分点，均为年内最好水平。

2. 投资继续回升

固定资产投资增长 3.9%，较 1~10 月、前三季度分别回升 0.1 个、0.4 个百分点，分别高于全国、全省 1.3 个、0.5 个百分点。其中，基础设施投资增长 3.1%，较 1~10 月、前三季度分别回落 7.4 个、10.7 个百分点；民间投资增长 4.4%，较 1~10 月、前三季度分别回升 0.9 个、6.8 个百分点；工业投资增长 20.8%，较 1~10 月、前三季度分别回升 0.1 个、5.4 个百分点；房地产投资增长 5.1%，较 1~10 月、前三季度分别回升 1.1 个、1.9 个百分点。商品房销售面积 1 120.8 万平方米，增长 0.8%，较 1~10 月、前三季度分别回升 1.3 个、1.4 个百分点。

3. 消费持续回暖

限额以上批发业销售额增长 10.4%，突破两位数增幅，较 1~10 月、前三季度分别提高 1.7 个、3.4 个百分点；零售业销售额已恢复至上年同期水平（0%），较 1~10 月、前三季度分别回升 1.2 个、2.7 个百分点；住宿业营业额下降 26.9%，降幅较 1~10 月、前三季度分别收窄 1.6 个、6 个百分点；餐饮业营业额下降 23.5%，较 1~10 月、前三季度分别收窄 1 个、3.8 个百分点。限额以上单位零售额 1 301 亿元，下降 3.4%，较 1~10 月、前三季度分别收窄 1.3 个、3.4 个百分点，降幅深于全国 0.6 个百分点，但好于全省 0.4 个百分点，当月增长 8.3%，已连续 5 个月保持正增长。在"双 11"购物节的带动下，限上单位通过公共网络累计实现商品零售额 117.1 亿元，增长 16.8%，向上拉动全市限上零售额增幅 1.3 个百分点。汽车换购需求持续释放，限上单位汽车类商品实现零售额 418 亿元，增长 6.7%，向上拉动 2 个百分点。

4. 财政金融稳定向好

一般公共预算收入 842.9 亿元，增长 2.5%，较 1~10 月、前三季度分别回升 0.9 个、1.4 个百分点，分别高于全国、全省 7.8 个、1.6 个百分点；一般公共预算支出 1 040.9 亿元，增长 6.3%。金融机构本外币各项存款余额 21 218.1 亿元，增长 15.4%，较 1~10 月、前三季度分别提高 2.5 个、1.7 个百分点，高于全国 4.7 个百分点；金融机构本外币各项贷款余额 20 782.8 亿元，增长 11.9%，较 1~10 月、前三季度分别提高 0.6 个、0.9 个百分点，低于全国 0.7 个百分点。

5. 物价运行总体平稳

居民消费价格累计上涨 2.7%，较 1~10 月、前三季度分别回落 0.4 个、0.8 个百分点，与全国平均水平持平，低于全省 0.4 个百分点，当月下降 1.6%，为近 10 年来首次下降。

（二）房地产市场概况

1. 房地产开发投资

2020 年 1~11 月全市房地产开发投资 1 617.28 亿元，比上年同期增长 15.6%，增速与 1~10 月基本持平。从不同房屋类型看，住宅投资仍然是房地产开发投资的主体，开发投资达到 1 149.91 亿元，占房地产开发投资的 71.1%，同比增长 14.3%；办公楼投资约占房地产开发投资的 9.8%；商业营业用房投资占房地产开发投资的 9.6%。

图 4.31 中，由于年初疫情的影响，1~2 月的开发投资额同比增速呈现负增长，但因为疫情逐渐得到控制，开发投资回暖，4 月增速达到 11.1%，随后回落，三季度后同比增速回到 10% 以上的高增长趋势。其中住宅累计开发投资额同比增速与房地产累计开发投资额同比增速趋势相同，同样是由负增长恢复至高增速水平，10 月后增速基本保持稳定，维持在 14.3% 左右。

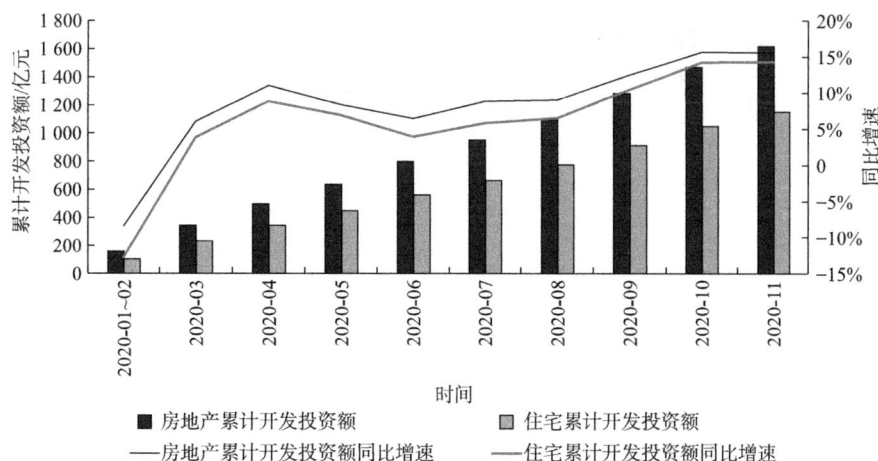

图 4.31　济南市 2020 年 1~11 月房地产累计开发投资额及同比增速

资料来源：中国指数研究院

从图 4.32 来看，办公楼、商业营业用房以及其他投资规模基本一致，占比较小，而住宅投资额一直在房地产开发投资额中占主导地位，且其增速与房地产开发投资的增速基本一致，说明住宅类开发依旧是房地产投资者最为关注的板块。

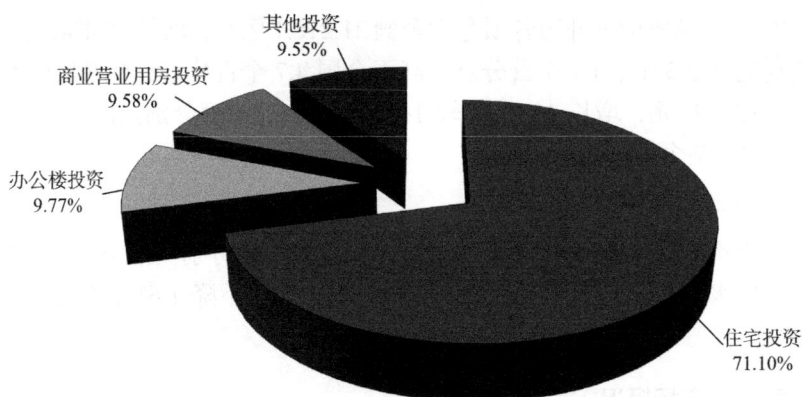

图 4.32　济南市 2020 年 1~11 月房地产开发各类投资额累计占比

资料来源：中国指数研究院

2. 商品房建设情况

2020 年 1~11 月，济南市商品房累计施工面积为 9 801.96 万平方米，同比增长 6.6%，较 1~10 月下降 2.2 个百分点。其中，住宅累计施工面积 6 291.7 万平方米，同比增长 6.2%，较 1~10 月下降 2.6 个百分点，如图 4.33 所示。尽管商品房与住宅累计施工面积同比增速一直保持正向，但 8 月后增速骤然下降，由原来的 12%左右跌至 6%左右。

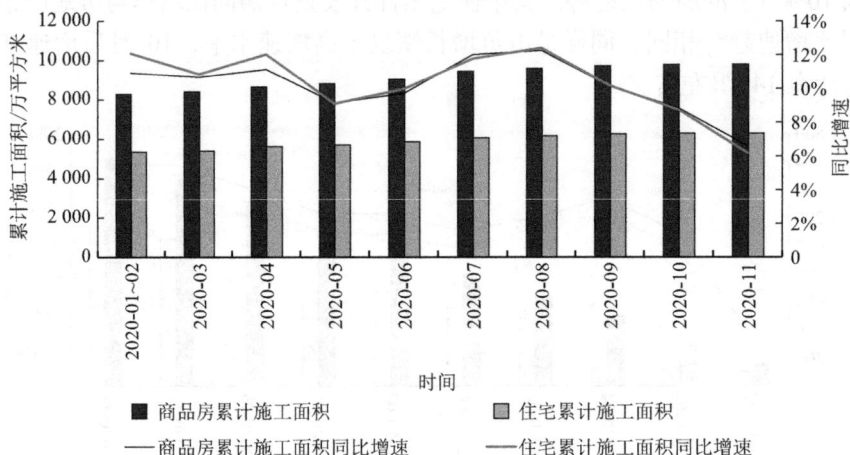

图 4.33　济南市 2020 年 1~11 月商品房累计施工面积及同比增速

资料来源：中国指数研究院

2020 年 1~11 月，济南市商品房累计新开工面积为 1 581.67 万平方米，同比下降 17.9%。其中，住宅累计新开工面积为 1 024.84 万平方米，同比下降 21.4%，如图 4.34 所示。继商品房累计新开工面积同比增速在 4 月达到峰值后，5 月增速又回落至-3.9%，随后逐渐上升，恢复至 10%左右，但是 8 月后增速又开始骤减，9 月转为负增长，11 月增速达到-20%左右。

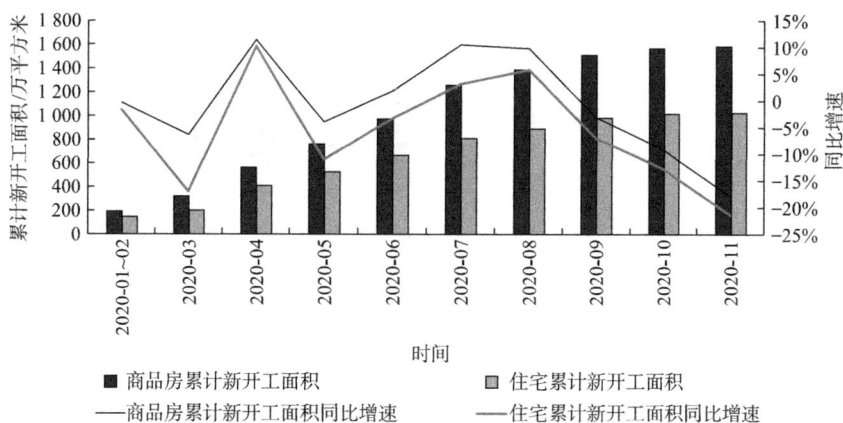

图 4.34　济南市 2020 年 1~11 月商品房累计新开工面积及同比增速
资料来源：中国指数研究院

2020 年 1~11 月，济南市商品房累计竣工面积为 592.37 万平方米，同比增长 22.9%。其中，住宅累计竣工面积为 433.77 万平方米，同比增长 40.0%，如图 4.35 所示。与住宅累计竣工的同比增速相比，商品房的增速表现较差，但整体依然保持增长趋势，11 月略有回落，但仍然保持在高增长位。

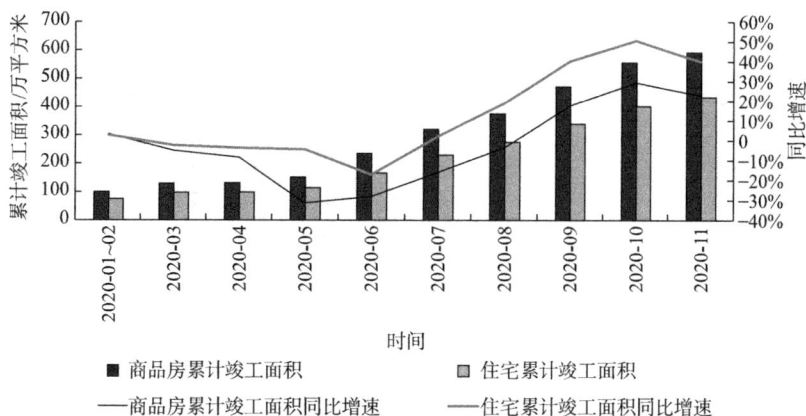

图 4.35　济南市 2020 年 1~11 月商品房累计竣工面积及同比增速
资料来源：中国指数研究院

3. 商品房交易情况

如图 4.36 所示，2020 年 1~11 月，济南市商品房累计销售面积为 1 113.44 万平方米，同比增长 7.7%。其中，住宅累计销售面积为 962.64 万平方米，同比增长 14.5%。由于年初疫情的影响，商品房累计销售面积同比增速在 3 月跌至-36.9%，但随后回暖，保持上升趋势，7 月恢复正增长，8 月后增速趋于平稳，保持在 7%~8%，住宅累计销售面积同比增速表现更优，保持在 14% 左右。

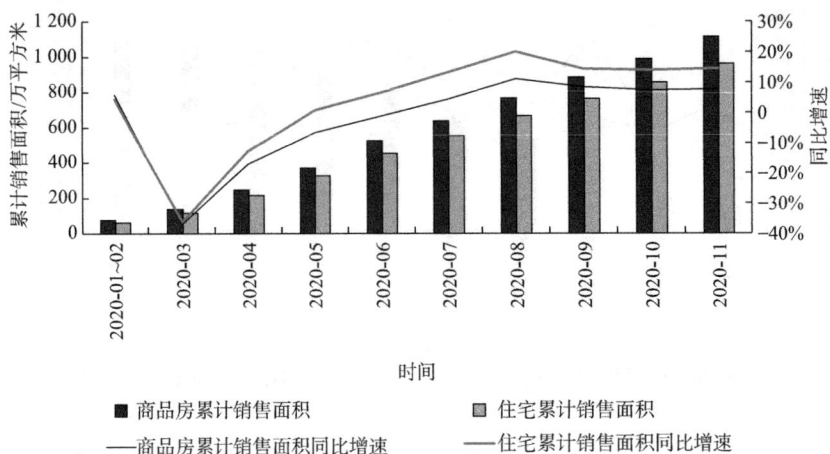

图 4.36　济南市 2020 年 1~11 月商品房累计销售面积及同比增速
资料来源：中国指数研究院

2020 年 1~11 月，济南市商品房累计销售额为 1 297.62 亿元，同比增长 8.0%。其中，住宅累计销售额为 1 170.99 亿元，同比增长 15.1%，如图 4.37 所示。商品房和住宅累计销售额的同比增速趋势与销售面积增速一致，继 3 月跌至谷底后回暖，10 月后稳定在 8%、15%左右。

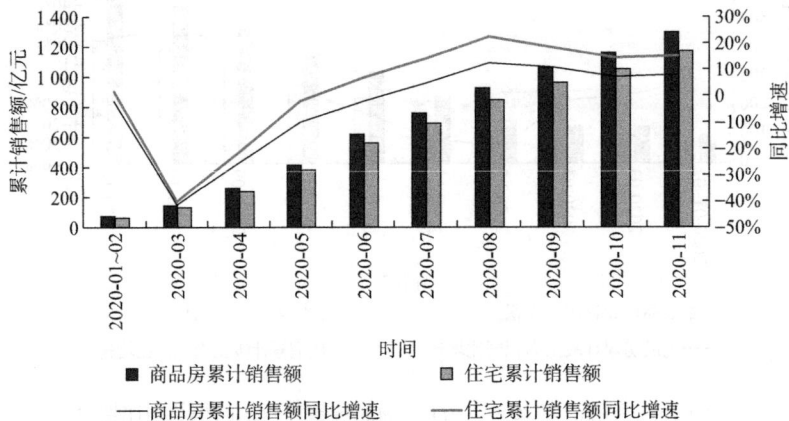

图 4.37　济南市 2020 年 1~11 月商品房累计销售额及同比增速
资料来源：中国指数研究院

4. 商品房交易价格

如图 4.38 所示，2020 年 1~11 月济南市新建商品住宅价格指数 3 月跌至最低点，随后呈现上升趋势，在 7 月达到最高点后，开始波动下降。二手住宅价格指数则一直保持波动下降的趋势。

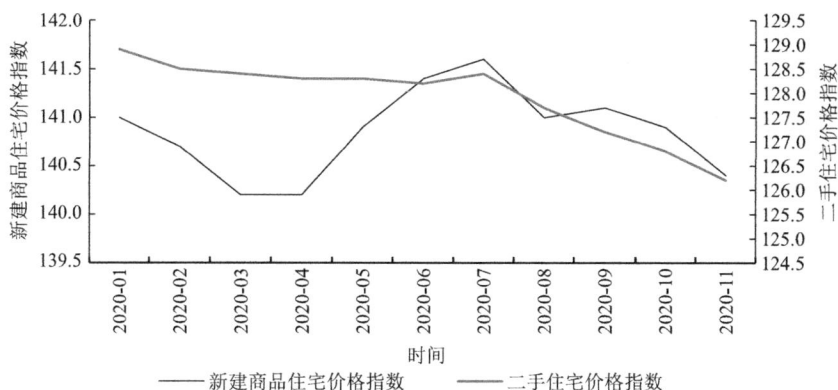

图 4.38　济南市 2020 年 1~11 月新建商品住宅与二手住宅价格指数

资料来源：中国指数研究院

（三）政策建议

1. 加强对房地产宏观调控，调整住房供应结构

依法整顿房地产市场经济秩序，实行差别化的房地产税费政策，进行非首套住房提高交易税费，按房屋实施差别化税费，实行稳健的房地产金融支持政策，以抑制不合理的房地产市场需求，防止房地产泡沫对经济可能造成的危害，进一步完善房地产开发土地供应办法，以此调控房地产业市场，监控市场发展，保证房地产市场的健康发展。

2. 优化房地产产品市场结构

目前济南市房地产市场主要以住宅市场为主，商业物业及写字楼市场所占份额较小，侧面反映商业物业和写字楼所承载的经济活动受限。目前济南市区城市更新改善了商业经营环境状况，但同时大幅提高了商业物业租金，使得某些浓厚的商业氛围遭到破坏。因此，政府部门应注重商业文化的培养，活跃的商业市场才能激活商业物业市场。写字楼市场应该走"客户需求—规划设计—出租或出售"的规划。住宅市场以满足自住性需求和改善性需求为主，严格控制投资投机性住房消费。

3. 调整政策措施，提升抵御风险能力

遵循持续发展、审慎监管的要求，进一步完善住房信贷政策，对房地产市场进行科学、适度调控，实现价格调节和产业政策引导、住房结构优化等手段的结合，创新房地产投资信托产品等渠道，培育发展房产租赁市场，有效对房地产市场购买力进行分流，改变当前产业发展状况，提升产业抵御风险能力。同时，既要通过合理调控房价满足居民对住房的刚需，又要注意合理引导居民对房价的理性预期，加强对消费者、投资者预期的预测、预调管理。金融部门也要加强对房地产发展状况的监测，及时掌握资金链紧张的房地产企业的资金借贷和运行情况，提前介入、采取措施，有效避免区域性、产业系统性的金融风险。金融监管机构要加强对资本流入、流出等可能对房地产市场产生巨大影响的金融行为的监管，采取有效措施进行预警和防范，切实提高房地产市场的健康发展能力。

二、宁波市房地产市场运行情况

（一）经济形势概况

2020年前三季度全市经济持续稳定复苏向好。面对疫情带来的巨大冲击和复杂严峻的外部环境，统筹疫情防控和经济社会发展成效明显，供需关系持续改善，新兴动能不断增强，社会民生保障有力，主要经济指标延续了稳定复苏向好的势头，经济增速由负转正。

2020年前三季度，全市实现地区生产总值8762.3亿元，同比增长1.9%，比上半年回升2.5个百分点。分季度看，一季度下降7.0%，二季度增长5.1%，三季度增长6.7%。分产业看，第一产业实现增加值232.1亿元，增长2.0%；第二产业实现增加值4038.4亿元，增长0.6%；第三产业实现增加值4491.8亿元，增长3.1%。三次产业之比为2.6∶46.1∶51.3。

1. 农业生产总体平稳，粮食生产保持稳定

2020年前三季度，全市实现农林牧渔业增加值242.5亿元，同比增长2.2%。早稻生产实现"三增"，播种面积增长0.9%，单产增长0.7%，总产量增长1.6%；蔬菜秋播面积和产量分别增长2.8%和2.7%；水果产量44.8万吨，增长5.0%；肉类总产量5.7万吨，禽蛋产量3.1万吨，牛奶产量2.4万吨；水产品总量57.3万吨，增长3.3%。

2. 工业经济加速回升，新动能增势良好

2020年1~11月，全市规模以上工业增加值同比增长4.3%，比前三季度提高1.9个百分点。主要行业增势良好，全市35个行业大类中，28个行业增加值实现正增长，比前三季度增加5个行业；增加值占比前十的行业仅烟草制品业（增长8.1%）增速有所回落，金属制品业（15.0%）、专用设备制造业（8.1%）、化学原料和化学制品制造业（6.0%）、电气机械和器材制造业（2.2%）增速分别比前三季度提高5.3个、3.5个、3.0个、3.0个百分点。

2020年1~11月，规模以上工业实现销售产值15741亿元，同比下降0.4%，降幅比前三季度收窄2.3个百分点；实现出口交货值2985亿元，下降0.9%，比前三季度收窄2.5个百分点；产销率98.5%，与前三季度持平。

新动能增势良好。1~11月，"246"产业生产形势进一步向好，增加值增速超过规模以上工业0.2个百分点，拉动规模以上工业增加值增速3.6个百分点。

3. 服务业回升有力，新兴行业拉动明显

2020年1~10月，全市规模以上服务业营业收入同比增长4.8%，增速比前三季度提高1.2个百分点，10月当月增长15.9%，创年内新高。新兴行业拉动明显。高技术服务业、科技服务业、数字经济核心服务业快速发展，营收同比分别增长26.5%、21.0%和16.5%，拉动规模以上服务业增长3.9个、4.4个和2.3个百分点。住宿和餐饮业进一步回暖。1~11月，全市限上住宿和餐饮业营业额同比分别下降12.9%和9.4%，降幅比前三季度收窄7.9个和6.2个百分点。金融业较快增长。11月末，全市金融机构本外币存、贷款余额分别增长17.4%和15.0%，继续保持较快增长。交通运输业继续向好。1~11月宁波舟山港货物吞吐量同比增长5.1%，其中宁波港域增长3.0%；宁波舟山港集装箱吞

吐量增长 3.5%，其中宁波港域增长 2.5%，11 月当月均增长 15.1%。

4. 投资保持增长，工业投资增长较快

2020 年 1~11 月，全市固定资产投资同比增长 5.4%，比前三季度提高 1.3 个百分点。从主要领域看，工业投资、房地产投资分别增长 11.5% 和 6.7%，比前三季度提高 3.0 个和 0.7 个百分点；基础设施投资增长 7.4%，比前三季度回落 0.3 个百分点。工业技改投资和高新技术产业投资保持快速增长，分别增长 11.3% 和 13.1%。

5. 消费市场持续复苏，升级类商品增长较快

2020 年 1~11 月，全市实现社会消费品零售总额 3 803.4 亿元，同比下降 1.3%，降幅比前三季度收窄 2.4 个百分点。升级类商品增长较快。1~11 月，在限额以上单位中化妆品类、体育娱乐用品类、电子出版物及音像制品类、文化办公用品类商品零售额分别增长 17.6%、44.8%、54.2%、30.6%，其中计算机及配套产品增长 70.1%，增速均远高于全部商品平均增速（-5.4%）。餐饮消费继续回暖。11 月，限额以上单位餐费收入同比增长 9.0%，1~11 月餐费收入下降 6.3%，降幅较 1~10 月收窄 2.4 个百分点。汽车类商品零售保持平稳。11 月，限额以上单位汽车类商品零售额增长 7.0%，连续 5 个月保持回升态势。1~11 月，汽车类商品累计零售额同比下降 7.8%，降幅较 1~10 月收窄 1.4 个百分点。

6. 财政收入进一步提高，企业效益持续改善

2020 年 1~11 月，全市实现财政总收入 2 681.4 亿元，同比增长 1.4%，比前三季度提高 0.8 个百分点。其中一般公共预算收入 1 405.2 亿元，增长 2.8%，比前三季度提高 0.9 个百分点。在地方税收中，增值税下降 5.1%，企业所得税增长 0.6%，个人所得税增长 8.1%，分别比前三季度提高 1.4 个、4.3 个和 4.0 个百分点。

2020 年 1~10 月，全市规模以上工业企业利润总额增长 15.0%，增速比前三季度提高 4.1 个百分点，比上年同期高 15.3 个百分点；规模以上服务业企业利润总额下降 3.7%，降幅比前三季度缩窄 2.7 个百分点。

7. 居民收入状况继续向好，农村居民收入增速快于城镇

2020 年前三季度，全市居民人均可支配收入 46 519 元，同比名义增长 4.2%，涨幅较上半年扩大 2.0 个百分点。按常住地分，城镇居民人均可支配收入 52 402 元，名义增长 4.0%，实际增长 1.7%；农村居民人均可支配收入 31 816 元，名义增长 5.2%，实际增长 2.8%。

全市居民人均生活消费支出 25 298 元，同比增长 4.1%。按常住地分，城镇居民人均生活消费支出 28 318 元，增长 3.3%；农村居民人均生活消费支出 17 749 元，增长 7.8%。

8. 居民消费价格指数涨幅继续回落，工业生产者出厂价格指数环比上涨

2020 年 1~11 月，市区居民消费价格指数同比上涨 2.0%，其中，食品类价格同比上涨 8.4%；11 月，市区居民消费价格同比上涨 0.3%，涨幅比上月回落 0.4 个百分点。

2020 年 1~11 月，全市工业生产者出厂价格指数为 95.5，购进价格指数为 92.2。11 月，工业生产者出厂价格同比下降 3.9%，环比上涨 0.5%，工业生产者购进价格同比下

降 7.2%，环比上涨 0.1%。

（二）房地产开发投资情况

宁波市 2020 年 1~11 月房地产开发投资稳定增长。如图 4.39 所示，1~11 月房地产累计开发投资 1 703.02 亿元，累计同比增速为 6.70%。2020 年一季度房地产开发投资额同比增速出现负值，从二季度开始扭转为正值，并保持较为稳定的趋势。

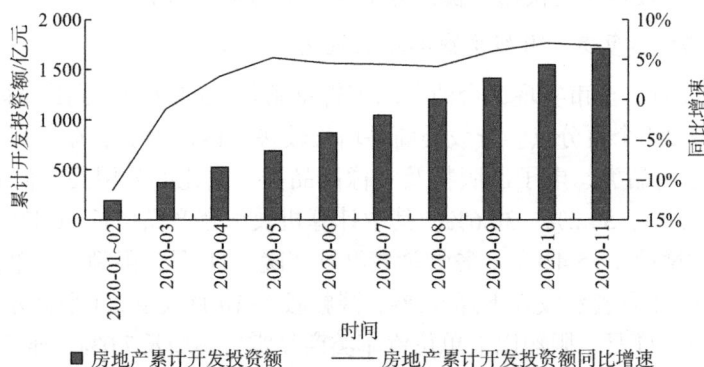

图 4.39　宁波市 2020 年 1~11 月房地产累计开发投资额及同比增速
资料来源：浙江省统计局、宁波市统计局、中国房地产指数系统

（三）商品房建设情况

2020 年 1~11 月，宁波市商品房累计施工面积同比增速为 26.7%，如图 4.40 所示。2020 年以来，宁波市商品房累计施工面积同比增速在一、二季度有较大增长，三季度开始较为平稳。商品房累计施工面积平稳上升。

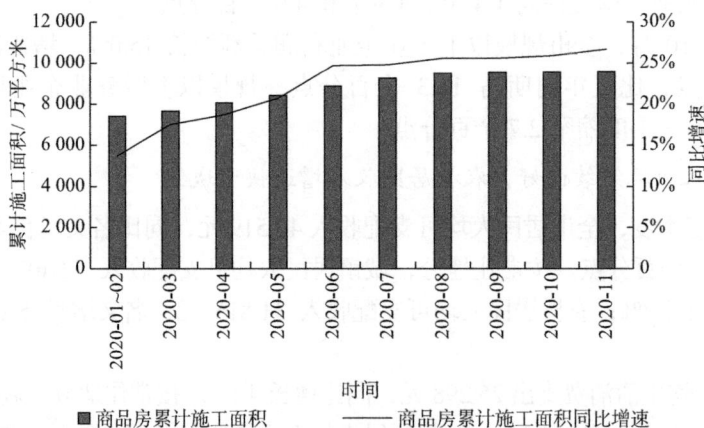

图 4.40　宁波市 2020 年 1~11 月商品房累计施工面积及同比增速
资料来源：中国房地产指数系统、宁波市统计局

2020 年 1~11 月宁波市商品房累计竣工面积同比增速为 118.7%。从图 4.41 来看，2020 年宁波市商品房累计竣工面积同比增速整体呈下降趋势，5 月、6 月有所上涨，随后出现大幅度下降，10 月有所回升。商品房累计竣工面积在前三季度平稳上升，10 月出现大幅度增加。

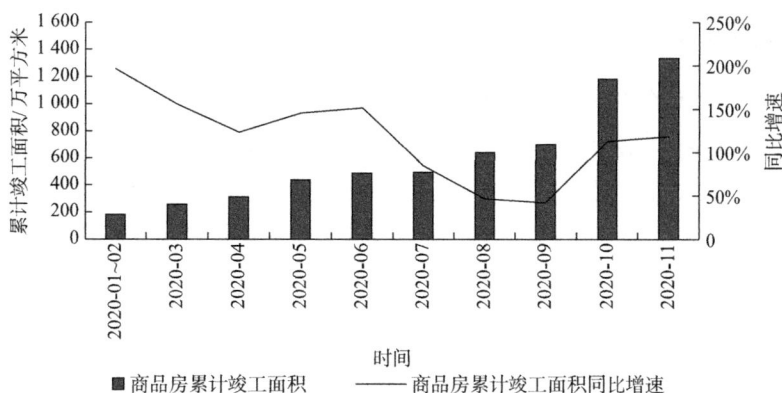

图 4.41　宁波市 2020 年 1~11 月商品房累计竣工面积及同比增速

资料来源：中国房地产指数系统、宁波市统计局

（四）市场销售情况

2020 年以来，全市 1~11 月商品房累计销售面积同比增速为 8.40%，在一、二季度一直保持在负值区间，三季度开始增速转正值，如图 4.42 所示。商品房累计销售面积保持上涨趋势。

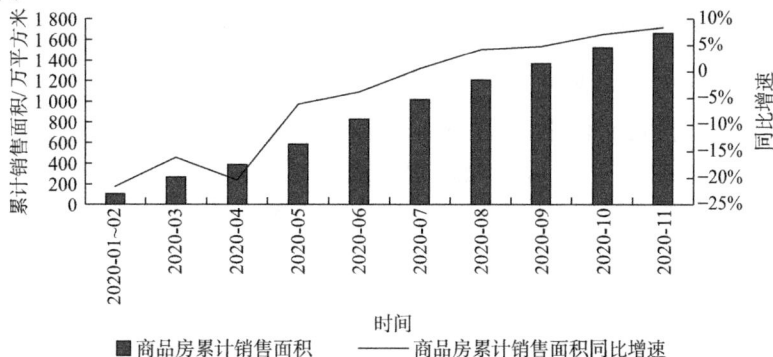

图 4.42　宁波市 2020 年 1~11 月商品房累计销售面积及同比增速

资料来源：中国房地产指数系统、宁波市统计局

2020 年 1~11 月，宁波市二手住宅销售价格指数整体平稳。新建商品住宅销售价格指数在二季度出现较大波动，三季度以来呈现下降趋势，如图 4.43 所示。

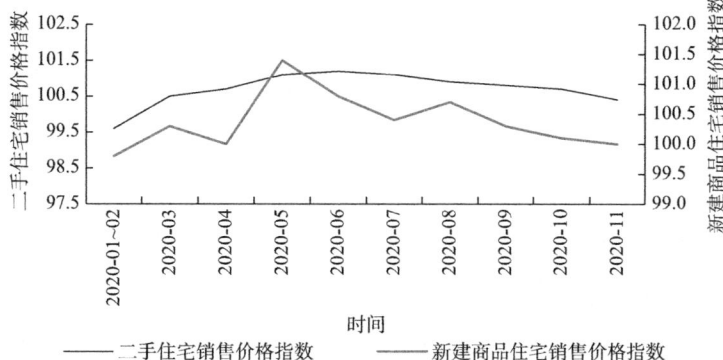

图 4.43　宁波市 2020 年 1~11 月二手住宅、新建商品住宅销售价格指数（环比）

资料来源：宁波市统计局

（五）政策建议

1. 执行差异化的个人住房信贷政策

一方面继续坚持"房住不炒"定位，保障刚需，尤其是考虑购买首套住房的市民的需求状况，以及保障性住房情况；另一方面，要根据市场现状，适度降低金融杠杆率，对于不同的购房群体，要发展适当的、多元的个人住房信贷政策，推动房地产市场平稳健康发展，防范房地产金融风险。

2. 充分发挥政府在房地产市场中的积极引导作用

宁波市一方面应要求各部门、各企业严格落实当地对于房地产市场的相关文件和通知的要求，并根据市场情况及时做出修改和调整；另一方面，要健全房地产市场管理体系，从各个部门的职能协作中寻找结合点，密切配合，严肃监督、监管职责，稳定市场对房地产价格的预期。

三、成都市房地产市场运行情况

（一）经济形势概况

2020年前三季度，成都市经济运行总体平稳、稳中向好，全市实现地区生产总值 12 876.5 亿元，按可比价格计算，同比增长 2.6%，增速较上半年提高 2.0 个百分点，其中三季度增长 6.3%。分产业来看，第一产业实现增加值 507.2 亿元，增长 1.3%；第二产业实现增加值 3 973.42 亿元，增长 2.6%；第三产业实现增加值 8 395.9 亿元，增长 2.6%。

1. 经济运行总体平稳

截至 2020 年 11 月，成都规模以上工业增加值同比增长 4.4%，较 1~10 月提高 0.3 个百分点。按轻重工业分，轻工业增长 2.5%，重工业增长 5.1%。分行业看，电子信息产品制造业增长 14.2%，增速连续 7 个月保持两位数增长，对规模以上工业增长的贡献率达 79.0%；食品、饮料及烟草产业增长 6.2%，汽车产业增长 0.2%。

2. 需求增长较为稳定，进出口增幅较大

2020 年 1~11 月，实现社会消费品零售总额 7 278.4 亿元，同比下降 3.1%，较 1~10 月提高 0.6 个百分点。按经营单位所在地分，实现城镇消费品零售额 7 007.5 亿元，下降 3.2%；乡村消费品零售额 270.9 亿元，下降 0.7%。按消费形态分，餐饮收入实现 1 004.2 亿元，下降 2.8%；商品零售实现 6 274.2 亿元，下降 3.1%。居民消费价格总指数为 102.8。11 月，限额以上汽车类商品零售额增长 18.2%，增速较 10 月提高 4.3 个百分点，拉动限额以上消费品零售额增长 4.9 个百分点，新能源汽车零售额增长 49.0%，连续两个月保持 50% 左右的高速增长。

2020 年 1~11 月，实现外贸进出口总额 6 566.4 亿元，同比增长 23.6%。其中，出口总额 3 780.3 亿元，增长 25.1%；进口总额 2 786.1 亿元，增长 21.7%。

3. 固定资产投资保持稳定

2020 年 1~11 月，固定资产投资同比增长 9.1%，较 1~10 月提高 0.6 个百分点。分产业看，第一产业投资下降 1.0%；第二产业投资增长 2.7%，其中工业投资增长 3.0%，较 1~10 月提高 1.1 个百分点；第三产业投资增长 11.6%。分经济类型看，国有经济投资增长 27.0%；非国有经济投资增长 0.7%，其中民间投资下降 6.6%。房地产开发投资增长 10.7%。

4. 财政收入平稳增长，金融机构存贷款余额增幅较大

2020 年 1~11 月，一般公共预算收入完成 1 369.3 亿元，同比增长 2.0%。其中，税收收入完成 1 033.9 亿元，增长 2.7%；一般公共预算支出完成 1 833.0 亿元，增长 7.3%。

截至 2020 年 11 月末，金融机构人民币存款余额为 41 860 亿元，同比增长 9.8%；其中，住户存款余额 16 582 亿元，增长 13.9%。金融机构人民币贷款余额为 39 329 亿元，增长 12.4%；其中，个人住房贷款余额 7 417 亿元，增长 11.1%。

（二）商品房投资建设情况

1. 房地产开发投资在疫情平稳后逐步转正

如图 4.44 所示，2020 年以来，成都市固定资产投资在疫情冲击下呈现出如下新特点：与 2019 年相比，2~3 月出现了非常大的降幅，2 月甚至比上年同期少了近 1/4，在 4 月之后奋起直追，同比转正。截至 10 月，实现了 10.9% 的正增长。房地产开发投资与此基本保持相同的趋势和幅度。

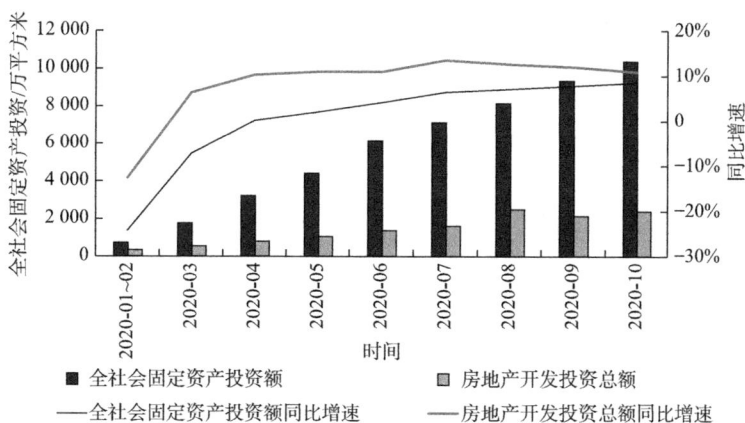

图 4.44　成都市 2020 年 1~10 月全社会固定资产投资及房地产开发投资情况

数据来源：Wind 数据库

2. 商品房施工竣工情况

如图 4.45 所示，2020 年前 10 个月成都市商品房施工、竣工面积同比都有所下降。2020 年 2 月，商品房累计施工面积及累计竣工面积相较于上年同期分别下降 54.2%、13.9%。截至 10 月，降幅有所收窄，商品房累计竣工面积较上年同期下降 36.8%，累计施工面积下降 9.4%。

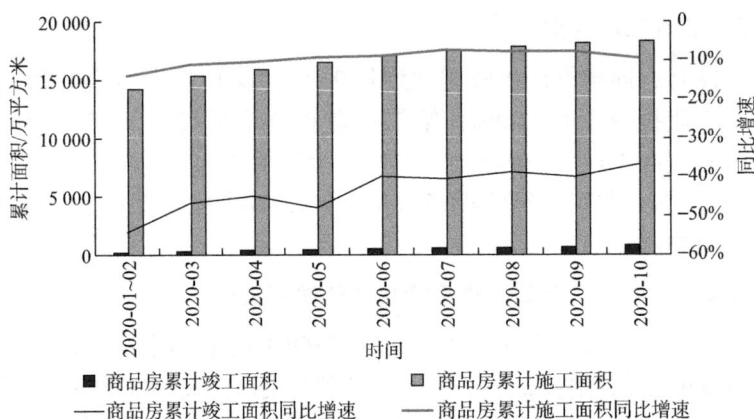

图 4.45　成都市 2020 年 1～10 月商品房累计施工竣工情况

数据来源：Wind 数据库

（三）房地产市场总体评价

2020 年，成都市克服新冠肺炎疫情带来的冲击，在疫情得到控制之后，社会生产经营活动逐步回归正轨。从房地产相关数据来看，房地产投资已经转正，但是施工、竣工相较上年同期降幅仍然较大。从整体上来看，成都市社会消费品零售等相关指标都在恢复，大多逐步转正或收窄降幅，而进出口增长相当显著，显示出经济上强大的韧性。从中长期来看，在坚持"房住不炒"的背景下，随着调控升级和打击违规行为，住房市场在回归理性、减少投机性行为的情况下，未来随着人口的逐步流入以及经济发展水平的显著提升，成都市房地产市场仍然具有较大的发展潜力和后劲。

第五章　2020 年房地产金融形势分析

第一节　房地产业融资渠道分析

2020 年以来，国内统筹疫情防控和复工复产取得重大阶段性成果，各类经济指标出现边际改善，但全球疫情和世界经济形势依然严峻复杂，国内防范疫情反弹任务仍然艰巨繁重，给我国经济发展带来风险和挑战。稳健的货币政策体现了前瞻性、针对性和逆周期调节的要求。

一、商业性房地产贷款

目前房地产调控框架清晰，"三道红线"限制地产企业融资，2020 年末出台的房地产贷款集中度新规限制银行的按揭及开发贷供应，近期出台的集中供地政策控制土地供给。总体上，房地产调控仍比较严格，在"房住不炒"的总基调下，对涉房类信贷的压降保持平稳、渐进的节奏。

如图 5.1 所示，近四年来房地产贷款同比增速持续回落。具体到数据层面，2020 年房地产总贷款增速由第一季度的 13.9%下降到年末的 11.7%，分别较 2019 年走低 4.8%和 3.1%，8 年以来首次低于金融机构人民币总贷款增速。如图 5.2 所示，在 2020 年新增贷款中，房地产总贷款占比 11.64%，较 2019 年降低了 3.11%。个人购房贷款占比 14.53%，较 2019 年降低了 2.26%。住房开发贷款占比 8.33%，较 2019 年降低了 6.27%。后续房地产总贷款、个人购房贷款及住房开发贷款占比仍可能受到房贷管控影响而持续平缓下行的趋势。

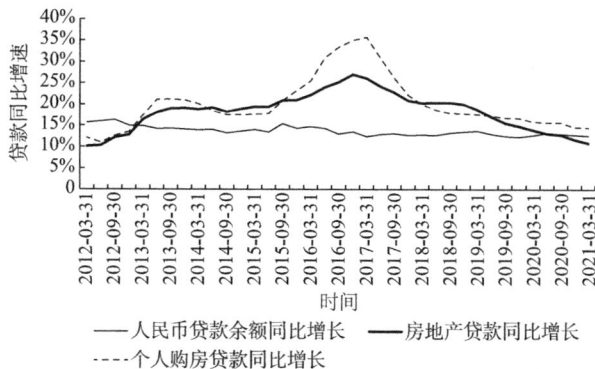

图 5.1　全国 2012~2020 年房地产贷款同比增速情况

资料来源：Wind 数据库

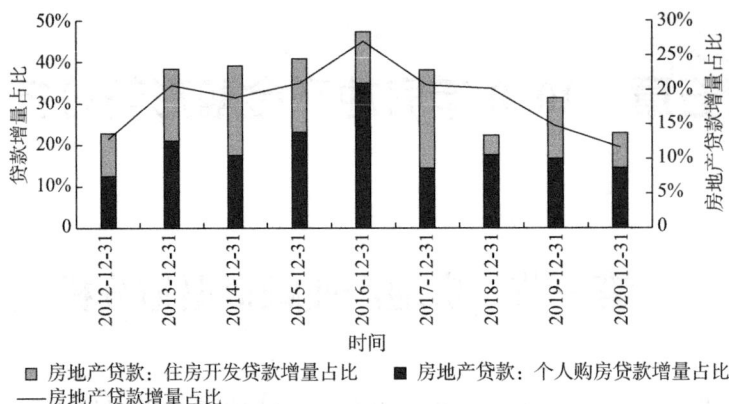

图 5.2　全国 2012~2020 年房地产贷款增量占比情况

资料来源：Wind 数据库

2020 年 2 月，人民银行金融市场工作会议提出保持房地产金融政策的连续性、一致性和稳定性，继续"因城施策"，落实好房地产长效管理机制，促进市场平稳运行，5月，"房住不炒"再次写入政府工作报告，体现中央力促资金等要素进入实体经济的决心，房地产信贷作为主要的融资方式，自 2019 年一季度以来一直呈现增速平稳回落态势。具体如表 5.1 和表 5.2 所示，2020 年一季度房地产贷款 46.16 万亿元，地产开发贷款1.29 万亿元，住房开发贷款 9.00 万亿元，个人购房贷款 31.15 万亿元，同比增长分别为 3.94%、0.78%、7.14%和 3.59%。2020 年四季度房地产贷款 49.58 万亿元，地产开发贷款 1.286 25 万亿元，住房开发贷款 9.10 万亿元，个人购房贷款 34.44 万亿元，同比增长分别为 1.54%、−0.10%、−2.15%和 2.53%，呈下降趋势。

表 5.1　全国 2019~2020 年房地产贷款主要类别情况　　　　　　　单位：亿元

时间	房地产贷款	地产开发贷款	住房开发贷款	个人购房贷款
2019-03	405 200.00	14 000.00	79 200.00	268 700.00
2019-06	419 100.00	13 700.00	81 200.00	279 600.00
2019-09	432 900.00	13 600.00	83 300.00	290 500.00
2019-12	444 100.00	12 800.00	84 000.00	300 700.00
2020-03	461 600.00	12 900.00	90 000.00	311 500.00
2020-06	474 000.00	12 850.00	91 000.00	323 600.00
2020-09	488 300.00	12 875.00	93 000.00	335 900.00
2020-12	495 800.00	12 862.50	91 000.00	344 400.00

资料来源：Wind 数据库

表 5.2　全国 2019~2020 年房地产贷款主要类别同比增速

时间	房地产贷款	地产开发贷款	住房开发贷款	个人购房贷款
2019-03	4.70%	1.45%	8.05%	4.35%
2019-06	3.43%	−2.14%	2.53%	4.06%
2019-09	3.29%	−0.73%	2.59%	3.90%
2019-12	2.59%	−5.88%	0.84%	3.51%

时间	房地产贷款	地产开发贷款	住房开发贷款	个人购房贷款
2020-03	3.94%	0.78%	7.14%	3.59%
2020-06	2.69%	−0.39%	1.11%	3.88%
2020-09	3.02%	0.19%	2.20%	3.80%
2020-12	1.54%	−0.10%	−2.15%	2.53%

资料来源：Wind 数据库

二、股市融资

对于上市房企，股市融资是重要资金来源，主要为权益性融资，包括配股、增发、可转换公司债券、优先股等。2020 年中国人民银行金融市场工作电视电话会议上提出金融市场业务条线要保持房地产金融政策的连续性、一致性和稳定性，继续"因城施策"落实好房地产长效管理机制，促进市场平稳运行。会议强调，2020 年是全面建成小康社会和"十三五"规划收官之年，做好金融市场各项业务和信贷政策各项工作十分重要。

房地产行业的严监管提高了企业融资门槛，使得行业内融资出现分化，资金流向向财务稳健、综合实力更强的房企倾斜。随着我国城镇化进程的不断推进和经济水平的稳步提升，消费者需求更加多元，商业地产迎来新的发展机遇，2020 年，上市房企通过优化产品结构和业态组合适应消费需求升级，打造具有文化特色的商业地产，并凭借自身的商业开发管理及运营能力，输出管理与服务，加速布局扩张，建立核心竞争力。中国恒大、万科、碧桂园、保利地产、中国海外发展、融创中国、龙湖集团、新城控股、华润置地、富力地产等 10 家沪深房地产上市公司荣获"2019 中国房地产上市公司综合实力 TOP10"。

三、房地产信托

虽然新冠肺炎疫情给我国经济带来了较大的冲击，但是中央在房地产调控方面保持了相当强的定力，各地房地产调控政策并未放松。中国人民银行和住建部在三季度选择了部分重点房企试点进行融资的"三道红线"管控，以此探索建立对房地产企业融资进行持续监控的机制。三季度，在中央坚持"房住不炒"的定位的基础上，信托业继续积极配合国家在房地产调控方面的各项金融政策，持续压缩债权融资类房地产信托业务的规模，调整优化业务结构，升级业务模式。截至 2020 年末，投向房地产领域的信托资金总额为 812.32 亿元，较上年末提高 412.32 亿元；较 2020 年二季度末下降 554.16 亿元。自 2019 年二季度以来，为了严格落实"房住不炒"，保障"稳房价、稳地价、稳预期"，银保监会持续加强房地产信托合规监管，投向房地产的信托资金余额已经连续 5 个季度下降，2020 年三季度末投向房地产的资金信托规模较 2019 年二季度末的最高峰值下降了 5 516.60 亿元，降幅达 18.83%。从占比来看，2020 年三季度末，房地产信托占比为 13.8%，比 2019 年末和 2019 年二季度末分别下降 1.27 个和 1.58 个百分点。这些都说明信托行业在落实房地产宏观调控政策上取得了明显的成效，这有助于促进房企降杠杆，保障房地产市场平稳健康发展。

如图 5.3 所示，2020 年下半年，房地产信托发行规模和数量均出现先降后升趋势。同时，如图 5.4 所示，房地产信托产品平均收益率下半年同样先降后升，房地产信托产品的发行明显受到监管政策影响。2020 年 10 月，房地产信托发行规模占整体信托发行规模的比重为 4.14%，与 6 月相比，下降了 10.87%。严监管政策在一定程度上限制了资金向房地产行业集中。年末作为信托行业传统的冲规模重要时间段，房地产类信托作为非标产品中的主要支撑力量，加上到期的房地产类项目众多，部分有额度的信托公司大量投放房地产类信托产品，这一阶段才有较为明显的反弹。但同期亦有新一轮房地产信托业务专项排查进行，监管收紧房地产业务的大趋势未变。

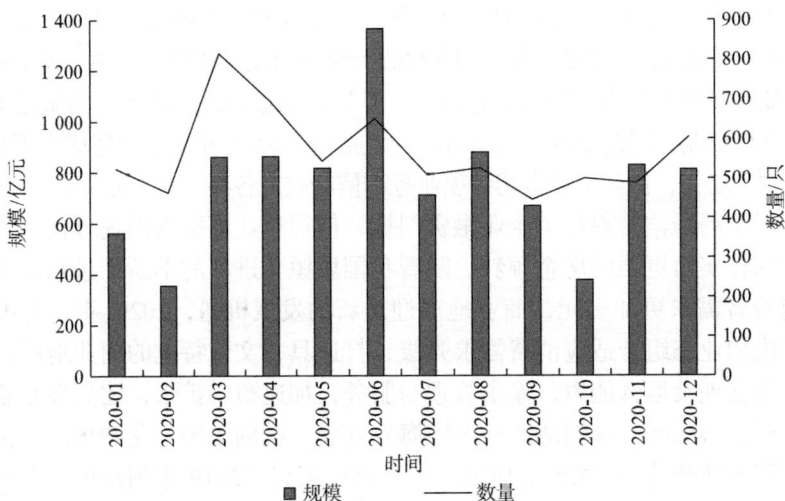

图 5.3　2020 年 1~12 月房地产信托产品发行规模和数量

资料来源：用益信托工作室

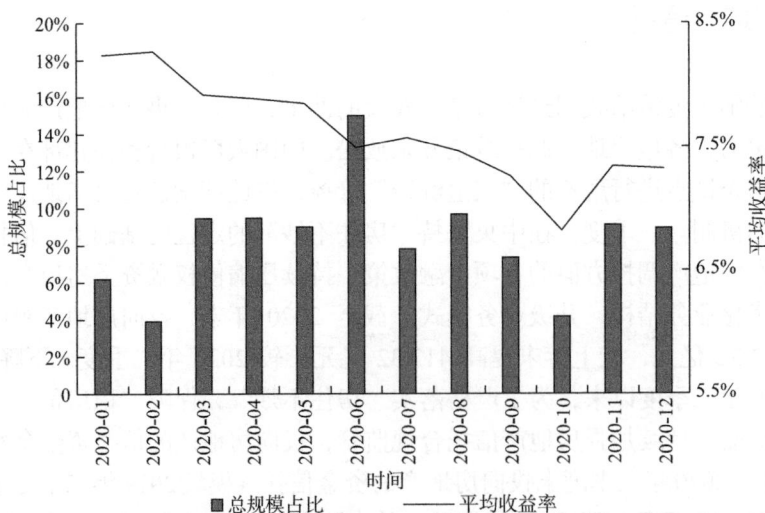

图 5.4　2020 年 1~12 月房地产信托产品总规模占比和平均收益率

资料来源：用益信托工作室

在"房住不炒"的政策导向下，房地产企业的各类融资渠道收紧，房地产企业高杠杆、高负债的经营模式在未来将承受更大的风险。伴随着银行去杠杆任务的压力，房地产企业从银行获得贷款的难度增加，目前对房地产调控加大，导致了部分房地产开发商面临一定的流动性紧张的困境，因此不少房地产企业不惜抬高资金成本来获取信托融资。在强调控、严监管、融资趋紧的背景下，未来房地产投资将趋于稳定，但大幅降低可能性不大，房地产行业仍有结构性机会。

房地产行业是国民经济的重要支撑，健康合理的房地产业有助于国民经济的持续健康发展。房地产信托一直以来是信托公司的主要业务，也是信托业务收入的主要来源，短期内不可能完全萎缩。投资者投资房地产信托时应持谨慎的态度。首先应该注意资金投放区域，一般而言，一线城市或比较好的二线城市，特别是前期房地产泡沫不太高的二线城市，安全性较高；其次是看融资方，首选全国性、品牌好的、经营稳健的开发商；最后还要看信托公司采取的风控措施是否严密和有力等。

第二节　房地产企业经营状况分析

2020 年政府工作报告提出，落实城市主体责任，改革完善住房市场体系和保障体系，促进房地产市场平稳健康发展。房地产市场政策调控的主基调被确立为"住房不炒，因城施策"。纵观当前宏观经济和房地产市场态势，从增量时代进入存量时代以后，已不再支持过度扩张的发展模式。在新旧动能转换、产城融合的大背景之下，房地产行业将普遍尝试产业转型，走可持续的高质量发展之路。

一、房地产企业盈利状况分析

净利润是衡量企业经营效益的一个重要指标，它表现的是企业在一个会计年度中的最终经营成果。因此，本节通过净利润指标对2020年截至10月上市房地产企业的盈利状况进行分析。根据已公布前三季度财报的 125 家境内上市房地产企业净利润披露数据，得到2020 年前三季度净利润分布，如图 5.5 所示。此外2020 年前三季度净利润为正的企业有94家，2019 年是 107 家；净利润为负的企业有31家，2019 年是 22 家。净利润为正的上市房地产企业占比达 75.2%，较 2019 年同期的82.95%有所下降。可以看到，2020 年与 2019 年相比，房地产企业利润稳中有降，这与中央近一年来紧密推出的针对房地产行业的政策有着密切关系，落实"房子是用来住的、不是用来炒的"政策方向。

图 5.6 为2020 年前三季度净利润位于前十名的境内上市房地产企业，可以看出其盈利状况呈现不同程度的变动。可以看到，在 2020 年前三季度中，排名前十的房地产企业中，有四家净利润同比增长率为负值，分别为华夏幸福、华侨城、金地集团、荣盛发展。第一梯度"高速增长"阵营：中南建设同比增长 62.73%；第二梯度"中速增长"阵营：新城控股同比增长 26.91%；第三梯度"平稳增长"阵营：金科股份同比增

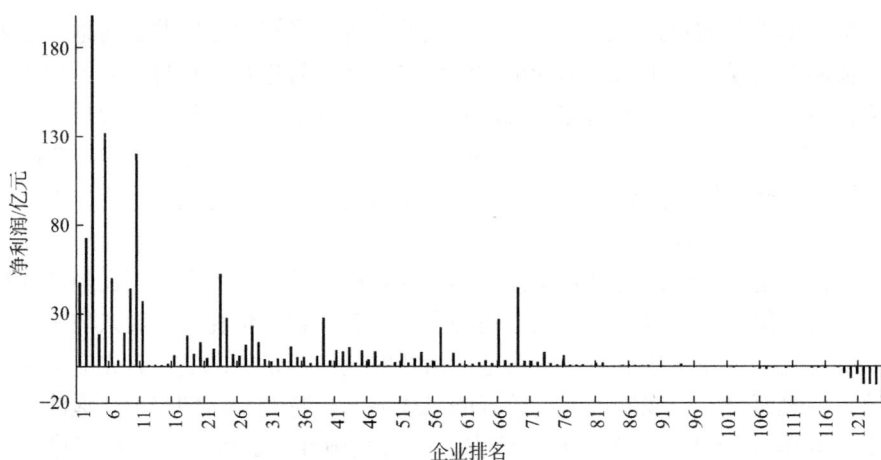

图 5.5　境内上市房地产企业 2020 年前三季度净利润分布

图中企业按照每股收益由高到低排序

资料来源：同花顺数据库

长 11.46%，万科同比增长 8.89%，保利地产同比增长 2.88%，绿地控股同比增长 1.94%；第四梯度"负增长"阵营：金地集团同比下降 7.98%，荣盛发展同比下降 9.88%，华侨城同比下降 12.5%，华夏幸福同比下降 25.3%。就上市房地产企业盈亏面来看，2020 年前三季度净利润同比上升的企业有 57 家，同比下降的企业有 68 家，净利润同比上升的企业占 45.6%。同时 2019 年前三季度报告亏损的上市房地产企业为 22 家，到 2020 年前三季度报告亏损的上市房地产企业增加至 31 家。

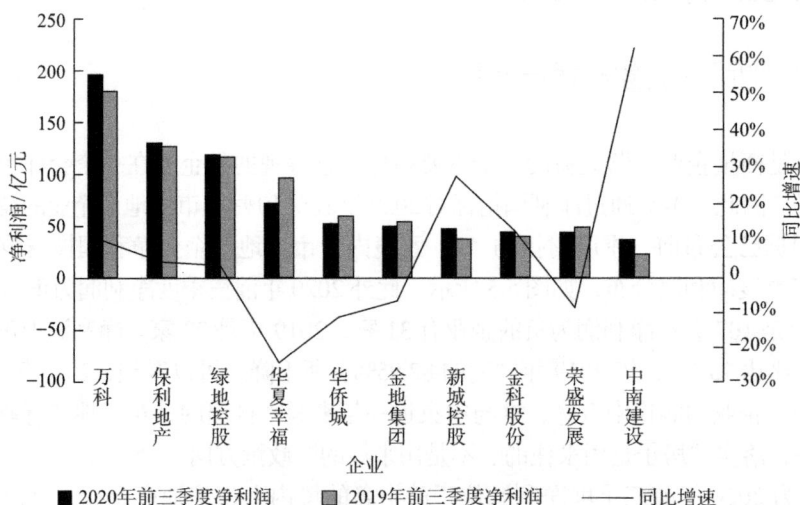

■2020年前三季度净利润　　■2019年前三季度净利润　　——同比增速

图 5.6　2020 年前三季度净利润排名前 10 位的房地产企业净利润及同比增速

图中企业按照每股收益由高到低排序

资料来源：同花顺数据库

二、房地产企业营利能力分析

营业利润率是销售收入扣减商品销售成本和一些营业费用后的余额占销售收入的比例，它衡量了营业利润占营业收入的比重，反映了企业营利能力的高低。因此，我们以营业利润率为主要指标分析了已公布相关数据的 125 家上市房地产企业的经营状况，如图 5.7 所示。相比 2019 年同期，2020 年前三季度我国 53.6%的上市房地产企业营业利润率有所下降，部分房地产出现增幅较大和较小的态势，如财信发展的营业利润率较 2019 年上涨 17 840.71%，阳光股份的营业利润率较 2019 年下降 585.97%。总体来看，上市房地产企业营业利润率上升与下降的家数之比是 58∶67，营业利润率上升企业占 46.4%。

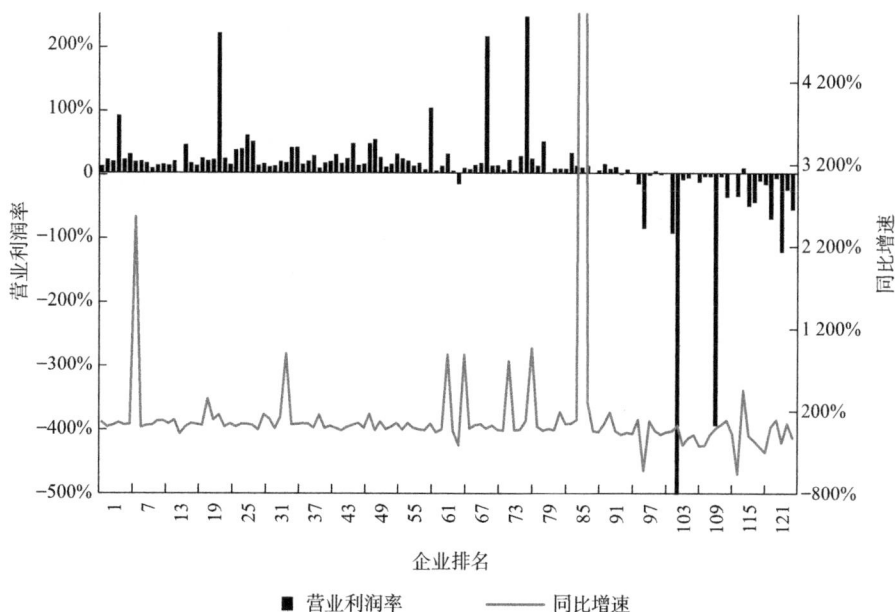

图 5.7　2020 年前三季度房地产企业营业利润率及同比增速
图中企业按照每股收益由高到低排序
资料来源：同花顺数据库

净资产收益率又称股东股权益报酬率或净资产利润率，是税后利润除以净资产的百分比，该指标反映股东权益的收益水平，用来衡量企业运用自由资产获得净收益的能力，反映了企业自有资本的利用效率。本章用净资产收益率衡量企业营利能力，如图 5.8 所示，2020 年前三季度 125 家上市房地产企业的摊薄净资产收益率同比上升与下降的公司家数之比为 44∶81。房地产行业整体摊薄净资产收益率上升与下降企业家数较 2019 年基本保持稳定。

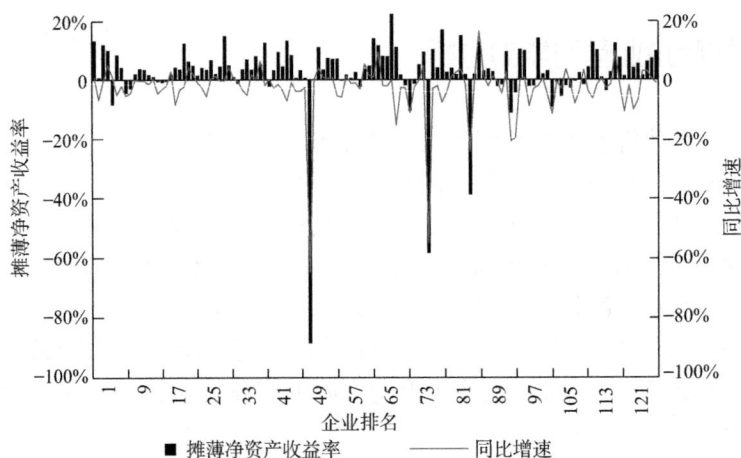

图 5.8　2020 年前三季度房地产企业摊薄净资产收益率及同比增速

图中企业按照每股收益由高到低排序

资料来源：同花顺数据库

投资者通常根据每股收益，衡量普通股的获利水平以及投资者对该股票的未来预期情况。图 5.9 为 2020 年前三季度 125 家上市房地产企业的每股收益及同期变动情况。2020 年前三季度上市房地产企业每股收益分布区间为−0.79~2.11 元/股，分布区间较 2018 年前三季度的−3.55~3.18 元/股有所分化，房地产企业分化状况日益缩减。

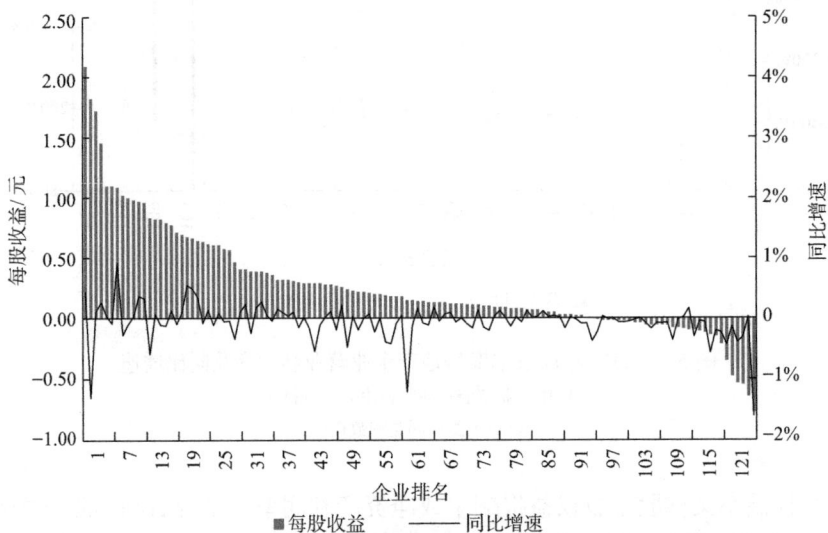

图 5.9　2020 年前三季度房地产企业每股收益率及同比增速

图中企业按照每股收益由高到低排序

资料来源：同花顺数据库

表 5.3、表 5.4 分别为 2019 年、2018 年前三季度每股收益（earnings per shares，EPS）排名前十的房地产企业。相较于 2018 年同期，2019 年各上市房地产企业每股收益略有上升。传统大型房地产企业的每股收益普遍上涨较慢甚至出现下降，而中小型房

地产企业成长速度很快。房地产企业股权收益差距继续缩小，说明房地产企业表现出平均权益持稳及趋同的态势。

表 5.3 2019 年前三季度 EPS 排名前十的房地产企业 单位：元

上市公司	EPS
新城控股	2.11
华夏幸福	1.84
万科	1.74
南京高科	1.47
保利地产	1.11
金地集团	1.11
宁波联合	1.10
广宇发展	1.03
荣盛发展	1.01
绿地控股	0.99

资料来源：同花顺数据库

表 5.4 2018 年前三季度 EPS 排名前十的房地产企业 单位：元

上市公司	EPS
华夏幸福	3.18
新城控股	1.67
万科	1.63
新大正	1.45
中洲控股	1.39
广宇发展	1.32
南京高科	1.20
金地集团	1.20
荣盛发展	1.12
保利地产	1.08

资料来源：同花顺数据库

三、房地产企业资金链状况分析

房地产企业的资金状况变化对房地产及关联行业贷款风险、房地产信托兑付风险等产生显著影响。

资产负债率是衡量企业负债水平及风险程度的重要指标，一般认为资产负债率的适宜水平是 40%~60%，但不同行业的资产负债率水平各有不同。对于房地产企业而言，前期投资非常大，正常的范围在 60%~70%，最高不得超过 80%。如果资产负债率过高，企业的经营就会面临巨大的风险，从长期来看，可能会导致企业资不抵债，最终破产。目前房地产行业企业平均资产负债率出现逐渐增长的趋势，如图 5.10 所示，2018

年第二、三、四季度及 2019 年第二季度和第三季度资产负债率均超过 80%，但 2020 年资产负债率下降至正常范围内。

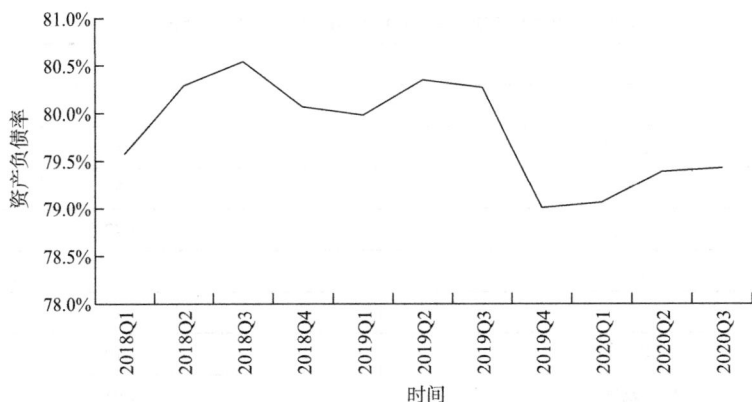

图 5.10　2018~2020 年上市房地产企业平均资产负债率情况
资料来源：同花顺数据库

速动比率反映了企业的短期偿债能力，一般用来衡量企业流动资产可以立即变现用于偿还流动负债的能力。图 5.11 为 2018~2020 年公布的 125 家上市房地产企业的平均速动比率，由图可知，2019 年以来，房地产行业的平均速动比率呈现下降的趋势。2019 年末虽有回升，但在 2020 年又进入下降趋势，说明其短期偿债能力逐步下降。在 2020 年内，连续三季度持续下降，由第一季度的 0.5，下降到第三季度的 0.48。整体来说，房地产行业企业速动比率呈现下降趋势，短期偿债能力逐步减弱，在资金流不足的情况下抵御破产风险的能力在逐渐减弱。

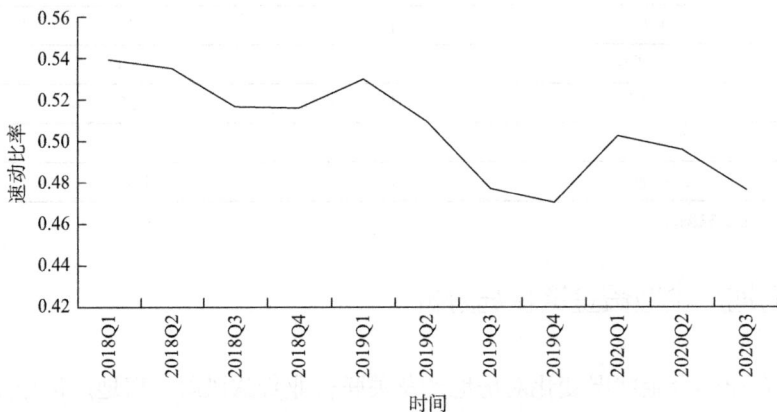

图 5.11　2018~2020 年上市房地产企业平均速动比率情况
资料来源：同花顺数据库

流动比率是流动资产与流动负债的比率，用来衡量企业流动资产可以变现用于偿还短期负债的能力，图 5.12 为 2018~2020 年公布的 125 家上市房地产企业平均流动比率，由图可知，2020 年以来，房地产企业的平均流动比率呈现下降的趋势，短期偿债能力下降。

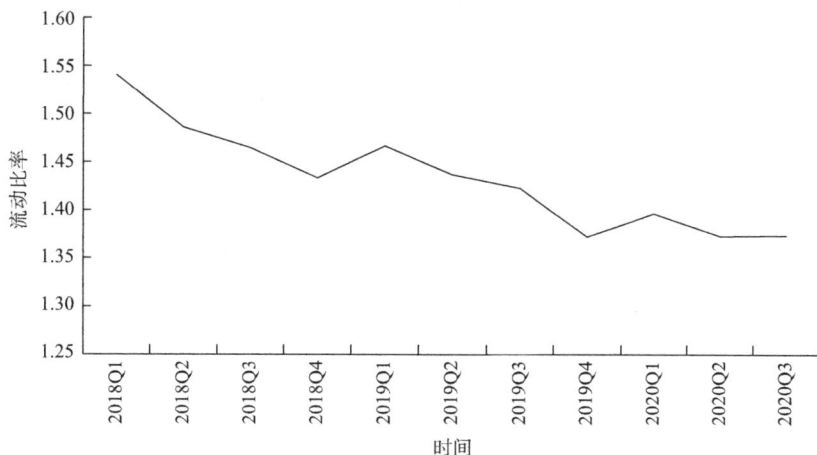

图 5.12　2018~2020 年上市房地产企业平均流动比率情况

资料来源：同花顺数据库

　　每股经营现金流量是公司经营活动所产生的现金流入与经营活动的现金流出的差额占总流通股本的比值。该指标主要反映平均每股所获得的现金流量，是上市公司在维持期初现金流量的情况下，有能力发给股东的最高现金股利金额，反映企业在实际经营中运用资本创造现金的能力。图 5.13 为 2019~2020 年上市房地产企业平均每股现金流量。2019 年第二季度，房地产企业平均每股经营现金流量净额实现由负转正，2019 年第四季度达到近两年最高值为 1.01 元/股。然而 2020 年前两季度，平均每股经营现金流量净额均为负值，但负值逐渐减小，这表明目前的房地产市场运用自有资本进行经营活动产生的现金流量净额有所回升。

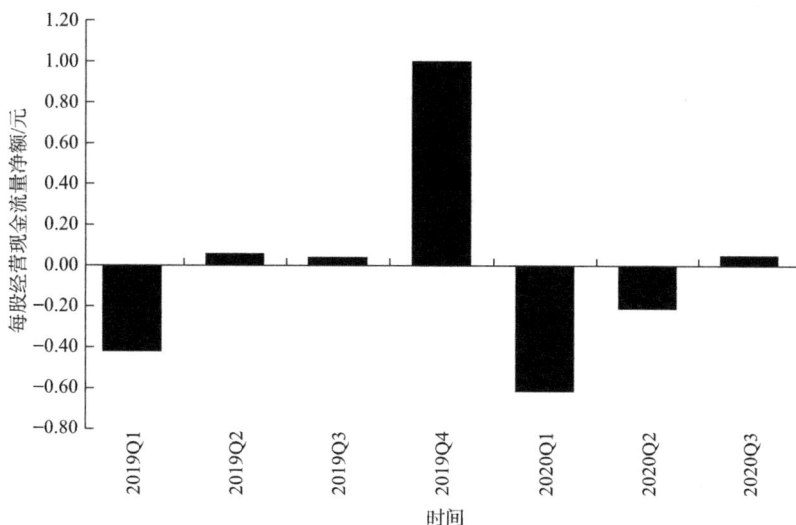

图 5.13　2019~2020 年上市房地产企业平均每股经营现金流量

资料来源：同花顺数据库

总体来说，2020 年前三季度，房地产企业的销售与盈利与 2019 年相比有所下降，大型房地产企业的利润上升空间不足，中小型企业的利润率也有所下降。另外，上市房地产企业的每股收益与上一年度相比分化较大。2020 年，房地产企业的偿债能力和资金链状况较 2019 年有所下降，考虑到未来价格的不确定性和政策的收紧，房地产企业更加需要关注自身的长短期偿债能力和资金链状况。

第三节 房地产金融产品运行分析

一直以来，房地产作为资金密集型行业，高负债发展是其实现高增长的重要手段。近年来，为维持房地产行业平稳健康发展，行业融资受到严控，融资渠道收缩。在"十四五"规划和 2020 年中央经济会议中，均重点强调了"房住不炒"的定位，意味着未来房地产市场调控仍将保持现有基调，各渠道资金来源持续收缩。2021 年，以降低负债为目标的量化指标"三道红线"将在房地产行业全面实施，在"三道红线"的预期下，房企融资空间进一步收缩，后续房企难以通过举借债务扩大经营规模，并且部分债务的偿还也需要依靠销售回款。

房地产业是资金密集型行业，在传统融资渠道受限的背景下，获得足够的资金支持、开拓新的融资渠道，是投资项目得以顺利进行的基本前提，也是当前房地产企业关注的热点问题。房地产证券化是当代经济、金融证券化的典型代表，是一国经济发展到较高阶段的必然趋势。对于资金紧张的房地产行业来讲，资产证券化能够盘活存量资产，降低融资成本，提供了一种更加便捷、高效、灵活的融资途径。我国目前的房地产证券化还处于研讨和摸索阶段，未来有较大的发展空间。2020 年银行发行住房抵押贷款支持证券 56 只，与上年（67 只）相比数量上大幅减少。发行总额为 4 298.76 亿元，较上年发行总额减少 863.96 亿元，跌幅高达 16.7%。具体见表 5.5。

表 5.5 2020 年住房抵押贷款支持证券发行总额前十名一览表

项目名称	发起机构	发行总额/亿元	计息起始日	法定到期日	发行人	主承销商
农盈汇寓 2021-1	中国农业银行	200.15	2021-01-12	2039-01-26	上海国际信托	中信证券、兴业银行、中国工商银行、招商证券、华泰证券
工元宜居 2020-1	中国工商银行	156.33	2020-01-17	2039-07-26	华润深国投信托	中银国际、交通银行、中信证券
工元宜居 2020-3	中国工商银行	156.16	2020-09-29	2039-07-26	华润深国投信托	中国国际金融、中国农业银行
工元宜居 2020-2	中国工商银行	155.90	2020-08-27	2039-07-26	华润深国投信托	招商银行、光大证券、中信建投证券
工元乐居 2020-1	中国工商银行	144.88	2020-10-30	2042-04-26	中海信托	招商证券、中信证券、兴业银行
工元乐居 2020-3	中国工商银行	142.91	2020-11-13	2042-04-26	中海信托	中国国际金融、国泰君安证券、交通银行
工元乐居 2020-4	中国工商银行	142.88	2020-11-24	2042-04-26	中海信托	申万宏源证券、上海浦东发展银行、中信建投证券

续表

项目名称	发起机构	发行总额/亿元	计息起始日	法定到期日	发行人	主承销商
工元乐居 2020-2	中国工商银行	142.84	2020-11-06	2042-04-26	中海信托	中银国际证券、中国建设银行、光大证券
建元 2020-11	中国建设银行	131.02	2020-11-24	2053-01-26	建信信托	国泰君安证券、招商银行、中信建投证券、兴业证券
工元乐居 2020-5	中国工商银行	124.98	2020-12-18	2040-07-26	中海信托	中国建设银行、中信建投证券、申万宏源证券

资料来源：Wind 数据库

　　2020有19家银行参与住房抵押贷款支持证券发行，与2019年（18家）相比没有太大变化。2020 年住房抵押贷款支持证券发行总金额最高的仍然是中国建设银行，为1 480.43 亿元，占全部总额的36.35%。其次，中国工商银行 2020 共发行 10 只证券，总金额 1 371.58 亿元，其中 9 只位于住房抵押贷款支持证券发行总额前十名之列，单只证券平均发行额高达 116.85 亿元。两者发行额之和占总发行额的比重高达 70.03%，较上年的 52.5%进一步增加。中信银行 2019 年发行的住房抵押贷款支持证券为 12 只，2020年发行数量为 0。

　　2020 年发行的住房抵押贷款支持证券整体到期期限平均为 24.2 年，较上年整体期限约增加 4 年。其中，蓉居一期到期期限最短，为 14.5 年，建元九期到期期限最长，为32.5 年。其中，中国建设银行和中国工商银行两大发行机构发行的建元系列与工元乐居系列证券的平均到期期限分别为 27.7 年和 20.2 年，较上年相比，二者均有所增加。

　　2020 年住房抵押贷款支持证券发行金额主要集中于中国建设银行与中国工商银行这两大机构，在整体住房抵押贷款支持证券发行总金额大幅收缩的背景下，两家银行的发行总金额反而有所上升，相较其他发行机构发挥了重要作用，对相关主体有较大的影响力。证券的发行由多个机构合作承销，其中，中信证券、中信建投、国泰君安是承销商中的主力，参与了多只住房抵押贷款支持证券的承销。

一、工元宜居 2020-1 个人住房抵押贷款支持证券

　　以 2020 年发行的工元宜居 2020-1 为例，介绍住房抵押贷款支持证券的发行和运行情况。

　　1. 证券发行情况

　　工元宜居 2020-1 债券全称为工元宜居 2020 年第一期个人住房抵押贷款资产支持证券，是中国工商银行发行的 2020 年第 1 期住房抵押贷款支持证券，发行规模为 156.33亿元，高于同年其他同类型证券。工元宜居 2020-1 分为 A1、A2、C 三个等级，分层占比分别为 40.30%、49.77%和 9.93%，见表 5.6。

表 5.6　工元宜居 2020-1 个人住房抵押贷款支持证券发行情况

债券名称	评级	评级机构	发行金额/万元	分层比例
工元宜居 2020-1A1	AAA	联合资信/中债资信	630 000.00	40.30%
工元宜居 2020-1A2	AAA	联合资信/中债资信	778 000.80	49.77%

续表

债券名称	评级	评级机构	发行金额/万元	分层比例
工元宜居 2020-1C	—	—	155 298.32	9.93%

资料来源：Wind 数据库

该项目采用信托交易结构，中国工商银行作为发起机构和贷款服务机构，华润深国投信托有限公司作为受托机构和资产支持证券的发行机构，中国银行股份有限公司与中信证券股份有限公司为其资金保管机构，如表 5.7 所示。

表 5.7　工元宜居 2020-1 个人住房抵押贷款支持证券发行相关机构

机构	名称
发起机构	中国工商银行股份有限公司
贷款服务机构	中国工商银行股份有限公司
发行人	华润深国投信托有限公司
受托机构	华润深国投信托有限公司
主承销商	中银国际证券股份有限公司、交通银行股份有限公司、中信证券股份有限公司
资金保管机构	中国银行股份有限公司、中信证券股份有限公司
信用评级机构	联合资信/中债资信

资料来源：Wind 数据库

工元宜居 2020-1 初始起算日资产池中抵押贷款的总体特征如表 5.8 所示，统计了"资产池"在"初始起算日"营业终了的特征。所有加权平均和百分比数据的计算均以"初始起算日"营业终了的"资产池"中所有"抵押贷款"的本金余额为基础。

表 5.8　工元宜居 2020-1 初始起算日资产池中抵押贷款总体特征

项目特征	数据
合同总金额/万元	1 563 298.32
借款人数量/个	52 386
单笔贷款平均合同金额/万元	—
加权平均贷款年利率	4.77%
加权平均贷款合同期限/月	183
加权平均贷款剩余期限/月	138.36
资产池未偿本金余额/万元	1 563 298.32
贷款笔数/笔	52 392
单笔贷款最高合同金额/万元	—
当前执行单笔贷款最高年利率	6.86%
加权平均贷款账龄/月	44.64

资料来源：Wind 数据库

2. 基础资产分析

住房抵押贷款支持证券以住房抵押贷款为资产池，住房抵押贷款的期限分布不仅对资产证券化产品的收益有影响，更对其风险至关重要。工元宜居 2020-1 资产池中抵押贷款期限特征如表 5.9 所示。

表 5.9　工元宜居 2020-1 资产池中抵押贷款期限特征

剩余期限	金额/万元	占比	数量/笔	占比
0~3 年（含）	26 006.40	1.66%	1.904	3.63%
3~5 年（含）	58 581.27	3.75%	3.355	6.40%
5~8 年（含）	189 413.44	12.12%	9.079	17.33%
8 年以上	1 289 297.21	82.47%	38.054	72.63%

资料来源：Wind 数据库

由表 5.9 可以看出，工元宜居 2020-1 住房抵押贷款支持证券资金池中，剩余期限为 0~3 年与 3~5 年的资金占比分别为 3.63% 和 6.40%。约 90% 的资金剩余期限为 5 年以上，其中剩余期限为 8 年以上的资金占比为 72.63%。

工元宜居 2020-1 住房抵押贷款支持证券的资产池中贷款利率分布如表 5.10 所示。贷款利率方面，利率水平呈两极分布，利率在 4.0%~4.5% 与 4.5%~5.0% 两个中等区间的金额占比较高，分别为 35.75% 和 32.73%，证券数量占比分别为 30.11%、39.20%。其次，利率分布在 5.0%~5.5% 区间的资金占比为 18.32%。低利率水平与高利率水平的资金占比较低，利率分布在 4% 及以下的资金占比为 3.70%，分布在 5.5% 以上的资金占比为 9.51%。

表 5.10　工元宜居 2020-1 资金池中贷款利率分布

贷款利率	金额/万元	占比	数量/笔	占比
3.43%~4.0%（含）	57 772.37	3.70%	4 261	8.13%
4.0%~4.5%（含）	558 824.37	35.75%	15 775	30.11%
4.5%~5.0%（含）	511 650.80	32.73%	20 536	39.20%
5.0%~5.5%（含）	286 357.11	18.32%	7 757	14.81%
5.5%（以上）	148 693.68	9.51%	4 063	7.76%

资料来源：Wind 数据库

二、房地产投资信托基金（REITs）

1. 2020 年不动产投资信托 REITs 发行情况

作为一种集合投资计划，REITs 在新加坡和中国香港的房地产市场发展较为成熟。我国的 REITs 发展仍处于起步阶段。REITs 主要在公开市场募集，其直接融资的性质确保融资规模较大，与房地产业的资金要求相匹配。2015 年 6 月万科联合鹏华基金，REITs 正式启航，意味着公募基金投资范围拓展到不动产领域。2020 年各机构发行的

REITs 项目如表 5.11 所示。

表 5.11 2020 年不动产投资信托 REITs 发行一览表

项目名称	发起机构	发行总额/亿元	次级占比	发行公告日	法定到期日	发行人	流通场所
工银瑞投-中能建投风电绿色资产支持专项计划	中能建投（天津）新能源产业投资基金合伙企业（有限合伙）	7.25	6.21%	2020-10-28	2036-10-27	工银瑞信投资管理有限公司	—
招商财富-华泰-虹桥世界中心资产支持专项计划	成都蓝光嘉鑫资产管理有限公司	10.65	15.02%	2020-07-13	2041-01-27	招商财富资产管理有限公司	—
菜鸟中联-中信证券-中国智能骨干网仓储2020第一期资产支持专项计划	上海菜鸟管理咨询有限公司	8.85	37.85%	2020-03-27	2025-03-18	中信证券股份有限公司	上海市
金茂华福-重庆金茂珑悦资产支持专项计划	上海金茂投资管理集团有限公司、天津金茂信和投资管理有限公司	4	37.5%	2020-03-11	2041-01-20	华福证券有限责任公司	广东省
华泰佳越-顺丰产业园一期第3号资产支持专项计划	深圳市丰泰电商产业园资产管理有限公司	13.86	43.15%	2020-11-18	—	华泰证券(上海)资产管理有限公司	广东省
招商创融-天虹（二期）资产支持专项计划	招商证券资产管理有限公司	14.5	6.76%	2020-11-16	—	招商证券资产管理有限公司	广东省
中联前海开源-华发租赁住房一号第三期资产支持专项计划	珠海华发实业股份有限公司	23.07	35.54%	2020-11-12	—	前海开源资产管理有限公司	广东省
光大天风-光控安石绿城尊蓝酒店资产支持专项计划	绿城房地产集团有限公司	9.48	5.06%	2020-11-04	—	天风证券股份有限公司	浙江省
光证资管-光控安石商业地产第3期西安大融城资产支持专项计划	珠海安石宜奈投资中心（有限合伙）	17.2	31.98%	2020-09-30	—	上海光大证券资产管理有限公司	广东省
信达-深圳益田假日广场资产支持专项计划	深圳市益田集团股份有限公司	68	11.76%	2020-10-15	—	信达证券股份有限公司	广东省
华能信托-世茂酒店物业权益型房托资产支持专项计划	上海薇捷企业管理有限公司	6.5	49.23%	2020-09-25	—	华能贵诚信托有限公司	上海市
深创投中金-苏宁云享仓储物流设施资产支持专项计划（疫情防控）	苏宁易购集团股份有限公司	26.54	15%	2020-07-02	—	中国国际金融股份有限公司	江苏省
中联前海开源-中交路建清西大桥资产支持专项计划	中交路桥建设有限公司	47.05	20%	2020-07-10	—	前海开源资产管理有限公司	北京市
平安汇通-平安不动产朗诗租赁住房2期资产支持专项计划	平安不动产有限公司	3.26	20.25%	2020-05-29	—	深圳平安汇通投资管理有限公司	广东省
中联开源-科学城大湾区租赁住房第一期资产支持专项计划	科学城（广州）投资集团有限公司	10.1	10%	2020-05-21	—	开源证券股份有限公司	广东省

项目名称	发起机构	发行总额/亿元	次级占比	发行公告日	法定到期日	发行人	流通场所
中联前海开源-华发租赁住房一号第二期资产支持专项计划	珠海华发实业股份有限公司	11.29	35.78%	2020-01-14	—	前海开源资产管理有限公司	广东省
中联前海开源-中集产城产业园一号第一期资产支持专项计划	深圳市中集产城发展集团有限公司	3.96	14.9%	2020-01-06	—	前海开源资产管理有限公司	广东省
渤海汇金-阳光城福州阳光天地资产支持专项计划	福州开发区君凯经济发展有限公司	12	48.33%	2020-01-03	—	渤海汇金证券资产管理有限公司	福建省

资料来源：Wind 数据库

2020 年共发行房地产投资信托基金 18 只，较上年增加了 1 只，发行总额为 297.56 亿元，与上年相比，小幅增加了 2.24 亿元。2020 年 12 只 REITs 平均发行额为 16.53 亿元，比上年下降 0.84 亿元；次级占比均值为 24.68%，较上年上升 5.26%。整体看来，REITs 发行金额小幅上升，同时整体次级占比增幅较大，风险上升。

2. 华能世茂 2020-1 不动产投资信托 REITs 发行情况

以次级占比最高的华能信托-世茂酒店物业权益型房托资产支持专项计划（简称"华能世茂 2020-1"）为例，介绍不对称投资信托 REITs 发行情况。华能世茂 2020-1 不动产投资信托 REITs 发行总额为 6.5 亿元，共分为 A1、B1 和次级三个等级，其中 A1 级和 A2 级占比分别为 29.23% 和 21.54%，次级占比最高，达 49.23%。华能世茂 2020-1 三个等级证券的剩余期限较长，均为 19.60 年，见表 5.12。

表 5.12　华能世茂 2020-1 不动产投资信托 REITs 发行情况

债券名称	分层比例	发行金额/万元	当期票息	期限/年	信用支持
华能世茂 2020-1 A1	29.23%	19 000	4.80%	19.90	49.23%
华能世茂 2020-1 B1	21.54%	14 000	5.30%	19.90	49.23%
华能世茂 2020-1 次级	49.23%	32 000	0.00	19.90	0.00

资料来源：Wind 数据库

从产品分级看，该 REITs 分为三级，差异化设置较为合理，可满足不同投资者的风险偏好需求。其中次级占比高达 49.23%，说明该产品在对未来预期的不确定性较高，属于高风险高收益产品。华能世茂 2020-1REITs 发起机构为上海薇捷企业管理有限公司，发行机构为华能贵诚信托有限公司。

3. 海外 REITs-QDII 投资

美国是全球最大的商业地产市场，证券化程度高、市场容量大、具有良好的投资价值。自 1960 年美国 REITs 诞生以来，取得了迅猛的发展。目前，国内共有 4 只投资海外 REITs-QDII 基金：诺安全球不动产、鹏华美国房地产、嘉实全球房地产以及广发美国房地产指数基金。诺安全球不动产、鹏华美国房地产、嘉实全球房地产均是主动投资产品，广发美国房地产指数基金为跟踪 MSCI 美国 REITs 指数的被动投资产品。

由表 5.13 可以看出，2020 年，受疫情影响，4 只国内海外 REITs-QDII 近一年均大幅下跌，其中，鹏华美国房地产 2020 年亏损最高达到-29.04%，投资者损失惨重，在全球疫情尚未恢复的背景下，海外房地产市场前景并不乐观，未来海外 REITs 基金产品的收益存在较大的不确定性。

表 5.13　海外 REITs-QDII 产品一览

代码	基金简称	基金规模/亿元	近一年涨幅	成立以来累计涨幅	成立时间
320017	诺安全球不动产	0.32	-14.12%	36.20%	2011 年 09 月 23 日
206011	鹏华美国房地产	0.96	-29.04%	10.21%	2011 年 11 月 25 日
070031	嘉实全球房地产	0.57	-14.80%	38.97%	2012 年 07 月 24 日
000179	广发美国房地产	0.87	-15.61%	47.88%	2013 年 08 月 09 日

资料来源：天天基金网

三、住房租赁金融模式分析

2020年，中央经济工作会议把"解决好大城市住房突出问题"作为2021年的重点任务之一，并提出要高度重视保障性租赁住房建设。过去，我国房地产市场以买卖为主，住房租赁市场发展不够健全，市场秩序混乱，住房租赁市场没有充分发挥解决城镇居民住房需求的作用。近几年，长租公寓市场频频暴雷，产生了广泛的社会影响。租赁市场在解决城镇居民特别是新市民住房问题上没有充分发挥作用。未来，住房租赁市场在金融、土地、税收、市场规范等方面需要进一步加强规范。

1. 保障类租赁住房市场融资

保障房体系总体说来包括销售型保障房和租赁型保障房，以城镇地区保障房体系为例，大体可以分为以下一些方面：公共租赁房、经济适用房、限价房、棚户区、共有产权房。以北京为例，2014 年颁布的《北京市城镇基本住房保障条例（草案）》就提出要逐步减少经济适用房、限价房的建设，由原来的公租房、廉租房、限价房、经济适用房逐步过渡为以租为主的公租房、以售为主的共有产权保障房（自住型商品房）。保障类租赁住房的融资主体通常是市政府所属平台或下辖专门的公司，具体负责拿地（拿楼）、自行开发（或也由开发商代建）以及运营等一系列活动，融资模式包括了信贷、表外融资、信托、私募债甚至短券、中票等多种模式。此外，还包括融资租赁、PPP、资管计划、ABS等各种方式，实践中也或多或少涉及，但总体来说，公租房融资关键要依靠当地政府财力，辅以商品房对公租房的支持（包括商品房配建公租房）和项目本身的一些潜力来运作。

2. 市场类租赁住房市场融资

市场类租赁住房市场融资问题是指完全市场化运作的公司，在租赁市场上的项目开拓如何取得融资。其实也很明确，作为市场化的主体，仍然可以借助各种银行信贷、信托融资、资管计划、发债、资本市场融资等多种手段来进行。

针对上海出台的该例纯租赁性质的地块，开发融资、后期的持有期融资都是一个新课题。首先，企业取得国有土地使用权，可以依法进行抵质押，但项目本身的现金流回笼是依靠后续租金等相关收入，并非产权出让收入，类似于经营用的商场。其次，土地使用权基础上的房屋不动产权登记也应符合相应要求，但不动产权证所有人为企业，其用途用于租赁，无论是土地使用权的转让和不动产证的转让都受到一定限制。不过好在此次的招拍挂结果是属于类保障性质的出让，因此，融资模式与保障类租赁住房市场融资有相似之处，只不过由政府专门运营保障房的平台公司换成了国有背景的开发企业。

第四节 货币政策调整及对房地产企业影响分析

自2020年1月进行存款准备金调整以来，大型金融机构存款准备金率为12.50%，5月以来，中小金融机构存款准备金为9.50%（表5.14）。截至2020年12月，尚未出台存款准备金调整政策。在后疫情时期，我国将继续实行稳健的货币政策，坚持以供给侧结构性改革为主线，坚持政策的连续性与稳定性，进一步支持实体经济发展，优化流动性结构，降低融资成本。

表 5.14 存款准备金率历次调整

公布时间	生效日期	大型金融机构			中小金融机构		
		调整前	调整后	调整幅度	调整前	调整后	调整幅度
2020 年 04 月 03 日	2020 年 05 月 15 日	—	—	—	10.00%	9.50%	-0.50%
2020 年 04 月 03 日	2020 年 04 月 15 日	—	—	—	10.50%	10.00%	-0.50%
2020 年 01 月 01 日	2020 年 01 月 06 日	13.00%	12.50%	-0.50%	11.00%	10.50%	-0.50%
2019 年 09 月 06 日	2019 年 09 月 16 日	13.50%	13.00%	-0.50%	11.50%	11.00%	-0.50%
2019 年 01 月 04 日	2019 年 01 月 25 日	14.00%	13.50%	-0.50%	12.00%	11.50%	-0.50%
2019 年 01 月 04 日	2019 年 01 月 15 日	14.50%	14.00%	-0.50%	12.50%	12.00%	-0.50%
2018 年 10 月 07 日	2018 年 10 月 15 日	15.50%	14.50%	-1.00%	13.50%	12.50%	-1.00%
2018 年 06 月 24 日	2018 年 07 月 05 日	16.00%	15.50%	-0.50%	14.00%	13.50%	-0.50%
2018 年 04 月 17 日	2018 年 04 月 25 日	17.00%	16.00%	-1.00%	15.00%	14.00%	-1.00%
2016 年 02 月 29 日	2016 年 03 月 01 日	17.00%	16.50%	-0.50%	13.50%	13.00%	-0.50%
2015 年 10 月 23 日	2015 年 10 月 24 日	17.50%	17.00%	-0.50%	14.00%	13.50%	-0.50%
2015 年 08 月 26 日	2015 年 09 月 06 日	18.00%	17.50%	-0.50%	14.50%	14.00%	-0.50%
2015 年 06 月 27 日	2015 年 06 月 28 日	18.50%	18.00%	-0.50%	15.00%	14.50%	-0.50%
2015 年 04 月 19 日	2015 年 04 月 20 日	19.50%	18.50%	-1.00%	16.00%	15.00%	1.00%
2015 年 02 月 04 日	2015 年 02 月 05 日	20.00%	19.50%	-0.50%	16.50%	16.00%	-0.50%
2012 年 05 月 12 日	2012 年 05 月 18 日	20.50%	20.00%	-0.50%	17.00%	16.50%	-0.50%

公布时间	生效日期	大型金融机构			中小金融机构		
		调整前	调整后	调整幅度	调整前	调整后	调整幅度
2012 年 02 月 18 日	2012 年 02 月 24 日	21.00%	20.50%	−0.50%	17.50%	17.00%	−0.50%
2011 年 11 月 30 日	2011 年 12 月 05 日	21.50%	21.00%	−0.50%	18.00%	17.50%	−0.50%
2011 年 06 月 14 日	2011 年 06 月 20 日	21.00%	21.50%	0.50%	17.50%	18.00%	0.50%
2011 年 05 月 12 日	2011 年 05 月 18 日	20.50%	21.00%	0.50%	17.00%	17.50%	0.50%
2011 年 04 月 17 日	2011 年 04 月 21 日	20.00%	20.50%	0.50%	16.50%	17.00%	0.50%
2011 年 03 月 18 日	2011 年 03 月 25 日	19.50%	20.00%	0.50%	16.00%	16.50%	0.50%
2011 年 02 月 18 日	2011 年 02 月 24 日	19.00%	19.50%	0.50%	15.50%	16.00%	0.50%
2011 年 01 月 14 日	2011 年 01 月 20 日	18.50%	19.00%	0.50%	15.00%	15.50%	0.50%
2010 年 12 月 10 日	2010 年 12 月 20 日	18.00%	18.50%	0.50%	14.50%	15.00%	0.50%
2010 年 11 月 19 日	2010 年 11 月 29 日	17.50%	18.00%	0.50%	14.00%	14.50%	0.50%
2010 年 11 月 09 日	2010 年 11 月 16 日	17.00%	17.50%	0.50%	13.50%	14.00%	0.50%
2010 年 05 月 02 日	2010 年 05 月 10 日	16.50%	17.00%	0.50%	13.50%	13.50%	0.00
2010 年 02 月 12 日	2010 年 02 月 25 日	16.00%	16.50%	0.50%	13.50%	13.50%	0.00
2010 年 01 月 12 日	2010 年 01 月 18 日	15.50%	16.00%	0.50%	13.50%	13.50%	0.00
2008 年 12 月 22 日	2008 年 12 月 25 日	16.00%	15.50%	−0.50%	14.00%	13.50%	−0.50%
2008 年 11 月 26 日	2008 年 12 月 05 日	17.00%	16.00%	−1.00%	16.00%	14.00%	−2.00%
2008 年 10 月 08 日	2008 年 10 月 15 日	17.50%	17.00%	−0.50%	16.50%	16.00%	−0.50%
2008 年 09 月 15 日	2008 年 09 月 25 日	17.50%	17.50%	0.00	17.50%	16.50%	−1.00%
2008 年 06 月 07 日	2008 年 06 月 25 日	16.50%	17.50%	1.00%	16.50%	17.50%	1.00%
2008 年 05 月 12 日	2008 年 05 月 20 日	16.00%	16.50%	0.50%	16.00%	16.50%	0.50%
2008 年 04 月 16 日	2008 年 04 月 25 日	15.50%	16.00%	0.50%	15.50%	16.00%	0.50%
2008 年 03 月 18 日	2008 年 03 月 25 日	15.00%	15.50%	0.50%	15.00%	15.50%	0.50%
2008 年 01 月 16 日	2008 年 01 月 25 日	14.50%	15.00%	0.50%	14.50%	15.00%	0.50%
2007 年 12 月 08 日	2007 年 12 月 25 日	13.50%	14.50%	1.00%	13.50%	14.50%	1.00%
2007 年 11 月 10 日	2007 年 11 月 26 日	13.00%	13.50%	0.50%	13.00%	13.50%	0.50%
2007 年 10 月 13 日	2007 年 10 月 25 日	12.50%	13.00%	0.50%	12.50%	13.00%	0.50%
2007 年 09 月 06 日	2007 年 09 月 25 日	12.00%	12.50%	0.50%	12.00%	12.50%	0.50%
2007 年 07 月 30 日	2007 年 08 月 15 日	11.50%	12.00%	0.50%	11.50%	12.00%	0.50%
2007 年 05 月 18 日	2007 年 06 月 05 日	11.00%	11.50%	0.50%	11.00%	11.50%	0.50%
2007 年 04 月 29 日	2007 年 05 月 15 日	10.50%	11.00%	0.50%	10.50%	11.00%	0.50%
2007 年 04 月 05 日	2007 年 04 月 16 日	10.00%	10.50%	0.50%	10.00%	10.50%	0.50%
2007 年 02 月 16 日	2007 年 02 月 25 日	9.50%	10.00%	0.50%	9.50%	10.00%	0.50%
2007 年 01 月 05 日	2007 年 01 月 15 日	9.00%	9.50%	0.50%	9.00%	9.50%	0.50%

资料来源：Wind 数据库

截至 2020 年 12 月尚未出台新的下调基准利率的政策。在 2015 年内，一年存款基准利率由 2014 年末的 3.00%下调至 1.75%，下调了 1.25 个百分点。贷款基准利率由 2014 年末的 6.00%下调至 4.35%，下调了 1.65 个百分点（表 5.15）。根据货币政策调控需要，2015 年的 5 次基准利率调整，有助于发挥中长期政策利率作用，引导金融机构降低贷款利率和社会融资成本。2016 年和 2019 年基准利率总体趋于平稳，这表明目前的货币政策是合适的，尽管随着时间的推移，货币政策刺激的需求会更少，但央行将在未来调整政策利率方面保持谨慎。

表 5.15 利率历次调整

数据上调时间	存款基准利率			贷款基准利率		
	调整前	调整后	调整幅度	调整前	调整后	调整幅度
2015 年 10 月 24 日	1.75%	1.50%	−0.25%	4.60%	4.35%	−0.25%
2015 年 08 月 26 日	2.00%	1.75%	−0.25%	4.85%	4.60%	−0.25%
2015 年 06 月 28 日	2.25%	2.00%	−0.25%	5.10%	4.85%	−0.25%
2015 年 05 月 11 日	2.50%	2.25%	−0.25%	5.35%	5.10%	−0.25%
2015 年 03 月 01 日	2.75%	2.50%	−0.25%	5.60%	5.35%	−0.25%
2014 年 11 月 22 日	3.00%	2.75%	−0.25%	6.00%	5.60%	−0.40%
2012 年 07 月 06 日	3.25%	3.00%	−0.25%	6.31%	6.00%	−0.31%
2012 年 06 月 08 日	3.50%	3.25%	−0.25%	6.56%	6.31%	−0.25%
2011 年 07 月 07 日	3.25%	3.50%	0.25%	6.31%	6.56%	0.25%
2011 年 04 月 06 日	3.00%	3.25%	0.25%	6.06%	6.31%	0.25%
2011 年 02 月 09 日	2.75%	3.00%	0.25%	5.81%	6.06%	0.25%
2010 年 12 月 26 日	2.50%	2.75%	0.25%	5.56%	5.81%	0.25%
2010 年 10 月 20 日	2.25%	2.50%	0.25%	5.31%	5.56%	0.25%
2008 年 12 月 23 日	2.52%	2.25%	−0.27%	5.58%	5.31%	−0.20%
2008 年 11 月 27 日	3.60%	2.52%	−1.08%	6.66%	5.58%	−1.08%
2008 年 10 月 30 日	3.87%	3.60%	−0.27%	6.93%	6.66%	−0.27%
2008 年 10 月 09 日	4.14%	3.87%	−0.27%	7.20%	6.93%	−0.27%
2008 年 09 月 16 日	4.14%	4.14%	0.00	7.47%	7.20%	−0.27%
2007 年 12 月 21 日	3.87%	4.14%	0.27%	7.29%	7.47%	0.18%
2007 年 09 月 15 日	3.60%	3.87%	0.27%	7.02%	7.29%	0.27%
2007 年 08 月 22 日	3.33%	3.60%	0.27%	6.84%	7.02%	0.18%
2007 年 07 月 21 日	3.06%	3.33%	0.27%	6.57%	6.84%	0.27%
2007 年 05 月 19 日	2.79%	3.06%	0.27%	6.39%	6.57%	0.18%
2007 年 03 月 18 日	2.52%	2.79%	0.27%	6.12%	6.39%	0.27%
2006 年 08 月 19 日	2.25%	2.52%	0.27%	5.85%	6.12%	0.27%
2006 年 04 月 28 日	2.25%	2.25%	0.00	5.58%	5.85%	0.27%
2004 年 10 月 29 日	1.98%	2.25%	0.27%	5.31%	5.58%	0.27%
2002 年 02 月 21 日	2.25%	1.98%	−0.27%	5.85%	5.31%	−0.54%

资料来源：Wind 数据库

第六章 2021年房地产市场预测

2020年上半年受疫情影响，经济面临下行压力，财政、货币政策齐发力，各地因地制宜出台相关扶持政策，房地产市场快速恢复。下半年，房地产政策有所转向，中央召开房地产座谈会强调不将房地产作为短期刺激经济的手段，稳地价、稳房价、稳预期，房地产金融监管持续强化。在"房住不炒"基调指导下，地方政府因城施策更加灵活。上半年，为了减弱疫情防控对房地产市场的干扰，各地更加灵活地因城施策，多地从供需两端陆续出台房地产相关扶持政策。下半年政策环境趋紧，多地升级楼市调控政策，但整体来看，除深圳等个别城市外，多数城市出台的调控政策较为温和。房地产行业各项指标在合理区间内稳步上升，受疫情影响，直到11月商品房销售面积同比增速才转正。2020年，对房地产市场贷款比例限制，对房企"三道红线"融资限制，这对房地产金融制度改革，实行房地产金融审慎管理具有里程碑意义。房地产市场在金融抑制的大背景下，房地产金融监管持续收紧，结合对房市政策走势预判，预计2021年房地产市场在供给端，房企资金压力较大，影响开工规模持续扩张，投资将实现中低速增长；在需求端，调整预期基本确立，但由于疫情影响，2020年基数较低，因此预计2021年全国房地产销售额同比增长10.6%~12.2%，增幅较2020年上调1.9~3.5个百分点。

第一节 房地产市场影响因素分析

一、房地产市场长期影响因素分析

（一）"十四五"规划建议及2020年中央经济工作会议

中央对住房问题重视程度不断升高。时隔五年，中央在"十四五"规划建议中再次针对房地产行业定位及未来发展方向提出要求，指出坚持"房住不炒"、租购并举、因城施策，促进房地产市场平稳健康发展。有效增加保障性住房供给，完善土地出让收入分配机制，探索支持利用集体建设用地按照规划建设租赁住房，完善长租房政策，扩大保障性租赁住房供给。2020年的中央经济工作会议是近三年来对房地产行业着墨最多的一次，不仅重申了"房住不炒"，而且提出要把解决好大城市住房突出问题作为年度八大任务之一，未来房地产的定位将要发生明显变化，重点关注租赁房建设、租购同权及长租房市场。

为积极应对外部环境不确定性带来的严峻挑战，当前我国经济正向"以国内大循环为主体、国内国际双循环相互促进"的新发展格局转变，重点之一是加大新型城镇化建设的力度。新型城镇化不仅是人口的城镇化，而且是人口、土地、产业更好结合的城镇化，是破除户籍制度壁垒、增加土地流转能力、增强城市集聚效应的城镇化。下个十年，随着要素市场化改革的深入，国内"人地钱"流动能力及匹配程度逐步提升，催生房地产市场迎来新机遇。

（二）新型城镇化

新型城镇化不仅是人口的城镇化，而且是人口、土地、产业更好结合的城镇化，是破除户籍制度壁垒、增加土地流转能力、增强城市集聚效应的城镇化，是房地产发展的基地。"十四五"规划建议中依旧延续了"十三五"规划建议中的提法，提出"推进以人为核心的新型城镇化"，并加入了新的内容，实施城市更新行动，推进城市生态修复、功能完善工程，统筹城市规划、建设、管理，合理确定城市规模、人口密度、空间结构，促进大中小城市和小城镇协调发展。新型城镇化任务依然突出以人为本，在城市更新方面，2019年提出老旧小区改造，2020年又新增老旧厂区和老旧街区改造。未来城市更新的内涵进一步明确，有望成为拉动内需的新增长点。

在新型城镇化建设背景下，要素的市场化配置将推进，城乡融合发展步伐将加快，对增加农民收入、缩小城乡收入差距、提高农村居民生活水平、激发内需潜力将起到重要作用，并将推动城镇化建设向高质量发展转变。据测算，2019~2030年一、二线城市群将占全部新增需求的三分之二。随着人口进一步向优势区域集中，大城市、城市群人口集聚效应将进一步增强。《2020年新型城镇化建设和城乡融合发展重点任务》进一步明确了300万以下城市将全面取消落户限制，推动300万以上城市基本取消重点人群落户限制，将加快破除制度壁垒，持续推动人口向优势区域持续集中，从而在未来一个时间段内，区域人口聚集可能形成新型城镇化高质量发展的不懈动力。高质量城镇化建设将有更大的聚集效应，房地产市场也将迎来新的机遇。

人口结构的变动对房地产市场最直接的影响是需求，因为住房兼具消费和投资两种属性，而消费与投资偏好会随年龄发生变动，从投资的角度看，人们在年轻时期倾向于投资高风险高收益的房地产，而到了老年时期更倾向于投资收益更稳定的资产，所以老年人口占比的快速提高可能会对城镇住房需求产生负面冲击。根据《中国人口老龄化发展趋势预测研究报告》，2001~2020年是中国人口老龄化的快速发展阶段，平均每年新增596万老年人，年均增速为3.3%，远远超过总人口的平均增长率0.7%，中青年人口比例持续下降的局面，将延缓住房需求的快速上升。老年人口的增加使得我国"人口红利"作用减弱，不利于社会总产出的提高，对我国居民消费产生负影响。从劳动人口结构看，2019年末我国劳动年龄人口占总人口的比重为64%，与2017年相比，比重下降0.6个百分点，劳动人口增速放缓，占比呈下降趋势。劳动人口有着更强的购房需求，而相关人口数量不断减少，将会使得社会消费在居住方面的支出减少。

（三）城市群

未来基本上已经形成继续推进新型城镇化，重点发展城市群和大力推动城市更新的发展格局，而城市群将成为未来非常重要的城市布局方向。中国正处在制造业从特大城市、大城市向中小型城市扩散的阶段，功能上侧重于纾解核心城市的压力。"十四五"规划建议提出要推动区域协调发展，推进京津冀协同发展、长江经济带发展、粤港澳大湾区建设、长三角一体化发展，打造创新平台和新增长极。优化行政区划设置，发挥中心城市和城市群带动作用，建设现代化都市圈。推进成渝地区双城经济圈建设。城市群、都市圈同城化建设将是未来财政预算支出和基建投资的新领域，相应地也会带动部分配套的房地产需求。

在少子老龄化背景下，未来房地产市场将更加分化，需求向大都市圈大城市群集中，中国正进入都市圈城市群时代。按照历史规律，未来经济基本面好、人口流入的高能级区域的房地产市场更有潜力。随着未来政策引导，中心城市、城市群的经济和人口承载能力将进一步增强，对于长三角、珠三角、京津冀、成渝、长江中游等吸引人口最多、城镇人口增加最快的核心城市群及都市圈来说，房地产市场发展存在明显优势。据统计，到 2030 年 1.7 亿新增城镇人口的约 80%将分布在 19 个城市群，约 60%将分布在长三角、珠三角、京津冀、长江中游、成渝等五大城市群。从市场规模来看，前三季度我国五大城市群房地产市场销售额在全国占比近 58%，同比提升了 1.1 个百分点。

（四）住房制度改革深化，逐步实施有效供给政策

2020 年初，新冠肺炎疫情集中暴发，给我国经济发展带来较大冲击，一季度全国GDP 同比下降 6.8%。面对经济下行压力，中央加大逆周期调节力度，强调积极的财政政策更加积极有为，稳健的货币政策要更加灵活适度，保持流动性合理充裕，多次降准降息下，货币环境整体表现较为宽松。具体来看，在 2 月、4 月中央下调了 1 年期和 5年期以上 LPR，央行亦通过多次公开市场操作释放流动性，年内 7 天逆回购利率下调两次至 2.2%；中期借贷便利操作中标利率全年下调 30 个基点至 2.95%，利率的下调带动企业融资成本的下降，个人端房贷利率亦有所下调。

中长期来看，中央房地产调控基调保持不变，金融监管强化。"十四五"规划建议提出要完善货币供应调控机制，促进金融继续有效支持实体经济，央行三季度货币政策执行报告维持表态，稳健的货币政策将更加灵活适度、精准导向。"十四五"规划建议还提出要坚持"房住不炒"定位，促进房地产市场平稳健康发展。同时，房地产金融监管力度不减，中央保持房地产金融政策的连续性、一致性和稳定性，加快建立房地产金融长效管理制度，遏制房地产金融化、泡沫化。中央多次召开会议强调不将房地产作为短期刺激经济的手段，因此未来很长一段时间稳地价、稳房价、稳预期都是房地产调控政策的基础，各地从实际出发，因城施策，及时科学精准调控，保障房地产市场平稳健康发展。

二、房地产市场短期影响因素分析

（一）宏观经济运行

2020 年以来国际形势发生了新的复杂变化，新冠肺炎疫情全球大流行同世界百年未有之大变局叠加共振，给世界经济造成沉重打击，中国发展面临的外部环境的不稳定性与不确定性更加凸显。面对疫情，初步核算，我国全年 GDP 比上年增长 2.3%，分季度看，一季度同比下降 6.8%，二季度增长 3.2%，三季度增长 4.9%，四季度增长 6.5%。经济运行中的积极因素明显增多，生产需求持续回暖，就业形势总体稳定。疫情导致三大产业同比增速较上年均下降，第三产业中的 9 月房地产业 GDP 同比增速为 1.6%，较上年降低了 1.5 个百分点。2020 年 12 月居民消费价格指数为 0.7%，增速连续 8 个月在 3% 以下；2020 年 12 月，PMI 为 51.9%，虽比上月回落 0.2 个百分点，但连续 10 个月位于临界点以上，表明制造业继续稳步恢复。

在消费、投资和净出口三大需求中，从投资情况来看，投资稳定回升，1~12 月，固定资产投资同比增长了 2.9%，比 1~11 月加快了 0.3 个百分点。其中，房地产投资增长 7%，比 1~11 月加快 0.2 个百分点；基础设施投资增长了 3.4%，比 1~11 月加快 0.1 个百分点；制造业投资下降 2.2%，降幅比上个月收窄；2020 年全年我国货物贸易进出口总值 32.16 万亿元，同比增长 1.9%，货物贸易进出口总值创历史新高，成为全球唯一实现货物贸易正增长的主要经济体。展望 2021 年，我国宏观经济运行仍存在较大的不确定性，经济下行压力较大，十九届五中全会提出坚持"房住不炒"定位，促进房地产市场平稳健康发展，房地产投资或许会面临更大的挑战。

由于疫情影响，面对严峻的国内外经济形势，我国财政货币政策齐发力，经济呈现逐季向好态势。12 月 M1 同比增长了 8.6%，M2 同比增长 10.1%，保持在两位数以上。12 月末社融存量同比增长 13.3%，增幅较上月回落 0.3 个百分点，但总体来看，增速仍高于 2019 年末水平。12 月一年期中期借贷便利利率降至 2.95%，自 4 月以来一直未变，维护流动性平稳。总体来看，2020 年以来国内疫情防控整体效果较好，国内阻断疫情传播、保持经济稳定恢复的能力有目共睹，不会出现大规模疫情暴发情况，但是不排除个别城市会有病例出现，要继续做好疫情防控工作，应对短期影响，为经济的稳定恢复创造良好的条件。2021 年经济发展呈现企稳预期，市场预期不断改善，经济呈现恢复性增长态势，稳增长、防风险仍将是 2021 年工作的重点。

（二）房地产市场供给

2020 年上半年受新冠肺炎疫情影响，下半年融资收紧导致土地累计购置面积低，土地市场持续低温。1~12 月，全国房地产开发企业土地购置面积累计达 25 536.28 万平方米，同比下降 1.1%。2020 年 1~12 月房地产开发投资达到了 141 442.95 亿元，同比增加 7.0%，增幅较 1~11 月扩大 0.2 个百分点。从 2020 年 1~12 月房地产开发投资额的累计数据和单月数据以及对比其他行业，可以发现虽然疫情对中国经济和房地产行业产生了一定的负面冲击，但是房地产开发投资恢复较早，单月房地产开发投资早在 3 月实现同比增速回正；并且累计同比增速高于固定资产投资、基建投资及制造业，走势较强。上半年受疫情影响后土地购置面积虽然持续恢复，但是在 6 月仍然未达到 2019 年同期水平。7 月起，调控收紧外加融资趋严，导致了土地累计购置面积再次下降，因此，土地购置面积总量偏低，对新开工面积的支撑作用不足，导致累计新开工面积增速仍然为负。此外，下半年融资收紧使得房企在资金使用方面更趋谨慎，因而在建筑施工方面的资金投入也相对减少，进而影响了施工面积，导致 9 月和 10 月施工面积略有下滑，累计施工面积增速收窄，11月和 12 月逐步恢复。新开工方面，在短期高周转策略延续的背景下，疫情缓和后行业开工积极性也快速恢复，但下半年"三道红线"试行导致开工情绪受到阶段性影响，整体开工规模有所调整。2020 年 1~12 月，全国商品房新开工面积同比下降1.2%，其中 5 月单月新开工面积同比回正后，曾在 9 月再次出现调整。预计 2021年，随着房企资金压力及销售去化压力的进一步显现，房地产开发投资和新开工面积很难有明显改善，整体新开工规模或将延续调整态势。

（三）房地产市场需求

受疫情冲击，全国房地产市场显著调整，而后受益于国内疫情防控快速取得战略性成果，以及信贷、地方因城施策、供应等因素改善持续发挥了积极效应，需求快速释放，有效对冲了疫情的影响，全国房地产市场销售恢复节奏超乎预期。2020 年 1~12月，全国商品房销售面积达 17.6 亿平方米，绝对规模超过 2019 年同期水平，累计同比增速为 2.6%。12 月商品房待售面积 2.6 亿平方米。

2020 年地产销售超预期，连续 5 年上行，主要因为杠杆，最近 5 年发放居民杠杆超过 5 万亿元，2019 年达到 12.2 万亿元，而此前仅有 3 万亿元，债务转移是支持房地产基本面的主要因素。经济下行，地产成为信用创造主要载体，因为经济下行阶段，企业融资需求不足、银行风险偏好下降、金融自由化，居民杠杆率长期持续提升，带来地产大周期。短期严格压制金融杠杆会影响基本面，尤其对三、四线城市影响较大，因为三、四线房地产超预期上行，主要原因就是银行给地产加杠杆，因此短期的金融政策压制会对三、四线城市地产行业影响较大。一、二线城市受银行金融短期压制影响相对较小，因为一、二线城市的限购、限贷、限价政策都已经很严格，银行等金融部门的加杠杆能力已经受到限制，而非银行给地产加杠杆。行政和金融政策对一、二线城市的影响也都是短期的，难改长期趋势。在限价政策和土地价格提升的情况下，行业利润率近年整体承压。三、四线城市项目由于政策相对宽松、土地竞争力较低，利润率相较于一、二线城市略好。以"三道红线"为代表的融资收紧政策，将大概率带来土地价格的下降。

2020 年 12 月召开的中央经济工作会议强调，要解决好大城市住房突出问题，高度重视保障性租赁住房建设，要实施城市更新行动，推进城镇老旧小区改造。国务院办公厅 7 月发文强调，2020 年新开工改造城镇老旧小区 3.9 万个，涉及居民近 700 万户，预计到"十四五"期末，力争基本完成 2000 年底前建成需改造城镇老旧小区改造任务。这说明未来一段时间，尤其是大城市保障性住房的重要性，房地产市场要从增量向存量转变，这将造成对传统房地产市场的需求大打折扣。

（四）房地产市场调控政策

2020 年中央对于房地产市场的调控力度不放松，即使是在疫情最为严重的一季度，仍坚持"房子是用来住的、不是用来炒的"定位不变，银保监会、央行、住建部等中央部委多次召开会议强调保持楼市调控政策的连续性和稳定性。2020 年上半年我国货币环境宽松，经济稳步恢复，二季度 GDP 增速转正，给房地产调控释放了一定空间，同时局部城市房价上涨较快，7 月以来召开的房地产工作座谈会、中央政治局会议、房地产企业座谈会等多次会议都进一步重申坚持"房住不炒"定位，稳地价、稳房价、稳预期，措辞较上半年更加严厉，房地产调控政策收紧。7 月的中央政治局会议强调要因城施策、一城一策，从各地实际出发，采取差异化调控措施，同时强调发现问题要快速反应和处置，及时采取有针对性的政策措施。"三道红线"试点实施，严格限制保险资金、小额贷款公司贷款、商业银行互联网贷款等用于房地产相关领域，个人消费贷、信用贷监管强化，下半年房地产金融监管整体呈现逐渐收紧态势。2020 年央行三次降准多次降息释放流动性，货币环境相对宽松。2 月和 4 月中央下调了 1 年期和 5 年期以上 LPR，5 月以来利率水平保持稳定。

2020 年货币政策在特殊时期没有实行"大水漫灌"，通过降低利率、宽松信贷、让利贴息多种手段保持流动性合理充裕，精准解决微观主体融资困难。但 2020 年三季度实体经济杠杆率仍升至 270.1%，10 月社会融资规模突破 30 万亿元。随着经济恢复，货币政策预期将在保证金融稳定和防范金融风险的同时，边际收紧、回归常态，支持资金"脱虚向实"，叠加 GDP 增长，推动宏观杠杆率企稳下降。

第二节 房地产市场预测

基于对以上长、短期房地产影响因素的分析，假定在 2021 年宏观经济能够快速恢复，疫情得到有效控制并且房地产市场调控政策不存在较大程度调整的背景下，运用经济计量预测模型分别对房地产开发投资、需求、供给和价格四个方面进行了预测，以下将对预测结果分四个部分做详细介绍。

一、房地产开发投资预测

2020 年 1~12 月，房地产累计开发投资额为 141 442.95 亿元，同比增长 7.0%，预计 2021 年房地产累计开发投资额约为 153 009~155 124 亿元，同比增长 8.2%~9.7%，增幅较 2020 年上调 1.2~2.7 个百分点（图 6.1）。

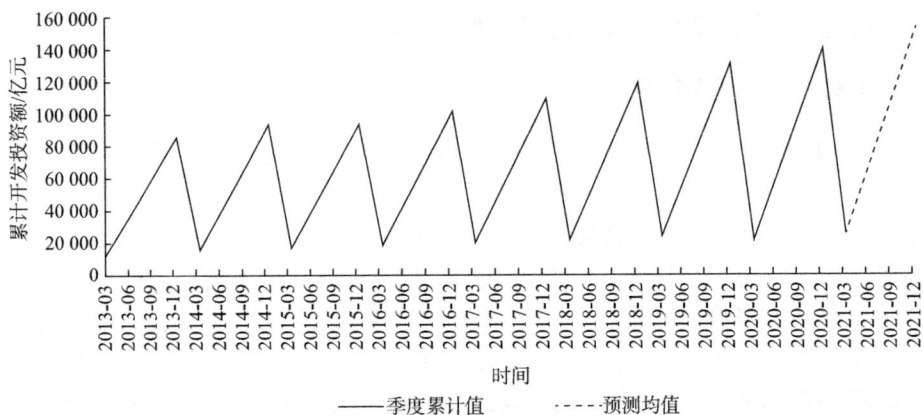

图 6.1　2021 年房地产开发投资额预测

资料来源：Wind 数据库

二、房地产需求预测

2020 年 1~12 月，全国商品房累计销售面积为 176 086.22 万平方米，同比增长 2.6%，预计 2021 年全国商品房累计销售面积约为 182 886 万~187 532 万平方米，同比增长 3.9%~6.5%，增幅较 2020 年上调 1.3~3.9 个百分点（图 6.2）。2020 年 1~12 月，全年商品房累计销售额为 173 612.66 亿元，同比增长 8.7%，预计 2021 年全年商品房累计销售额约为 192 065 亿~194 743 亿元，同比增长 10.6%~12.2%，增幅较 2020 年上调 1.9~3.5 个百分点（图 6.3）。

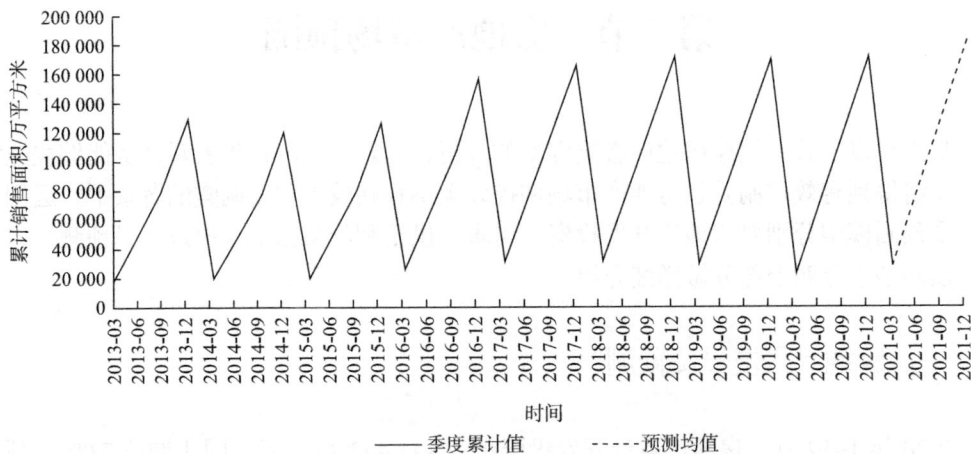

图 6.2　2021 年商品房销售面积预测

资料来源：Wind 数据库

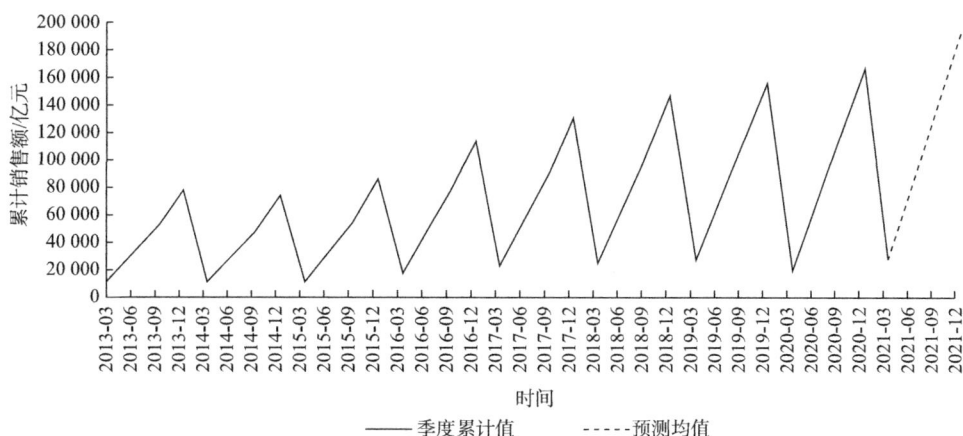

图 6.3 2021 年商品房销售额预测
资料来源：Wind 数据库

三、房地产供给预测

2020 年 1~12 月，全国房地产累计新开工面积为 224 433.13 万平方米，同比下降 1.2%，预计 2021 年房地产累计新开工面积约为 231 354 万~234 710 万平方米，同比增长 3.1%~4.6%，增幅较 2020 年上调 4.3~5.8 个百分点（图 6.4）。

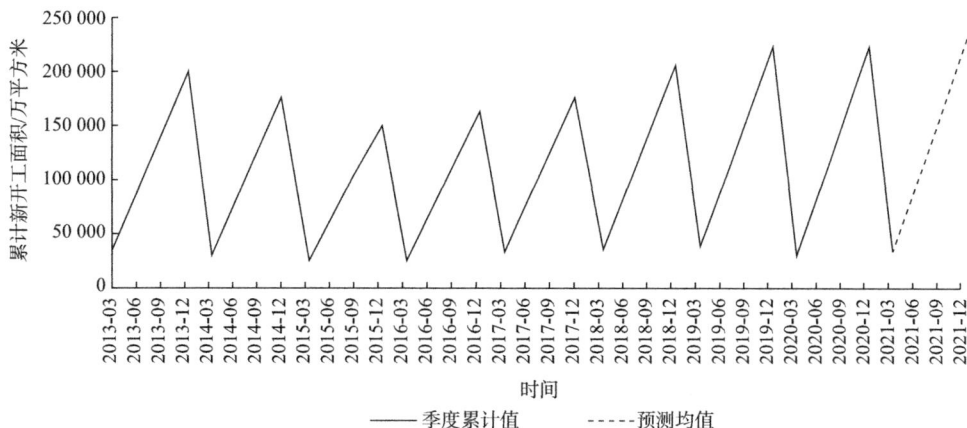

图 6.4 2021 年房地产市场新开工面积预测
资料来源：Wind 数据库

四、房地产价格预测

2020 年全国商品房平均销售价格为 9 859.56 元/米^2，同比增长 5.9%，预计 2021 年全国商品房平均销售价格约为 10 242~10 648 元/米^2，同比增长 3.9%~8.0%，增幅趋于稳定（图 6.5）。

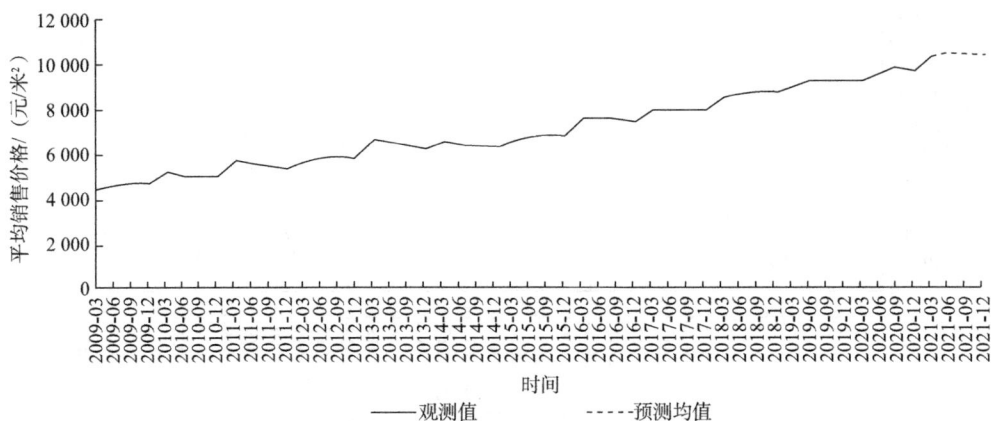

图 6.5　2021 年全国商品房平均销售价格预测

资料来源：Wind 数据库

第三节　2021 年房地产调控政策建议

2020 年，在外部风险挑战增多和内部经济下行压力犹存的背景下，房地产政策将继续坚持"房住不炒"的总基调，以"稳地价、稳房价、稳预期"为目标，加快房地产长效管理机制形成，并强调不将房地产作为短期促进经济的手段。房地产金融监管持续从严，疫情防控有序推进，房地产金融化、泡沫化被有效遏制，房地产市场风险整体可控； LPR 逐步完善，金融资源配置效率、货币政策传导效率逐步提高；推进住房制度改革，加大租赁住房供给，因地制宜发展共有产权房，住房供给结构不断优化；科学推进土地要素市场化配置，建立健全城乡统一的建设用地市场，盘活存量建设用地，完善土地管理体制；推动金融、房地产同实体经济均衡发展，实现上下游、产供销有效衔接；地方政府应继续遵循因城施策、分类指导原则，不断优化房地产调控措施，从严房地产市场监管，逐步推进公租房、共有产权房建设，进一步加强人才引进力度、完善住房保障措施和统筹区域发展规划，促进房地产市场平稳健康发展。整体而言，2020 年房地产政策调控效果较为显著，市场总体发展依旧平稳，长效管理机制正在逐步完善。展望未来，房地产市场将继续坚持"房住不炒"总基调，因城施策稳调控、强监管。

本部分将对 2020 年房地产调控相关政策进行回顾。表 6.1 为 2020 年 2 月至 2021 年 1 月与房地产市场发展相关的重要事件及其主要内容，按照时间顺序进行梳理如下。

表 6.1　2020 年房地产政策重要事件

日期	重要事件	主要内容
2020 年 2 月 2 日	中国人民银行发布"2 月 3 日将开展 1.2 万亿元公开市场操作投放流动性"	为维护疫情防控特殊时期银行体系流动性合理充裕和货币市场平稳运行，2020 年 2 月 3 日中国人民银行开展 1.2 万亿元公开市场逆回购操作投放基金，确保流动性充足供应

日期	重要事件	主要内容
2020年2月3日	中央国家机关住房资金管理中心发布《关于配合做好疫情防控工作加强中央国家机关住房公积金服务保障的通知》	①为疫情防控一线工作者和医疗机构提供服务保障，加大住房公积金个人住房贷款支持力度；②对受疫情影响的单位和职工给予政策支持，减免贷款逾期利息，支持受困单位战胜疫情；③加强住房公积金线上线下业务保障
2020年2月11日	财政部提前下达2020年新增地方政府债务限额18 480亿元	共提前下达2020年新增地方政府债务限额18 480亿元。相关地区要做好专项债券发行使用工作，早发行、早使用，加大项目储备，严防项目风险，加强监管措施，更好发挥专项债券作用，尽早形成对经济的有效拉动
2020年2月16日	财政部部长刘昆发表文章《积极的财政政策要大力提质增效》	坚持"房住不炒"的定位，落实房地产长效管理机制，深入开展中央财政支持住房租赁市场发展试点、城镇老旧小区改造等工作，推动完善基本住房保障体系
2020年3月1日	国务院发布《国务院关于授权和委托用地审批权的决定》	①将国务院可以授权的永久基本农田以外的农用地转为建设用地审批事项授权各省、自治区、直辖市人民政府批准；②试点将永久基本农田转为建设用地和国务院批准土地征收审批事项委托部分省、自治区、直辖市人民政府批准
2020年3月5日	住建部办公厅《住房和城乡建设部办公厅关于加强新冠肺炎疫情防控期间房屋市政工程开复工质量安全工作的通知》	坚决防止盲目抢工期。各地要督促建设单位切实保障工程项目合理工期安排，严禁盲目抢工期、赶进度等行为。要充分考虑疫情对工期造成的影响，科学确定工期及每个阶段所需的合理时间，严格执行合理工期
2020年3月11日	住建部发布《2019年棚户区改造工作拟激励城市名单公示》	确定2019年棚户区改造工作拟激励支持的城市名单如下：江苏省徐州市、湖北省武汉市、浙江省绍兴市、安徽省合肥市、内蒙古自治区巴彦淖尔市、湖南省常德市、山东省济南市、河南省平顶山市、河北省石家庄市、江西省宜春市
2020年4月9日	《关于构建更加完善的要素市场化配置体制机制的意见》	①推进土地要素市场化配置。建立健全城乡统一的建设用地市场；深化产业用地市场化配置改革；鼓励盘活存量建设用地；完善土地管理体制。②引导劳动力要素合理畅通有序流动。深化户籍制度改革；畅通劳动力和人才社会性流动渠道；完善技术技能评价制度；加大人才引进力度
2020年4月14日	国务院常务会议	①各地要统筹负责，按照居民意愿，重点改造完善小区配套和市政基础设施，提升社区养老、托育、医疗等公共服务水平；②建立政府与居民、社会力量合理共担改造资金的机制，中央财政给予补助，地方政府专项债券给予倾斜，鼓励社会资本参与改造运营
2020年5月9日	银保监会发布《商业银行互联网贷款管理暂行办法（征求意见稿）》	银保监会发布《商业银行互联网贷款管理暂行办法（征求意见稿）》，规定商业银行对符合相应条件的贷款应采取委托支付方式，并精细化受托支付限额管理。贷款资金用途应当明确、合法，不得用于购房、股票、债券、期货、金融衍生品和资产管理产品投资，不得用于固定资产和股本权益性投资等
2020年5月14日	财政部部长刘昆在人民日报发表署名文章《积极的财政政策要更加积极有为》	2020年积极的财政政策要更加积极有为，大力提质增效，加大逆周期调节力度，扎实做好"六稳"工作，全面落实"六保"任务，确保完成决战决胜脱贫攻坚目标任务，全面建成小康社会
2020年5月19日	自然资源部印发《关于加快推进宅基地和集体建设用地使用权确权登记工作的通知》	强调各地要认真落实有关宅基地和集体建设用地确权登记系列文件要求，充分发挥乡村基层组织作用，推动解决宅基地"一户多宅"、缺少权属来源材料、超占面积、权利主体认定等问题，按照房地一体要求，统一确权登记、统一颁发证书，努力提高登记率；各地要通过不动产登记系统，办理房地一体的宅基地和集体建设用地使用权登记
2020年5月22日	两会政府工作报告	①积极的财政政策要更加积极有为。2020年赤字率拟按3.6%以上安排，财政赤字规模比上年增加1万亿元，同时发行1万亿元抗疫特别国债；②稳健的货币政策要更加灵活适度。综合运用降准降息、再贷款等手段，引导广义货币供应量和社会融资规模增速明显高于上年。保持人民币汇率在合理均衡水平上基本稳定。创新直达实体经济的货币政策工具，务必推动企业便利获得贷款，推动利率持续下行

日期	重要事件	主要内容
2020 年 5 月 26 日	银保监会持续遏制房地产金融泡沫化	银保监有关部门负责人表示，会按照"六稳"和"六保"要求，统筹做好疫情防控、服务经济社会发展、防范化解金融风险各项工作，坚决打赢防范化解重大风险攻坚战。同时，坚决落实"房住不炒"要求，持续遏制房地产金融化泡沫化
2020 年 6 月 2 日	自然资源部印发《关于 2020 年土地利用计划管理的通知》	对完成 2019 年批而未供和闲置土地处置任务的省份，在核算计划指标基础上再奖励 10%；对任一项任务未完成的核减 20%；2020 年共奖励 1.7 万亩土地计划指标，共 10 省市获得表扬，其中，杭州、武汉、昆明等市县获得奖励 0.2 万亩
2020 年 6 月 2 日	自然资源部、税务总局、银保监会联合出台《关于协同推进"互联网+不动产登记"方便企业和群众办事的意见》	提出电子不动产登记证书证明与纸质不动产登记证书证明具有同等法律效力，各地要积极推广应用；2020 年底前，全国所有市县一般登记业务办理时间力争全部压缩至 5 个工作日以内，当事人签订买卖合同后即可申请办理不动产登记；对预售商品房全面开展预告登记，积极推进存量房预告登记，防止"一房二卖"
2020 年 6 月 17 日	住建部、财政部、中国人民银行联合发布了《全国住房公积金 2019 年年度报告》	2019 年，住房公积金缴存额 23 709.67 亿元；全年住房公积金提取人数 5 648.56 万人，提取额 16 281.78 亿元；发放个人住房贷款 286.04 万笔，发放金额 12 139.06 亿元
2020 年 6 月 24 日	银保监会发布《关于开展银行业保险业市场乱象整治"回头看"工作的通知》	明确对连续三年市场乱象整治工作进行"回头看"。一看主体责任是否落实到位，二看实体经济是否真正受益，三看整改措施是否严实有效，四看违法违规是否明显遏制，五看合规机制是否健全管用
2020 年 7 月 2 日	住建部等 6 部门印发《关于加强房屋网签备案信息共享提升公共服务水平的通知》	各地住建部门进一步完善房屋网签备案系统，加快推进市、县房屋网签备案系统联网，加强城市房地产市场运行情况监测，促进房地产市场平稳健康发展
2020 年 7 月 20 日	国务院办公厅发布《关于全面推进城镇老旧小区改造工作的指导意见》	全面推进城镇老旧小区改造工作，满足人民群众美好生活需要，推动惠民生扩内需，推进城市更新和开发建设方式转型，促进经济高质量发展
2020 年 7 月 30 日	中共中央政治局召开会议	强调要坚持"房子是用来住的、不是用来炒的"定位，促进房地产市场平稳健康发展
2020 年 8 月 6 日	央行发布《2020 年第二季度中国货币政策执行报告》	牢牢坚持"房子是用来住的、不是用来炒的"定位，坚持不将房地产作为短期刺激经济的手段，坚持稳地价、稳房价、稳预期，保持房地产金融政策的连续性、一致性、稳定性，实施好房地产金融审慎管理制度
2020 年 9 月 7 日	住建部发布《住房租赁条例（征求意见稿）》	①出租人应当为承租人提供必要的居住空间。厨房、卫生间、阳台和地下储藏室等非居住空间，不得出租用于居住；②房地产经纪机构及其从业人员不得有包括发布虚假房源信息；③隐瞒影响住房租赁的重要信息；④违规提供金融产品和服务；为依法不得出租的住房提供经纪服务等
2020 年 9 月 16 日	银保监会印发《关于加强小额贷款公司监督管理的通知》	小额贷款公司贷款不得用于以下事项：股票、金融衍生品等投资；房地产市场违规融资；法律法规、银保监会和地方金融监管部门禁止的其他用途
2020 年 9 月 23 日	中共中央办公厅、国务院办公厅印发《关于调整完善土地出让收入使用范围优先支持乡村振兴的意见》	将提高土地出让收入用于农业农村的比例，目标到"十四五"期末，以省（自治区、直辖市）为单位核算，该比例将达到 50%以上
2020 年 9 月 25 日	国家发改委发布《关于促进特色小镇规范健康发展意见的通知》	促进特色小镇规范健康发展，要求实行清单管理，择优予以倾斜支持，要加强对主导产业薄弱的指导，对以"特色小镇"之名单纯进行大规模房地产开发的，要坚决淘汰除名
2020 年 10 月 11 日	中共中央办公厅、国务院办公厅印发《深圳建设中国特色社会主义先行示范区综合改革试点实施方案（2020—2025 年）》	①推进二三产业混合用地；②支持盘活利用存量工业用地；③探索利用存量建设用地进行开发建设的市场化机制，完善闲置土地使用权收回机制；④深化深汕特别合作区等区域农村土地制度改革等
2020 年 10 月 31 日	银保监会下发《关于开展新一轮房地产信托业务专项排查的通知》	继续严控房地产信托规模，按照"实质重于形式"原则强化房地产信托穿透式监管，严禁通过各类形式变相突破监管要求，严禁为资金违规流入房地产市场提供通道，切实加强房地产信托风险防控工作

续表

日期	重要事件	主要内容
2020 年 11 月 3 日	《中共中央关于制定国民经济和社会发展第十四个五年规划和二〇三五年远景目标的建议》全文发布	①推动金融、房地产同实体经济均衡发展，实现上下游、产供销有效衔接；②促进住房消费健康发展；③健全城乡统一的建设用地市场，积极探索实施农村集体经营性建设用地入市制度；④坚持"房子是用来住的、不是用来炒的"定位，租购并举、因城施策，促进房地产市场平稳健康发展
2020 年 11 月 5 日	自然资源部发布《土地征收成片开发标准（试行）》	土地征收成片开发方案应当充分征求成片开发范围内农村集体经济组织和农民的意见，并经集体经济组织成员的村民会议三分之二以上成员或者三分之二以上村代表同意。未经集体经济组织的村民会议三分之二以上成员或者三分之二以上村民代表同意，不得申请土地征收成片开发
2020 年 11 月 13 日	银保监会发布《关于保险资金财务性股权投资有关事项的通知》	保险资金所投资的标的企业，不得直接从事房地产开发建设，包括开发或者销售商业住宅
2020 年 11 月 26 日	央行发布《2020 年第三季度中国货币政策执行报告》	①构建金融有效支持实体经济的体制机制，牢牢坚持"房子是用来住的，不是用来炒的"定位，坚持不将房地产作为短期刺激经济的手段，实施好房地产金融审慎管理政策；②深化利率、汇率市场化改革，提高金融资源配置效率，促进融资成本进一步下行，提高货币政策传导效率；③健全金融风险预防、预警、处置、问责制度体系
2020 年 12 月 16 日 至 12 月 18 日	中央经济工作会议	回顾和总结 2020 年经济工作，展望与部署 2021 年经济工作。会议指出：①要解决好大城市住房突出问题，坚持"房子是用来住的，不是用来炒的"定位，因地制宜、多策并举；②要高度重视保障性租赁住房建设；③土地供应要向租赁住房建设倾斜；④要降低租赁住房税费负担，整顿租赁市场秩序
2020 年 12 月 21 日	全国住房和城乡建设工作会议	会议总结 2020 年和"十三五"期间的住房和城乡建设工作，就当前所面临的局势进行分析，并对 2021 年的工作提出总体要求和重点任务
2020 年 12 月 31 日	央行、银保监会发布《关于建立银行业金融机构房地产贷款集中度管理制度的通知》	①明确了房地产贷款集中度管理制度的机构覆盖范围、管理要求及调整机制；②建立健全房地产贷款集中管理制度，推动金融、房地产同实体经济均衡发展
2021 年 1 月 4 日	央行等六部门联合发布《关于进一步优化跨境人民币政策支持稳外贸稳外资的通知》	①围绕实体经济需求推动更高水平贸易投资人民币结算便利化；②简化跨境人民币结算流程；③优化跨境人民币投融资管理；④便利个人经常项下人民币跨境收付；⑤便利境外机构人民币银行结算账户使用
2021 年 1 月 15 日	银保监会、央行发布《关于规范商业银行通过互联网开展个人存款业务有关事项的通知》	重点明确了以下内容：①规范业务经营；②强化风险管理；③加强消费者保护；④严格监督管理
2021 年 1 月 18 日	国统局介绍 2020 年国民经济运行情况	面对疫情冲击，各地区各部门坚持稳中求进工作总基调，统筹疫情防控和经济社会发展工作，经济运行稳定恢复，就业民生保障有力，经济社会发展主要目标任务完成情况好于预期

资料来源：中华人民共和国中央人民政府网、中国人民银行、住建部、自然资源部、银保监会、新华网等

通过回顾与梳理 2020 年房地产重要事件及主要内容，发现房地产政策的变化主要集中在以下几个方面：在调控政策方面，除坚持"房住不炒""租购并举""因城施策"的核心要求以外，还增加了"促进住房消费健康发展"的内容，在发挥消费对经济增长的"稳定器""压舱石"作用的同时，还要正视房地产，推动金融、房地产同实体经济均衡发展；在市场监管方面，国家持续遏制房地产金融化、泡沫化，加大审查贷款用途的力度，坚决纠正资金空转、脱实向虚等行为，避免出现"挂羊头卖狗肉"，积极稳妥推进监管体制改革，增加监管合力，有效防范和化解系统性金融风险；在土地制度方面，国务院进一步深化"放管服"改革，不断深化产业用地市场化配置改革，鼓励盘活存量建设用地，推进土地要素市场化配置，建立健全城乡统一的建设用地市场；在金融财政方面，金融机构继续落实中央关于防风险、去杠杆、稳投资、补短板的决策部

署，有效防范系统性风险，切实维护金融体系稳健运行，严格执行房地产金融监管要求，加强重点领域风险防控，抑制居民杠杆率过快增长，推动企业部门结构性去杠杆，把握好信贷投放节奏，确保信贷资金平稳投向实体经济；在税收政策方面，合理优化营商环境，方便企业和群众办事，不断完善我国税收法律制度，提升税收管理能力和水平。综上所述，中央面对疫情冲击保持调控定力，经济运行实现稳定恢复，发展韧性持续彰显。在坚持房地产调控总基调不变的情况下，房地产长效机制加速推进，房地产金融监管也不断强化，系统性金融风险得到有效防范，房地产市场总体基本保持平稳健康发展。

第七章　2020 我国房地产市场系列问题研究

专题一　疫情期间住房租赁市场的风险特征与政策建议

2020 年初，新冠肺炎疫情迅速蔓延，给我国众多行业带来较严重影响。在住房租赁市场，部分长租公寓企业侵占租客权益，引发租客维权；部分小区禁止或限制租客进入，租售不同权问题突出。建议多渠道加强租客利益保护，完善住房租赁市场监管机制，严厉打击住房租赁市场违规行为，建立健全外国人管理和服务体系，"因区施策"做好输入性疫情管控。

一、存在问题

（一）部分激进扩张的长租公寓企业侵占租客权益，引发维权争议

在"稳租金"、多主体供给等住房租赁调控政策作用下，2019 年以来住宅租金趋于平稳，部分重点二线城市有所下跌。其中，武汉累计下跌 4.3%，杭州累计下跌 3.8%，成都下跌 2.7%，重庆下跌 1.8%，南京微跌 0.8%。但部分长租公寓企业通过违规使用"租金贷""高收低租"等方式激进扩张抢占房源，长期处于亏损状态。以 2020 年 1 月在美国上市的蛋壳公寓为例，其 2017 年、2018 年的净亏损分别为人民币 2.7 亿元、13.7 亿元，在 2019 年前三季度净亏损为人民币 25.2 亿元。在疫情叠加春节租赁淡季影响下，2020 年 1 月全国 18 个重点城市的新增房源和客源数量环比下降 48.28%和 42.64%。成都等地的新签租房降至往年同期的 15%~20%，出租率同比下降 10%。这些长租公寓企业的资金链日趋紧张，便以"不可抗力"为由侵占业主和租客利益，既向租客照常收租，又跟业主要求免租。此外，部分长租公寓企业上调续租租金 10%~30%；若租客不再续租，则不予退还租客已交付的押金。这些做法引发业主和租客的不满，自如、蛋壳、巢客等知名租房企业均出现大量客户维权的事件。

（二）部分小区禁止租客进入，租售不同权问题突出

2017 年，住建部首次明确将通过立法，明确租赁当事人的权利义务，保障当事人的合法权益，建立稳定租期和租金等方面的制度，逐步使租房居民在基本公共服务方面与买房居民享有同等待遇。但在疫情期间，租售权利之间的不平等现象凸显，成都、苏州等地出现租客无法进入租住小区、合租房租客日常进出受限等问题。部分小区管理人

员只给业主开具小区出入证件，而拒绝给租客开具；租客的小区出入证件需业主签字承担连带责任；租客需在酒店居住 14 天无任何症状后才能进入小区；等等。

（三）随着国外疫情发展，外国人租住区域的输入性病例将成为主要防范对象

日本、德国和意大利等国家疫情依然严峻，随着中国入境政策的放宽，来自以上国家的商务、学习等入境人士除了居住在酒店、高校外，往往会聚集租住在一些特定区域或小区。例如，北京朝阳区约有 6 万名外籍常住人口，在总人口中占比约 2%；上海碧云国际社区的外籍人士家庭比例占 90%左右。另外，近年来广州和青岛也成为越来越多外国人选择居住的城市，对这些人员的管控将成为未来疫情防控的重点。

二、政策建议

（一）多渠道加强租客利益保护

租客在住房租赁市场处于相对弱势，在此次疫情冲击下收入缩减，难以应对租金上涨压力、承担维权成本。司法部门可鼓励租客通过集体诉讼形式，运用法律手段维护正当权益；政府可提供必要的法律援助。例如，德国的《民法典》写明出租人终止合同的权利，新的《住房租赁法》则着重保护了承租人利益。住房主管部门可探索租客在签订租赁合同时和物业公司等其他利益相关方签订合同，在合同期内承接业主的权利义务，落实租购同权政策。

（二）完善住房租赁市场监管机制，严厉打击住房租赁市场违规行为

当前，自如、蛋壳等长租公寓企业已完成资本原始积累，长租市场进入寡头垄断竞争阶段。截至 2019 年第三季度，蛋壳公寓在北京、上海、深圳、天津、武汉、南京等地运营了 40.7 万间房间。2019 年 11 月，自如房源数达到 100 万间，超过行业第二、三名的总数。在这些企业快速扩张的背后，软暴力驱赶租户、误导租户签订"租金贷"合同等违规行为层出不穷。针对以上行为，尤其是疫情期间发生的强收、乱涨、克扣租金等群众反映较为强烈的行为，住房管理部门应做出相应惩处，并逐步建立全国住房租赁市场监管信息系统，健全长租公寓企业违规行为的信息披露机制，引导市场长远健康发展。

（三）建立健全外国人管理和服务体系，"因区施策"做好输入性疫情管控

国外输入性疫情是对我国外国人管理和服务体系的一次重大考验。建议及早加强出入境、医疗卫生、就业、居住等主管部门的数据共享和业务协同，建立与外国使馆领馆的长效沟通机制，将部分防疫责任和信息上报义务落实到涉外企业。同时，依据外国人聚集程度或疫情严重程度，对外国人租住社区进行强度差异化的管控，可吸纳外国志愿者参与输入性疫情防控工作，发动部分高校学生参与相关通知的语言翻译和政策讲解传播。

专题二 长租市场监管现状分析与政策建议

2020 年 11 月以来，全国多地的蛋壳公寓由于拖欠房东房租和租客退款而出现大规模解约维权等现象，引发多起租客与房东持刀对峙、租客坠楼等恶性社会事件，波及近百万租户的权益，造成不良舆论。蛋壳公寓事件凸显了长租市场监管体系不完善、经营风险高、租户权益难以保障等问题。此类事件若得不到有效处置，将极不利于住房租赁市场的长远发展及租购并举政策的落实，并可能打击年轻租户的社会认同感和城市归属感，产生更大范围的负面社会影响。对此，本报告对长租公寓存在的问题及可能引发的风险进行深入剖析，并提出相应的政策建议。

一、长租市场发展现状

（一）市场规模快速增长，成为住房供给的重要组成部分

2015 年至 2019 年间，我国平均流动人口数量高达 2.4 亿，住房租赁市场需求旺盛，全国住房租赁市场租金规模预计达 1.6 万亿元。在市场需求驱动与政策支持下，长租公寓市场迅速发展，地产开发商、地产服务中介、互联网资本和酒店服务集团等多元化主体积极进驻长租公寓行业，形成了泊寓、自如、YOU+国际青年等品牌，品牌数量和市场存量规模均达到较高水平。

以房企长租公寓为例，截至 2019 年，销售排名前 100 房企中约 25%的房企布局长租公寓业务。至 2020 上半年，销售排名前 20 房企长租公寓管理规模达 67.8 万间，开业规模达 35.7 万间。此外，蛋壳公寓用 4 年时间将旗下房源拓展至 2019 年末的 43.8 万间，实现了 166 倍的增长。青客公寓所掌握的房源也由最初的 900 多间增长 100 余倍，达到 9.8 万间。

（二）有效解决了部分新就业、新进城年轻人的居住问题

2019 年 58 同城、安居客和每日经济新闻旗下镁刻地产发布的《租房消费行为调查报告》显示，住房租赁人口呈现年轻化和单身化的特征。在租房主流人口中，21~25 岁、26~30 岁和 31~35 岁人群的占比分别为 34.4%、26.9%和 14.4%，21~35 岁的租赁人口占比达 75%以上。出于经济压力和租赁体验等因素的考量，较大部分新就业、新进城的年轻人偏好长租公寓，选择长租公寓解决所在城市的居住问题。

二、长租市场存在的问题

（一）运营成本高，面临较大资金风险

长租行业具有资本密集型特征，前期需投入大量的资金获取房源、装修和改造，后

期也需较大的运营和维护投入。长租公寓主要通过租金差获利，而承租租金不能随着规模的扩大而有所降低，由此在规模扩展的同时，其运营成本并不能快速下降。其中，分散式长租公寓以分散在不同地区的个人房源为主，一般采取包租模式与房东签订协议，需为房源支付固定成本，一旦空置率较高，极易造成亏损。部分分散式长租公寓为快速占领市场，高价收房，低价出租，造成无序竞争，租金、出租率和出租周期等关键指标均处于恶化状态，进一步压缩了盈利空间。据不完全统计，2019年，约有52家长租公寓由于资金链断裂、恶意卷款或因经营不善而倒闭或被收购。

财务报告数据显示，截至2019年末蛋壳公寓累计规模已达43.8万间，营业收入从2017年的6.6亿元增长到2019年的71.3亿元，净利润则由亏损2.7亿元扩大至亏损34亿元，在营业收入增长的同时，亏损也在不断加剧，并最终于2020年11月暴发风险。青客公寓累计管理规模为9.8万间，营业收入由2017年的5.23亿元增长到2019年的12.3亿元，净利润则从亏损2.45亿元扩大至亏损4.98亿元，2017年、2018年和2019年经营活动现金分别净流出0.44亿元、1.17亿元和0.88亿元。

（二）"租金贷"等创新型金融产品蕴含杠杆风险

在盈利受限的情况下，长租公寓希望快速形成规模来获得资本市场的认可和投资，并通过预支现有租客租金等方式盘活流动性。为了快速回笼资金，长租公寓运营商存在诱导消费者使用"租金贷"的情况，通常以租金优惠、分期还款等利好条件，鼓励承租人在租房时使用一年期的租金贷款，在为租户提供担保的条件下，将原本直接支付给房东的一年租金截留在平台，由平台按月或按季度向房东支付房租，通过这种期限错配方式，使得平台迅速沉淀出庞大的资金池。这部分资金由于缺乏监管，易被运营商挪用于扩展新的房源，继续加大杠杆，产生乘数效应。

财报数据显示，2017年、2018年和2019年，蛋壳公寓租户中选择"租金贷"的比例分别为91.3%、75.8%和65.9%，涉及贷款金额达数十亿元。截至2019年末，青客公寓租户中使用"租金贷"的比例累计达62.6%。

"租金贷"对运营商的扩张起了推动作用，加大了长租公寓行业的风险及其波及范围。虽然当前"租金贷"的金额相对超万亿的租金规模仍处于较低水平，但随着长租公寓的快速扩张，其加杠杆速度也在增加，杠杆倍数也逐步加大。

（三）租户处于弱势地位，权益难以得到保障

在长租模式中，一旦运营商资金链断裂，对多数房东和租户的利益均将造成不利影响。例如，此次蛋壳公寓风险事件发生以来，近百万的租户受到波及，其中大部分是年轻租户，并引发了系列恶性事件，引起了广泛的负面舆论传播。此类风险事件很可能降低2.4亿流动人口（包括实际和潜在租赁人口）对租赁市场的认同感，如若不能得到积极有效的处理，将极大不利于住房租赁市场的发展，且很可能打击年轻人的社会认同感和城市归属感，不利于城市经济的可持续发展。

三、政策建议

（一）加强租赁资金监管，完善信息披露制度与风险预警机制

设立资金监管账户，对于长租公寓运营商通过"长进短出"方式获得的资金，设定"保证金"比例，限制运营商对租户缴纳租金的挪用行为，引导运营商充分利用自有资金进行合理扩张。严格限制运营商的"高收低租"行为，避免"庞氏"运营模式，从根源上降低风险。建立健全长租市场信息披露制度，完善风险预警机制，建立风险监测预警模型，设立多维指标评估风险，在风险接近警戒线时，及时发出预警信号。

（二）提高风险事件处置效率，合理保障弱势群体权益

建议住建等相关部门尽快完善事后风险应对机制，在违约等风险事件暴发后，及时启动应急管理机制，合理安置安抚租户，缓和调解租户与房东矛盾，避免双方恶性冲突。完善追责条款，对运营商等相关责任人进行依法追责，维护房东与租户权益。利用大数据技术，对网络舆情进行实时监测，掌控舆情动向并及时采取措施，避免造成大范围的负面影响。

（三）引导长租公寓理性运营，实现行业高质量增长

强化住房租赁尤其是长租市场服务标准建设，适度提高市场进入门槛，促进长租市场规范发展。鼓励长租公寓运营商精细化运营，提升数字化管理水平，引导长租企业适度降杠杆，着重在服务、场景等方面实施差异化战略，以市场需求为导向，提升服务竞争力，实现由追求规模增长向价值提升与高质量增长的有效转变。

专题三　以新基建引领房地产高质量发展，构建高韧性智慧社区治理体系

房地产是新型基础设施建设的重要载体，5G、人工智能、物联网、大数据等新技术全面融入房地产、社区与城市建设，催生了智慧地产、智慧园区、智慧建筑、物流地产、智能家居等新兴业态，有助于房地产企业进行无接触销售、精细化运营与服务创新，实现整个行业从增量市场到存量优化的转型。同时，数字技术也有助于提高房地产行业监管质量和效率，推动建设抵抗突发事件的高韧性现代社区治理体系。然而目前仍存在数据采集使用不规范、隐私信息易泄露、缺乏与新基建配套的安全体系等问题，课题组通过调研新基建、房地产科技、房企数字转型的现状及存在问题，结合技术创新规律和当代先进的治理理念和方法，提出以下策略建议。

一、树立"新基建+房地产"安全管理理念，以"三同步"原则营造行业良性发展的安全生态

随着新基建在全国的贯彻落实，大量智能设备被嵌入房地产建设运营的各个环节，这些设备所记录的海量数据成为价值创造的新要素，已被企业广泛应用于产品和服务中。根据国家统计局投入产出表测算得出，我国房地产行业数字化投入水平从 2014 年至今提升了近 1 倍。第三方调研数据显示，截至 2020 年 11 月底，我国前 50 名房企中有 90%成立或投资了科技公司，智慧地产成为新时代房企的竞争高地。例如，大悦城"悦云"平台将人脸识别等感知技术运用到客户分析中，实现进场营销达成率超过 80%；美的置业推出超级大脑 X Brain，可实现家庭成员行为数据自动存储，并基于环境状况进行智能决策。新技术应用提高了居民的便利程度和管理的智能化水平，但是也暴露了一些信息泄露、数据滥用等问题。2019 年 5 月，美国房地产和产权保险巨头 First American 的数据库被黑客入侵，从而导致所存有的 8.85 亿份敏感客户财务记录泄露。数据和网络安全等问题可能对个人、企业甚至社会造成潜在灾难性后果。

建议在"十四五"期间在房地产与新基建的融合推进中，强化安全体系建设，树立新的安全管理理念，充分考虑复杂环境、新技术集成存在的各类风险隐患，加大对安全技术的研发力度，建立全生命周期安全体系标准。坚持"同步规划、同步建设、同步使用"三同步原则，将安全管理植入规划设计、施工建设、运营更新等全过程中，制定新型房地产设施的安全管理规范和保障政策。同时，推动行业层面的数据采集、使用、共享、治理等规范的制定，并建立面向全行业的安全合规检测机制，使安全检查常态化、标准化，打造全行业高质量发展的安全生态。

二、做好智能技术应用下的就业指导培训，化解房企数字转型中潜在的失业风险

据统计，房地产是我国从业人数最多的行业之一，近年来房企转型过程中就业结构发生了较大变化。第三方机构数据显示，2019 年有 13 家房企进行较大裁员，其中，碧桂园的员工数量与 2018 年相比下降 20%以上，裁员的大部分是劳动密集型岗位，如保安、销售、服务等。而与此同时，碧桂园下属机器人公司博智林在同年增加了 5 657 个岗位。调研发现，传统的低技术劳动力不能满足房地产行业转型升级的需要，地产就业市场的供需双方出现较为严重的不匹配，存在大量从业人员暂时失业的社会问题隐患。

建议地方政府因地制宜，根据当地实际情况，联合行业协会等机构建立就业指导培训平台，健全失业预警机制，做好房企失业人员的安抚工作，通过提供就业指导、专业培训等方式引导其再就业，发展继续教育和开放式学习平台，开展数字知识和技能相关的教育课程，提高劳动者的数字化技能以适应行业变化。同时，完善就业服务体系，提高人才供应和市场需求匹配度，调整高素质人才和中低端劳动者结构，解决高端人才不足和中低端劳动者过剩的问题。鼓励灵活就业，完善相关的保障制度和政策，制定符合

新型用工形式的非标准劳动关系体系。

三、构建高韧性现代社区治理体系，有效抵御重大突发事件等突发风险

房地产与新基建的融合为智慧社区发展提供了契机，为构建现代社区治理体系提供支撑，进而有效应对重大突发事件的冲击。习近平总书记强调，"社区是疫情联防联控的第一线，也是外防输入、内防扩散最有效的防线。把社区这道防线守住，就能有效切断疫情扩散蔓延的渠道"[①]。新冠肺炎疫情是对基层治理现代化能力的一次大考，也是对智慧社区建设水平的一次检验。

建议将房地产新基建作为提升基层应急能力的抓手，打造能够承受灾害和恢复健康的强有力的高韧性社区。第一，鼓励将应对重大突发事件风险纳入智慧社区与智慧城市的设计目标中，完善智慧社区与智慧城市的顶层设计，提升社区及城市的发展韧性。第二，引导"房地产+新基建"从智能家居到智慧社区、智慧城市的转变。加大政策倾斜与资金支持力度，发挥PPP模式在智慧社区与智慧城市建设中的作用，充分调动私有资本参与智慧社区与智慧城市建设的积极性。第三，建立智慧社区管理中心与智慧城市管理中心，充分发挥管理中心的统筹规划、信息共享与安全管理职能。统筹信息管理、信息共享与网络安全工作，实现信息的全方位收集、全渠道互通与全网络监管。

专题四　房价上涨对科技创新的影响及政策建议

房价上涨对科技创新具有负面影响。房价上涨导致资源错配，挤占企业对科技创新领域的投资以及对人才流动产生阻碍，进一步导致产业空心化、经济服务化、创新环境恶化等现象。为了缓解房价上涨对科技创新的负面影响，中国科学院专家分析了房价上涨对企业投资和科技创新的表现及原因，并提出政策建议。

一、房价上涨影响科技创新的表现

（一）房价上涨导致金融机构和企业将大量资金投向房地产

房价上涨使得信贷资源流向地产行业，地产行业贷款占比居高不下。据统计，2015年12月人民币贷款余额93.9万亿元，其中房地产贷款21万亿元，占比22.3%；2019年人民币贷款余额为153.1万亿元，其中房地产贷款44.41万亿元，占比29%。金融机构住房开发贷款人民币余额从2012年的3万亿元增长至2019年的8.4万亿元，年均增速15.85%，同期本外币工业中长期贷款余额从6.34万亿元增长至9.18万亿元，年均增速

---

① 习近平在北京调研指导新冠肺炎疫情防控工作[EB/OL]. https://baijiahao.baidu.com/s?id=1658192701091853842&wfr=spider&for=pc，2020-02-11.

5.43%。流入房地产行业的贷款总额远高于科技创新类的企业。2018 年底房地产行业人民币贷款余额为 8.38 万亿元，是同期科学研究、技术服务和地质勘查业人民币贷款余额的 24.96 倍，是同期信息传输、计算机服务和软件业人民币贷款全额的 11.42 倍。

（二）房价上涨增加企业运营成本，抑制企业创新能力的提高

目前我国工业企业利润总额增速不断下滑，同比增长率由 2017 年 2 月的 31.55%降至 2019 年 2 月的-14.02%。与此同时，房价上涨导致要素价格上升，劳动力成本提高，企业生产成本增加。例如，电子设备制造业大中型工业企业的主营业务成本从 2012 年的 5.6 万亿元增至 2017 年的 8.06 万亿元，年均增速 7.5%。企业成本上升导致企业创新可持续性难以为继。上海市 2016 年企业 R&D 经费支出来源中企业资金占 60.12%，2018 年为 61.77%，企业研发投入仅保持小幅增长水平。

（三）房价上涨加剧产业空心化现象

2019 年深圳房价收入比为 34 倍，位居全国第一，远高于国际标准水平的 5~7 倍，深圳房价快速上涨导致房地产业收益率远高于其他行业，过多资金和资源涌向房地产业，从而对实体制造业形成了"挤出效应"。华为、三星、大疆、富士康及爱普生等国内外领军科技企业不断将部分部门迁出深圳。高昂的房价以及有限的产业发展资源正在不断加强深圳"制造业空心化"的趋势，大幅削弱了深圳自身的科技创新能力。此外，2019 年厦门、珠海的房价收入比高达 19 倍和 15 倍，房价增幅远超收入增速，城市经济社会发展水平不足以支撑起如此高昂的房价。过高的房价严重影响了城市的产业结构，珠海市的第二产业比重从 2014 年的 50.6%下降到了 2019 年的 44.5%，实体制造业的生存环境不断恶化，产业出现空心化迹象。

（四）房价上涨阻碍人才流动

2014~2019 年，全国商品房平均销售价格上涨47.22%，同期流动人口总数从 2.53 亿人下降至 2.36 亿人，降幅为 6.72%。现有研究表明当区域房价上涨 1 个百分点，高技能人才劳动力将降低 0.23 个百分点。房价过快上涨对大城市的人才流动的影响尤为显著。以深圳为例，2012~2019 年住宅平均销售价格从 18 995 元每平方米涨至 55 769 元每平方米，年均涨幅达到 16.63%，其中 2015 年增幅最高，同比增长 40%。自 2015 年深圳市常住人口同比增长 5.5%之后，深圳市常住人口增幅逐年下降，2019 年仅 3.1%，增加了 41 万人。

二、房价上涨影响科技创新的成因分析

（一）房价上涨导致信贷集中于房地产业，挤占对科技创新领域的投资

由于房价上涨导致房地产及其相关行业处于高回报率的投资周期，且房地产本身具有金融属性，银行倾向于将贷款提供给房地产及其相关行业，从而致使信贷资源进一步

错配，最终形成"高收益率—信贷资源流入—高回报率"的循环路径。资本的逐利性引导企业自身将资本投入投资回报率高且回报周期快的房地产业，从而严重影响企业技术研发及科技创新。通过对35个大中城市的研究表明，房价增速每增长1个百分点，企业研发投入占总资产的比重就下降0.32个百分点。

（二）房价上涨导致企业运营成本增加，利润降低，企业研发支出减少

产业用地价格上涨，一方面，高昂的商业地产价格和租金直接导致企业运营成本高企，抬高了企业用地和厂房租金、写字楼、店铺租金成本。高昂的住房成本也间接造成了企业员工生活成本上升，因此企业雇主不得不支付更多薪资给员工，导致企业用工成本增加，为了维持企业利润率，将减少研发类投入。另一方面，由于高昂的地价和用工成本，制造业工业企业逐步从大城市迁出至周边小城市或二、三线城市，虽然降低了运营成本，但高技能人才更愿意在资源集聚的大城市择业，未来企业人才招聘将会面临困难。

（三）房地产市场的垄断性导致房价上涨，挤占企业创新投入

我国房地产经历了前些年的快速发展，出于节约成本等考虑，目前普遍都选择进行并购扩张的战略，房地产行业不断集中的大趋势不变。2016年我国房地产行业并购案宗数为217宗，涉及金额为4 012.5亿元，呈现出大型房地产企业并购中小房地产企业的态势，从原先较为松散的市场结构开始越发集中并趋向垄断寡头发展。房价的快速上涨使得拥有多元融资渠道的房地产龙头企业在竞争中逐渐显露优势，加快土地资源的获取，迅速扩大市场份额，资金集中在行业头部企业。房地产市场逐步出现"强者愈强、弱者愈弱"的马太效应，加剧行业垄断。在垄断的情况下，房地产企业会低于市场均衡需求量生产，造成供给不足、价格升高，不仅使居民住宅房价升高，也会使得企业的办公用房、员工住房等成本同步上升，企业投入研究与发展方面的资金将不断减少。

三、政策建议

（一）建立长效机制，解决房地产上涨背后隐含地方政府的土地财政问题

完善财政体制，做到财权和事权相匹配。首先，要合理确定各级政府的事权，并根据事权来划分财权：其中涉及国家安全或整体宏观调控等方面的事权，仍然由中央政府来承担；而流动性不足且区域性特征较为明显、直接服务地方经济社会的事项，应交由地方政府自己承担。其次，应该重新构建国家财税体系。在降低整体税负的前提下，扩大地方政府财税自主管理权，对区域特征明显、难以转嫁且流动性不足的税种，应增加共享税中的地方留成比例，甚至调整为地方税，以充分调动地方政府积极性。还可以根据实际情况在相应存量税上着力，完善征缴体系，扩大征缴覆盖面，使其逐渐成为地方主力税种，除了房产税、遗产税以外，还有资源税等。

（二）加大对科创类企业和创新人才政策扶持力度，降低企业经营成本

政府应在创新类项目上做试点工程、试点项目，优先支持本地创新型企业的基础研发投入，增加企业在市场中的竞争力，降低创新类企业的运营成本。同时在市场机制的作用下，对落地的创新产品给予大力支持，鼓励科技创新落地，对企业创新项目给予一定比例补贴。重视高技能人才引进，通过建造人才公寓、发放租房补贴和购房补贴等措施保障人才居住条件，大城市要加快建设长租房、市场化租赁住房和保障性租赁住房。

（三）建立健全多层次资本市场，支持各类金融机构和创新产品向科技创新类企业倾斜，提高融资效率

从国际经验来看，发达国家也经历了房价的快速上涨，但是得益于发达的融资市场，房地产行业的利润水平并没有显著变化，因此也没有大量的企业进军房地产的现象发生。从这个角度来看，我国应进一步建立健全多层次的资本市场，提高行业整体水平，拓宽我国企业融资渠道。推行注册制发审制度，为科技创新企业尤其是中小微企业建立市场化、透明化、差异化的融资渠道。

（四）引导房地产企业参与国家科技创新战略，将部分资金投向科技创新领域

在数字化高速发展的时代，可以引导房地产企业在一线城市及科技创新发达地区兴建孵化器，为中小微初创企业提供保障性办公、科研场所，同时还可以围绕人工智能、生命科学等领域做产业投资，在提升自身质效的同时推动科技创新发展。要探索多元化发展之路，"房住不炒"是政策的大基调。房地产行业规模增长率下降、区域逐渐分化都是不可避免的市场变化。房地产头部企业不应只在本行业内发展，也要关注国家支持的重点领域，如新能源、人工智能、线上教育等。